한국 현대사 산책 **1980년대 편 2권**

한국 현대사 산책 1980년대 편(전4권)
광주학살과 서울올림픽 · 2권

ⓒ 강준만, 2003

초판 1쇄 2003년 5월 12일 펴냄
초판 16쇄 2017년 9월 13일 펴냄

지은이 ㅣ 강준만
펴낸이 ㅣ 강준우
기획 · 편집 ㅣ 박상문, 박효주, 김예진, 김환표
디자인 ㅣ 최진영, 최원영
마케팅 ㅣ 이태준
관리 ㅣ 최수향
인쇄 · 제본 ㅣ 제일프린테크

펴낸곳 ㅣ 인물과사상사
출판등록 ㅣ 제17-204호 1998년 3월 11일

주소 ㅣ 04037 서울시 마포구 서교동 392-4 삼양E&R빌딩 2층
전화 ㅣ 02-325-6364
팩스 ㅣ 02-474-1413

www.inmul.co.kr ㅣ insa@inmul.co.kr

ISBN 978-89-88410-74-5 04900   ISBN 978-89-88410-72-6 (세트)

값 12,000원

광주학살과 서울올림픽 **1980년대 편** **2**권

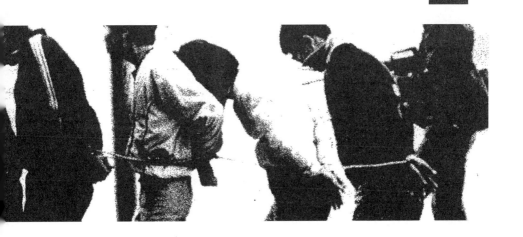

한국 현대사산책

강준만 저

인물과
사상사

제2장 **충성경쟁과 마법의 주문 '86 · 88'** / 1981년

자세히 읽기

제5장 저항의 불꽃은 타오르고 / 1984년

자세히 읽기

제6장 탄압과 고문의 광기 속에서 / 1985년

자세히 읽기

한국 현대사 산책: 1980년대편
광주학살과 서울올림픽
1권

제8장 6월항쟁과 대통령 선거 / 1987년

'이민우 구상' 파동 / 4 · 13 호헌 조치와 통일민주당 창당 / 박종철 고문치사 사건 / 6 · 10 항쟁과 '중산층의 반란' / 6 · 29 민주화 선언 / 노동자 대투쟁 / 40만부를 파는 월간지의 '폭로 저널리즘' / 노래를 찾는 사람들 / 언론기본법 폐지와 언론노조 결성 / KAL 858기 폭파 사건 / 1987년 대통령 선거 / 김대중과 김영삼의 변명 / 1987년 대선과 지역감정

자세히 읽기

김만철 일가 망명 / 『한국민중사』 사건 / 전국농민협회 결성 / 서머타임 / 전대협 결성 / 오대양 집단 자살 사건 / 민족문학작가회의와 민교협 결성 / 백기완과 김대중

제9장 서울올림픽의 빛과 그림자 / 1988년

노태우의 '전두환 청산'과 4·26 총선 / 5공의 최대 수혜자는 조선일보 / 한겨레신문의 창간 / 서울올림픽 공동개최 투쟁 / 노태우의 7·7 선언 / 서울올림픽과 '위험한 정사' / 서울올림픽과 대한민국의 영광 / 국회의 5공 청문회

자세히 읽기
납·월북 작가들의 작품 출간 / 프리 올림픽 쇼 / 지강헌 일당 탈주사건

맺는 말 한국인의 '정치와의 전쟁'

1981년

제2장

충성경쟁과 마법의 주문 '86 · 88'

'1대대(민정당) 2중대(민한당) 3소대(국민당)'

'관제야당'의 설립

5공은 정치권을 떡 주무르듯이 하기 위해 '관제야당'의 설립을 꿈꾸었다. 그런 음모의 일환으로 1980년 11월 12일 국보위는 10대 국회의원 835명을 정치규제 대상자로 발표했다. 이들 가운데 569명이 재심을 청구했고 그 가운데 268명이 구제됐다. 정치인들이 재심을 청구해 규제대상에서 풀린다는 건 5공에 대한 협조를 전제로 하는 것이었기 때문에, 신군부의 이런 조치는 관제야당 창당의 토대를 마련해주었다.

전두환은 1981년 1월 15일 자신을 총재로 한 민주정의당(민정당)을 창당하였으며, 이로부터 2일 뒤 유치송을 총재로 한 민주한국당, 그리고 1월 23일에는 김종철을 총재로 '공화당 이념을 계승'한 한국국민당을 창당했다. 아니 정권이 야당을 창당하다니!

그러나 그건 엄연한 사실이었다. 민한당과 국민당은 '관제야당'이었기 때문에, 정가에서는 '1대대(민정당) 2중대(민한당) 3소대(국민당)'이라

는 말이 떠돌았다.[1]

참으로 희한한 발상이었다. 희대의 독재자라 할 박정희조차 야당공작을 많이 하긴 했지만 그렇게까지 본격적으로 야당의 창당까지 대행해줄 정도는 아니었는데 말이다. 김호진은 이렇게 말한다.

"민주정의당은 보안사가, 야당인 민한당과 국민당은 중앙정보부가 창당작업을 실질적으로 주관했다. 5·16 직후에도 군부가 기성정치인들의 발을 묶어놓고 자기네들끼리 민주공화당을 사전조직했지만 야당까지 손을 대지는 않았다. 그러나 80년의 신군부세력은 야당까지 자기네들 손으로 조직했었다. 사회주의 국가에서 집권당이 들러리정당(위성정당)을 결성해서 다당제의 외양을 갖추는 것과 유사한 수법이었다. 민한당과 국민당은 관제야당답게 충성야당으로 기능하면서 전두환정권에 협조했기 때문에 여야 정당은 밀월관계를 유지했다."[2]

'사회주의 국가'보다는 '파시즘 국가'와 비교하는 게 더 나을 것 같다. 실제로 5공은 구색 맞추기를 위해 사회주의 색깔을 표방한 정당까지 손수 창당해주었으니 더 말해 무엇하랴. 그런 의미에서도 5공은 파시스트체제였다. 그 체제하에서 정치를 할 수 있는 길은 그렇게 타협하고 굴종하는 수밖에 없었다.

정치인들의 처량한 몰골

'관제야당' 정치인들은 꼭 그렇게 해서라도 정치를 해야만 했던 걸까? 우문(愚問)일 게다. 전두환과 신군부 핵심인사들은 처음엔 군인들의 정권에 민간인들이 참여하지 않을까봐 걱정을 했지만, 그건 곧 기우임이

---

1) 한국일보 정치부, 『빼앗긴 서울의 봄』(한국문원, 1994), 286쪽.
2) 김호진, 『한국정치체제론』(박영사, 1997, 수정7판), 310쪽.

밝혀졌다. 전두환은 후일(1986년) 이렇게 말했다.

"결과를 보니 내가 정치를 너무 몰랐어. 우리나라 사람은 정치에 아주 관심이 많아요. 전을 펴놓으니 구름같이 모여 솎아내기 바빴어요. 의회에 진출하려는 사람들이 너무나 많아 정치풍토가 흐려집니다."[3]

전두환이 그렇게 큰소리 칠 만도 했다. 5공으로부터 '정치허가장'을 받기 위해 구 정치인들이 벌떼처럼 몰려들었기 때문이다. 5공은 해금 이전 정치규제에서 제외시킬 인사들에게 5공헌법안에 대한 찬성의 글을 각 언론사에 게재토록 하는 충성도 검사까지 하였고, 실제로 많은 이들이 그 검사를 통과했다.[4] 이를 반영하는 한영수의 증언을 들어보자.

"당시 규제에 묶이지 않기 위해 거의 모든 의원들이 줄을 찾아 뛰었다. 줄에는 학연 · 지연 · 혈연 등이 망라되었으며 조금이라도 안면이 있는 사람은 거의 전부가 동원되었다. 일부는 품위에 어긋나는 행동도 불사하는 등 좋지 않은 장면을 연출하기도 했다. 당시 안기부의 야당담당 일선 요원을 알고 있기만 한 것도 큰 힘을 얻을 수 있을 것 같은 기분이 든다고 할 정도였다."[5]

한 의원의 증언이다.

"10대 야당의원 60여 명이 모두 열심히 해금을 위해 뛰었다. 해금 이후 정치활동을 재개한 야당출신 의원들은 대부분이 입을 다물고 있지만 해금을 위한 발버둥은 그야말로 처절하기까지 했다. 그때 우리들은 롯데 · 코리아나 · 서린 · 뉴서울 · 엠파이어 호텔 등 시내 중심가 호텔의 커피숍에서 계보별로 만나 해금대책을 논의하고 누가 풀릴 것인가에 대해 얘기하곤 했다. 계보별로 모이다 보니 딴 계보의원들과는 경쟁의식이 생

---

3) 노재현, 『청와대 비서실 2』(중앙일보, 1994년), 328쪽에서 재인용.
4) 한국일보 정치부, 『빼앗긴 서울의 봄』(한국문원, 1994), 322쪽.
5) 한국일보 정치부, 위의 책, 318쪽. 1980년 12월 19일, 중앙정부의 명칭이 '국가안전기획부'로 바뀌고, 유학성이 첫 안기부장이 되었다. 이름을 바꿀 때 전두환은 심지어 '복지부'라는 이름을 제안하기도 했다. 박보균, 『청와대 비서실 3』(중앙일보, 1994), 372쪽.

겨 정보조차 교환하지 않았으며 해금일이 가까워지자 같은 계보 내에서
도 가까운 의원들끼리 만나 동원가능한 자구책을 논의했기 때문에 계보
의원들 사이에서도 보이지 않는 경쟁이 벌어지곤 했다."[6]

전두환의 통 큰 '돈 정치'

그런 신청자들 가운데 선택된 사람들은 안기부 등 공안기관들로부터
'지도'를 받았다. 그런 '지도원'들은 야당에 직접 참여하였는데, 민한당
의 경우 20여 명에 이르렀다. 이들을 '오더조(組)'라고 불렀다. 민한당
창당발기인 48명엔 그런 '오더조'가 많이 들어가 민한당은 "쌀보다 돌
이 많은 정당"이라는 비난을 받았다. 민한당은 이밖에도 '면허 정당' '들
러리 정당' '온실 정당' 등등 여러 재미있는 별명을 달고 다녔다.[7]

민한당 총재를 지낸 유치송의 증언이다.

"창당 후 야당총재들이 전두환 대통령의 초청으로 청와대에서 조찬을
한 적이 있다. 전씨 앞에서는 '야당'이라는 용어를 쓰지 못하는 상황이
있는데 대화 중에 '야당총재와'라는 말을 무심코 썼더니 전씨가 '야당이
지금 어디 있습니까? 1·2·3당이지요'라고 정색을 했다. 전씨의 이 말
에 아무런 반론을 제기할 수도 없었고 또 그러는 야당총재도 없었다."[8]

물론 관제야당들에겐 돈이 건네졌다. 당시 청와대에 근무한 한 인사
의 증언에 따르면, 비서실장 함병춘이 전두환의 명을 받들어 야당총재들
에게 한 장소에서 시간 간격을 달리해 정치자금을 건네는 것을 목격하였
다고 한다.[9]

---

6) 한국일보 정치부, 『빼앗긴 서울의 봄』(한국문원, 1994), 323~324쪽에서 재인용.
7) 한국일보 정치부, 위의 책, 293~294, 300쪽.
8) 한국일보 정치부, 위의 책, 320쪽에서 재인용.
9) 함성득, 『대통령 비서실장론』(나남, 2002), 159쪽.

전두환의 돈 씀씀이가 워낙 컸기 때문에 그러한 돈의 규모는 만만치 않았을 것이다. 전두환으로부터 억대의 촌지를 받았다는 사람들의 증언은 하나 둘이 아니다. 장관을 하다 물러나는 사람에겐 전별금으로 5억 원을 주었다. 나중에 노태우는 전별금으로 5천만 원이나 주고서도 '짜다'고 욕을 먹었지만, 전두환으로부터 그렇게 큰 돈을 받은 사람은 여기저기 다니면서 전두환 칭찬에 열을 올렸다.[10]

전두환은 그야말로 통 큰 '돈 정치' 만큼은 유감없이 구사했다. 그게 그의 '탁월한' 리더십이고 용인술의 한 비결이기도 했다. 대한민국의 수준이 그런 류의 리더십과 어느 정도 들어맞았다는 걸 애써 부인할 필요는 없을 것이다.

10) 손광식, 『한국의 이너서클: 대기자 취재파일』(중심, 2002), 227~228쪽.

전두환의 방미와 대통령 취임

전두환의 환호, 김대중의 눈물

12 · 12사태 이후, 전두환은 끊임없이 워싱턴을 방문하기 위해 노력했다. 전두환의 입장에서 미국 대통령과의 회동은 자신의 정치적 성공과 밀접한 관련을 맺는 것이었다. 집요한 시도에도 불구하고 카터(Carter) 행정부와의 물밑 접촉이 여의치 않자, 전두환은 80년 미국 대통령 선거기간 중에 카터 행정부와의 접촉을 중단하는 대신 공화당 후보 로널드 레이건(R. W. Reagan)과 선을 대기 위해 노력했다. 레이건이 미국의 11 · 4 대선에서 승리하자 전두환은 좋아서 무릎을 쳤고 신군부 인사들도 환호했다. 미국 『뉴욕타임스(The New York Times)』 1월 10일자는 다음과 같이 묘사했다.

"한국정부는 인권문제로 한국정부 지도자들을 괴롭혀왔던 카터가 낙선하고 레이건이 압승하자 환호하고 있다. 득의에 찬 한국정부는 이를 계기로 광주사태 배후조정 혐의로 체포한 김대중씨에 대한 처형을 서두를 것이다."[11]

반면 김대중은 눈물을 흘렸다. 김대중의 회고다.

"제2심에서도 사형선고가 내려지던 그 다음날, 또 하나의 좋지 않은 소식이 들려왔다. 민주당의 지미 카터 현 대통령이 공화당의 로널드 레이건 후보에게 패했다는 뉴스였다. '인권외교'를 기치로 내건 카터씨가 재선된다면, 내 신변에도 변화가 있을지 모른다는 한 가닥 기대를 갖고 있었다. 그러나 그것이 빗나간 것이다. 새로 뽑힌 레이건씨는 보수파였기 때문에 기대를 걸 만한 인물로는 보이지 않았다. '드디어 사형이란 말인가? 신은 나를 버렸구나' 하고 생각하니 사내 대장부지만 눈물이 흘러내렸다. 그 정도로 나는 카터씨의 재선을 학수고대했던 것이다."[12]

김대중의 목숨으로 흥정한 방미(訪美)

김대중의 우려는 결코 기우(杞憂)는 아니었다. 미국 대선결과와 관련해, 글라이스틴(W. Gleysteen)은 이렇게 말한다.

"전두환이 가장 신임하는 최측근자들을 포함해 한국의 젊은 군장교들 사이에 반김대중 정서가 다소 늘어난다는 것을 알게 되면서 우리 선거결과를 한국인들이 어떻게 받아들일 것인가에 대한 내 우려는 증폭됐다. 영향력 있는 위치에 있던 인사들 중 놀랄 만큼 많은 사람들이 김대중 처형을 강력하게 요구하고 있었다. 일부에서는 그가 처형되지 않으면 정치무대에 다시 등장해 자신들의 '구국' 노력은 허사가 될 것이며 그의 처형에 대한 외국인들의 비난도 시간이 지나면 사라질 것이라면서 공공연히 그의 처형을 주장했다."[13]

---

11) 정진석, 『총성 없는 전선: 격동의 한·미·일 현대외교 비사』(한국문원, 1999), 144쪽에서 재인용.
12) 일본NHK취재반 구성, 김용운 편역, 『역사와 함께 시대와 함께 2』(인동, 1999), 148쪽.
13) 윌리엄 글라이스틴, 황정일 역, 『알려지지 않은 역사』(중앙 M&B, 1999), 254쪽.

전두환도 같은 생각이었다. 80년 12월 13일 미국방장관 해럴드 브라운은 한국을 방문해 전두환과 만나 김대중의 처형이 한국의 안보와 경제에 미칠 영향을 거론했는데, 이때 전두환은 "법원의 결정은 존중돼야 한다. 대법원이 사형선고를 확정하면 그대로 집행돼야 한다"고 강경하게 말했다.[14]

1980년 12월 9일과 18일, 그리고 81년 1월 2일까지 세 차례에 걸쳐 레이건의 국가안보보좌관 리처드 앨런(Richard Allen)은 당시 중앙정보부 공사였던 손장래의 주선으로 남한관리들과 회동해 김대중 문제를 의논했다. 앨런은 12·12의 주역이자 광주학살을 현장에서 지휘한 정호용과도 만났는데, 당시 정호용은 김대중은 남한의 국가안보를 위협하는 "가장 위험한 인물"이므로 "법에 따라 반드시 처형해야 한다"고 단호하게 말했다. 이에 대해 앨런은 만일 "김대중을 처형한다면 한·미 정부 사이의 거북한 관계를 청산할 수 있는 절호의 기회를 놓치게 될 것"이라고 말했다.[15] 또 앨런은 만약 김대중을 처형하면 "벼락이 당신들을 치는 듯한" 미국의 반발이 있을 것이라고 말했다.[16]

상황이 이렇게 전개되자, 정호용은 로널드 레이건의 대통령 취임식 행사에 전두환을 공식적으로 초청해줄 것을 요청했고, 이에 앨런은 김대중에 대한 선고가 대폭 감형되어야 한다는 조건 아래 레이건의 취임 후, 전두환의 방미를 제안했다.[17]

자주국방 및 핵개발 포기 약속

1981년 1월 21일 미국 백악관은 레이건 대통령의 취임식이 거행된 다

---

14) 윌리엄 글라이스틴, 황정일 역, 『알려지지 않은 역사』(중앙 M&B, 1999), 262쪽.
15) 돈 오버도퍼, 이종길 역, 『두 개의 한국』(길산, 2002), 215쪽에서 재인용.
16) 윌리엄 글라이스틴, 황정일 역, 위의 책, 263쪽에서 재인용.
17) 윌리엄 글라이스틴, 황정일 역, 위의 책, 263~264쪽.

음날 전두환의 방미가 이루어질 것이라고 발표했다. 전두환의 미국 방문은 레이건정부가 들어선 후 가진 세 차례에 걸친 비밀회동에 의해 이루어진 것이었다. 김대중을 살려주는 대신 전두환은 레이건의 취임 이후 미국의 전통적인 우방의 지도자들보다 먼저 미국을 방문하는 영광(?)을 얻어낸 것이다. 글라이스틴이 전두환이 미국을 방문하기 열흘 전인 1월 22일 헤이그 미국국무장관에게 보낸 '레이건-전두환 회담을 위한 의제 제안'도 이를 잘 말해주고 있다.[18]

김대중 문제 이외에도, 전두환은 미국방문을 위해 미국과 뒷거래를 했는데, 주로 안보와 경제문제였다. 정상회담을 위해 전두환은 핵개발 포기를 약속했고, F-16 전투기 구입과 쌀 수입 등도 약속했다. 이에 레이건정부는 카터시절 거론됐던 주한미군 철수문제를 백지화하기로 약속했다.[19]

전두환의 방미교섭이 한창 진행중이던 80년 12월 19일, 박정희시절 핵개발을 주도했던 원자력연구소와 한국핵연료개발공단이 갑자기 통폐합되었다. '원자력'이라는 말을 아예 빼버리고 '에너지 연구소'라는 새 이름을 달았다. 이는 80년초 1차 숙청에 이어 82년 12월 31일에 단행된 사상 최대규모의 국방과학자 숙청(과학자와 연구소 직원 839명 해고)과 함께 큰 의혹을 불러일으켰다. 정진석의 말이다.

"미국은 한국이 추진했던 자주국방계획과 '핵개발'을 저지하기 위해 전두환정권의 출발을 용인해주었는지도 모른다."[20]

김대중의 구명(救命)은 혹 그걸 위장하기 위한 카드는 아니었을까? 레이건정권이 제3세계 민주화 지도자의 목숨 알기를 우습게 아는 정권이었기에 더욱 그렇다. 후일 전문가들은 국방과학자 대숙청은 한국 국방과

18) 이흥환 편저, 『미국비밀문서로 본 한국현대사 35장면』(삼인, 2002), 46~49쪽.
19) 이흥환 편저, 위의 책, 39~55쪽.
20) 정진석, 『총성 없는 전선: 격동의 한·미·일 현대외교 비사』(한국문원, 1999), 171쪽.

학기술을 10년 이상 후퇴시켰으며, 자주국방 의지를 실종케 하는 결과를 낳았다는 평가를 내렸다.[21]

김대중에 대한 감형조치

전두환은 미국을 방문하기 5일 전인 1월 23일에야 비로소 국내언론을 통해 방미 사실을 발표했는데, 이날 전두환의 꼭두각시였던 대법원은 김대중의 사형을 확정했다. 대법원에서 사형이 확정된 바로 그 날, 국무회의에선 사형을 무기로 감형한다는 조치가 취해졌다. 다음 날 정부대변인인 문공부장관 이광표는 사형이 무기로 감형된 배경에 대해 이렇게 말했다.

"김대중이 1월 18일 전두환 대통령 앞으로 그간 국내외에 물의를 일으켜 국가안보에 누를 끼친 데 대하여 책임을 통감하며, 국민 앞에 미안하게 생각해 마지않는다면서 특별한 아량과 너그러운 선처를 호소해왔다."[22]

김대중에 대한 감형은 전두환의 대통령직에 대한 미국의 인준을 얻기 위해 전두환의 미국 방문과 맞바꾼 여러 거래 조건의 하나였지만, 신군부는 그런 새빨간 거짓말을 천연덕스럽게 해댔다.

신군부는 김대중에 대한 감형조치를 취하고 나서 다음날 계엄령을 해제했다. 비상계엄이 선포된 지, 456일 만의 일이었다. 그리고 전두환이 미국으로 떠난 지 3일 후에 김대중을 비롯해 이문영, 고은, 문익환 등 '김대중 내란음모사건'과 관련된 민주인사 15명은 전국 교도소에 분산 수용됐다.[23]

---

21) 오연호, 『우리 현대사의 숨은그림찾기: 미국의 한반도 정치공작』(월간 말, 1994), 221쪽.
22) 김정남, 〈김대중 내란음모사건과 지식인 134인 선언〉, 『생활성서』, 2003년 2월, 46쪽에서 재인용.
23) 이흥환 편저, 『미국비밀문서로 본 한국현대사 35장면』(삼인, 2002), 40쪽.

전두환-레이건 회담

김대중의 목숨도 살려주고 자주국방 및 핵개발 포기 카드까지 미국에게 넘겨준 전두환에게 이제 남은 일은 미국 내의 여론을 살피는 것이었다. 이렇다 할 끈이 없었던 5공은 전두환 지지공작을 위해 통일교 언론을 활용했다. 손충무의 증언이다.

"전두환 대통령이 방미를 앞두고 있는데 그때까지도 미국언론들이 전 대통령을 좋게 써주질 않아요. 그래서 통일교가 운영하는 신문이라도 활용해야겠다 싶어 박보희씨와 통일교신문 『뉴스월드』의 기자를 데리고 전두환 대통령을 찾아가 3시간 동안 인터뷰를 시킨 거지요. 그 신문이 타블로이드판 일간지였는데 2쪽씩 3일에 걸쳐 대대적으로 보도했습니다. 통일교도들은 그 신문을 수십만 부씩 찍어 전미국에 돌렸습니다. 그게 아마 영어로 전대통령을 대대적으로 알리는 최초의 신문이었을 겁니다."[24]

그런 준비작업을 마친 전두환은 1월 28일부터 2월 7일까지 미국을 방문하였다. 2월 2일 레이건과 회담을 가진 전두환은 외국 원수로는 처음으로 레이건정부의 백악관 방문자가 되는 '영예'를 누리게 되었지만, 본토 한국인들보다 광주학살의 진상에 대해 더 잘 알고 있었던 재미 한인들의 반응은 냉담했다.

전두환의 방미 환영행사에 참여한 한인들은 '동원된 사람들'이었으며, 동원된 사람들은 대부분 영사관 관계자들, 상사직원들, 그리고 통일교도들이었다.[25] 전두환이 참석한 행사장마다 시위대가 출몰하자 전두

---

24) 오연호, 『우리 현대사의 숨은그림찾기: 미국의 한반도 정치공작』(월간 말, 1994), 196쪽에서 재인용.
25) 통일교도의 동원은 부작용을 낳았다. 손충무는 이렇게 말한다. "전대통령이 미국 공항에 내릴 때 박보희를 위시한 통일교도들이 나와 열렬히 환영을 했습니다. 그런데 통일교측에서 텔레비전 카메라맨들과 신문 사진기자들을 어떻게 공작했는지 한국 뉴스시간에 통일교 사람들이 전대통령의 방미를 성사시켜준 것같이 주요 장면들이 처리됐습니다. 그러자 국내외에서 신군부가 통일교와 유착됐다는 소리가 들렸습니다. 이래

환은 행사를 취소하거나 급히 겉치레 사진찍기만 하고 행사장을 떠나곤 했다. 『LA타임스(*Los Angeles Times*)』는 "우정의 종각에서의 기념식은 세계에서 유례를 찾아보기 힘든, 30초 만에 끝난 행사였다"고 평했다.[26]

2월 2일 레이건은 백악관 외교사절 출입구까지 나가 팡파르가 울리는 가운데 밝게 웃는 얼굴로 국무부에서 조언한 절제된 인사말을 무시하고 백악관에 들어서는 전두환을 따뜻한 포옹으로 맞이했다.[27] 레이건은 백악관 오찬에서 이렇게 말했다.

"남한과 미국은 자유의 가치를 공유하고 있다. 본인이 오늘 이 자리에서 한국인에게 전하고 싶은 메시지가 하나 있다면, 그것은 자유와 우의에 기초한 한·미 양국의 특별한 유대관계는 30년 전이나 지금이나 변함없이 돈독하다는 사실이다."[28]

전두환의 제12대 대통령 취임

미국의 그런 든든한 후원을 업은 이상 이제 전두환에게 남은 건 새로운 헌법에 의한 대통령 취임이었다. 미국에서 돌아온 전두환은 2월 25일 대통령선거인단의 간접선거로 이뤄지는 대통령선거에 임하였다. 짜여진 각본에 따라 대통령 후보에 들러리로 나서준 후보들은 민한당의 유치송, 국민당의 김종철, 민권당의 김의택이었다. 총 선거인 5277명 중

서는 안되겠다 싶어 방미 3개월 후쯤 관계단절 작업에 나선 것입니다. 일화 인삼차에 대한 세무조사를 하고 통일교 대학설립 허가를 취소하고 여의도 63빌딩을 통일교에서 짓겠다는 것도 말렸는데, 일련의 조치들이 신군부가 통일교와 관련이 없다는 것을 국민들에게 보여주기 위한 것이었습니다." 오연호, 『우리 현대사의 숨은그림찾기: 미국의 한반도 정치공작』(월간 말, 1994), 196~197쪽에서 재인용.
26) 장태한, 〈재미 한인사회의 정치구조 변화와 5·18〉, 학술단체협의회 편, 『5·18은 끝났는가』(푸른숲, 1999), 335쪽.
27) 돈 오버도퍼, 이종길 역, 『두 개의 한국』(길산, 2002), 216쪽.
28) 돈 오버도퍼, 이종길 역, 위의 책, 217쪽에서 재인용.

5271명이 투표에 참가하여 전두환이 4755표를 얻어 90.2%의 득표율로 대통령에 당선되었다. 들러리 후보들의 득표율은 유치송이 404표로 7.7%, 김종철이 81표로 1.6%, 김의택이 26표로 0.5%, 그리고 무효 1표였다.[29]

전두환은 한 편의 코미디를 방불케 하는 이런 '체육관 선거'를 통해 제12대 대통령으로 선출되어 3월 3일 대통령에 취임했다. 과연 언어란 무엇인가? 전두환의 대통령 취임사는 많은 사람들에게 그런 의문을 갖게끔 만들었다. 말은 번지르르 했기 때문이다. 다음은 취임사 내용 중 일부다.

"우리는 오늘 시련으로 얼룩졌던 구시대를 청산하고 창조와 개혁과 발전의 기치 아래 새 시대를 꽃피우는 제5공화국의 영광스러운 관문 앞에 모였습니다. 본인은 민족의 역사에서 참으로 중대하고 획기적인 이 전환의 시기에 본인에게 대통령이라는 막중한 소임을 맡겨준 국민 여러분에게 깊은 감사와 경의를 드리는 바입니다. 이번 제12대 대통령선거를 통하여 국민 여러분이 본인에게 압도적인 성원을 보내주신 것은 본인에게 있어 무한한 영광일 뿐 아니라 본인의 책임을 더욱 무겁게 하는 채찍질이 되고 있습니다. …… 본인은 나에게 절대적인 지지를 보내준 국민 여러분의 명령에 충실할 것이며 여러분과 본인의 삶의 터전인 이 나라의 성장과 성숙을 위해 충실할 것입니다. 본인은 본인이 공약한 새 시대의 전개에 충실할 것이며 본인이 발의하고 공포한 헌법에 대해 충실할 것입니다. 그리고 정직을 생활의 신조로 삼아온 하나의 자연인으로 자신의 신조에 충실하고자 합니다. 본인의 이와 같은 다짐이 실현될 수 있도록 국민 여러분께서도 전폭적인 협조를 다짐해주실 것을 본인은 기대하는 바입니다. 그렇게 될 때 1981년 3월 3일 오늘의 이 자리는 '위대한 조국

---

29) 조재구, 『대통령 후보들』(성정출판사, 1987), 370쪽.

'체육관 선거' 대통령·'광주학살' 대통령 전두환은 자신의 '대통령병'을 채우기 위해, 미국에 대해 핵개발 포기, F—16 전투기 구입, 쌀 수입 등을 약속하고 대규모의 국방과학자들을 숙청함으로써 자주국방의 계획을 포기했다.

건설을 다짐한 날' 로서 오래오래 기록될 것입니다. 감사합니다."[30]

거절당한 미고위급 인사파견 요청

전두환의 미국방문 당시, 전두환을 수행했던 외무장관 노신영은 미국 국무장관 헤이그에게 전두환의 대통령 취임식에 미국정부의 고위급 인사를 파견해줄 것을 요청했다. 미국무부 동아시아 담당차관보 마이클 아마코스트는(Michael Armacost) 81년 2월 6일 헤이그에 제출한 조치 각서(Action Memorandum)에서 이렇게 말하고 있다.

"(노신영) 외무장관이 국무장관에게 이미 언급한 것처럼, 한국은 3월 3일의 전두환 대통령 취임식에 우리측의 고위 대표단이 파견되길 고대하고 있음. 일본은 대표로 스즈키(Suzuki)나 이토(Ito), 혹은 후쿠다(Fukuda) 전 수상을 고려중임. 우리측에서는 국무장관이나 부통령 혹은 상원 원내총무가 적절한 대표가 될 수 있을 것임. 또는 한 가지 대안으로 포드 전 대통령이 그 시기에 해당지역을 여행할 계획이 있는 바, 한국 대통령 취임식의 미국 대표단장을 맡을 수 있도록 여행일정 변경을 설득해보는 것임."[31]

그러나 이런 요청에 대해 백악관은 대단히 냉담한 반응을 보였다. 헤이그는 아마코스트가 제출한 이 조치각서에 2월 21일자 자필로 "백악관은 우리 쪽에서 대사만 참석시키기로 결정했음"이라고 적어놓았다.[32] 결국 전두환의 대통령 취임식에는 주한 미 대사 윌리엄 글라이스틴만 참석했다.

---

30) 조선일보사 편, 『사료해방 40년』(조선일보사, 1985), 232~240쪽; 류승렬, 『뿌리깊은 한국사 샘이 깊은 이야기 7』(솔, 2003), 443쪽에서 재인용.
31) 이흥환 편저, 『미국비밀문서로 본 한국 현대사 35장면』(삼인, 2002), 55쪽에서 재인용.
32) 이흥환 편저, 위의 책, 53쪽에서 재인용.

그렇다고 해서 전두환이 외로울 건 없었다. '전두환 찬가'를 열심히 불러대는 언론이 있었기 때문이다. 『조선일보』를 비롯한 신문들은 제쳐놓더라도, KBS, MBC 두 방송사의 충성경쟁이 극진했다.

KBS와 MBC의 충성 경쟁

'제12대 전두환 대통령 취임 경축쇼'

전두환의 대통령 취임으로 더할 나위 없이 바빠진 건 KBS였다. '제12대 전두환 대통령 취임 경축쇼'를 전국 순회공연으로 기획했기 때문이었다. 그 기획자는 물론 사장인 이원홍이었다. 당시 프로듀서였던 박창학은 그때의 상황을 이렇게 묘사한다.

"KBS의 사운을 걸고 준비해온 전두환 대통령 취임 경축쇼의 첫 무대 공연이 춘천에서 개막되었고, 춘천 체육관에는 각계 지도층 인사 수천 명이 입추의 여지가 없을 만큼 가득찼다. …… 대구는 대통령의 고향이니까 틀림없이 참석할 것이라는 기대가 컸다. 이날 L 사장과 KBS 간부들은 공연 스케줄에도 없는 인기 탤런트 정윤희씨를 대동하고 대구로 날아왔다. 어떻게든 대통령에게 점수 딸 기회를 얻으려고 피나는 노력을 하는 모습이 애처로워 보이기까지 했다. …… 마지막 공연지는 전주였다. …… 전주여고 5백여 명의 합창단원들이 태극기를 흔들며 '조국찬가'를 합창하면서 대통령에게 인사를 하자 대통령은 자리에서 일어나 손을 흔들어 답례하며 공연장을 떠났다. 전두환 대통령이 그때까지 2시간 이상 쇼를 관람한 예가 없었다며, KBS 간부들이 감격해 하는 것으로 보아 이날 공연은 성공적으로 끝났음을 알 수 있었다. 그날 이후 전두환 대통령은 스포츠만큼이나 쇼도 좋아한다는 소문이 퍼졌고, 이 소문을 들은 L사장은 쇼프로그램의 와이드화를 시도하여 『100분쇼』 등 대형 쇼프로그램을 새로 만들었다. 『100분쇼』는 L사장 자신이 PD가 되어 일일이 지휘까지 해 PD, 카메라맨 등 실무자들이 시도 때도 없이 밤늦은 야근을 해야 했다."[33]

당시의 톱 가수들이 전두환의 공연 참석시간에 맞춰 노래를 부르려고 노래를 부르는 순번 문제로 경쟁을 했고, 전두환이 참석하기 전에 이미 노래를 부른 가수가 전두환 입장 후에 다시 한번 노래를 부르게 해달라고 PD를 졸라댔다는 이야기는 눈물겹기까지 하다.[34] 이미 세상은 전두환의 굳건한 통치체제하에 들어갔고, 광주학살은 먼 옛날의 이야기로 잊혀졌는지도 모를 일이었다.

전두환을 닮은 박용식의 비극

『한국일보』 편집국장 출신으로 신군부에 줄을 대 KBS를 점령한 사장 이원홍은 "정열적인 언론인이었다는 평을 듣기도 했지만, 권력의 서전담당 하수인이라 하여 야당으로부터 나치 독일의 악명 높은 선전장관 '괴벨스'라는 별명도 들었다."[35] 그는 KBS 직원들에겐 무서운 폭군이었다. 많은 KBS 직원들이 그를 보고 히틀러를 연상했을 정도였으

---

33) 박창학, 『방송 PD 수첩』(석향, 2001), 53~61쪽.
34) 박창학, 위의 책, 58~61쪽.
35) 손광식, 『한국의 이너서클: 대기자 취재파일』(중심, 2002), 278쪽.

니 더 말해 무엇하랴.[36]

이원홍은 전두환을 위해 태어난 사람 같았다. 그는 KBS의 모든 역량을 전두환을 위해 바치기로 작정한 양, 사장이라는 직위에도 불구하고 PD역할까지 도맡아하려고 들었다. 탤런트 박용식이 단지 전두환과 닮았다는 이유만으로 TV출연을 금지당한 것도 바로 이원홍의 작품이었다.

그가 KBS 사장으로 부임한 지 얼마 후 『민족중흥의 대잔치』라는 쇼 프로가 기획되어 생방송으로 나가게 되었다. 박용식은 고향이 강원도 춘천이라 강원대표로 출연하였다. 이원홍은 담당PD들과 함께 부조정실에 앉아 생방송 장면을 TV모니터 화면을 통해 보고 있었다.

그날의 사회는 코미디언 남철 남성남이었는데, 박용식이 등장하자 남철 남성남이 박용식을 향해 절을 하는 게 아닌가. 조연출은 손가락으로 자신의 목을 그어대는 신호를 연속 보내며 허둥거리기 시작했고, 모니터 화면을 통해 공연을 지켜보던 이원홍은 박용식의 상반신이 카메라에 잡히자 깜짝놀라 의자에서 벌떡 일어났다.

이원홍은 박용식의 얼굴이 전두환과 너무 닮아 순간적으로 놀랐기 때문이었는데 거기다 남철 남성남이 절을 하자 그걸 전두환에 대한 불경스런 행동으로 보았던 것이다. 이원홍은 카메라를 빼서 멀리 잡으라고 고함을 쳤고, 이 소동은 자리를 함께 했던 전간부들에게 암암리에 박용식의 'TV 출연금지' 라는 메시지로 여겨졌다. 그후 박용식은 천직을 잃은 채 고통스러운 세월을 보내야만 했다. 이원홍의 과잉충성이 빚은 비극이었다.[37]

이원홍은 사실상 5공정권의 정보기관원 노릇을 한 셈이었는데, KBS엔 진짜 정보기관원들도 드나들어 KBS 직원들은 이중고(二重苦)를 당해

---

36) 박창학, 『방송 PD 수첩』(석향, 2001), 53쪽.
37) http://star.hankooki.com/starstory/people/pys/pys1.htm

야 했다. 이 정보기관원들의 활약은 어떠했던가?

"6층의 집행간부들 방을 자기 방처럼 드나들고, 간부들에게 손찌검까지 하고 보도본부장의 좌석에 앉아 국·부장들을 손짓 하나로 불러서는 보도내용에 대해 이것저것 호통치는 것이 예사고, 인사청탁 브로커 노릇으로 직원을 특채시킨 것도 부지기수이며, PD들에게 압력을 넣어서 특정 연예인들의 출연을 강요하는 등의 이권개입까지 엄청나게 저질렀다."[38]

MBC의 반격

전두환에 대한 충성경쟁에 있어서 결코 KBS의 이원홍에게 밀릴 MBC의 이진희가 아니었다.[39] 그런데 전두환의 미국방문 때엔 이진희가 이원홍에게 밀리는 불상사(?)가 일어나고 말았다. 당시 MBC 기자였던 김기도의 증언이다.

"외신부에 있던 나에게 워싱턴 취재명령이 떨어졌다. 여권만 달랑 들고 환전할 시간도 없이 취재비는 그곳 특파원에게 얻어 쓰라며 쫓아보냈다. 나는 한미 정상회담이 열리는 백악관과 웰링턴 국립묘지 상공을 헬기를 빌려 타고 날며 리포트하는 등 법석을 떨었다. 전·레이건 회담은 우리 시간으로는 새벽 1시에 열렸다. 그래서 우리는 1시에 취재한 후 아침 뉴스에 커버하려고 만반의 준비를 갖추고 있었다. 그런데 날벼락이

---

38) 「KBS 노보」, 1989년 11월 6일; 구능회, 〈KBS-TV시청료 거부운동의 전개와 그 영향〉, 충북대 행정대학원 행정학과 석사논문, 1992년 7월, 8쪽에서 재인용.

39) 이진희와 이원홍은 그런 충성경쟁 덕에, 이진희는 82년 5월에서 85년 2월까지, 이원홍은 85년 2월에서 86년 8월까지 문화공보부장관을 지냈다. 허문도는 이진희 밑에서 차관을 지냈는데, 이진희에겐 꼼짝하지 못했다고 한다. "매사 깐깐한 이진희 장관은 동생 이상희 의원(민정)과 부산고 동기인 허차관을 무섭게 다뤘다. 전임자와 달리 차관 전결로 처리하던 업무를 장관 결재를 받도록 했고 심지어 허차관에게 '야, 이 XX'라고 육두문자를 쓰며 호통을 칠 정도였다. 허차관도 개성이 강했지만 이진희 장관은 더 강했다. 허차관으로선 임자 만난 셈이었다." 박보균, 「청와대 비서실 3」(중앙일보, 1994), 338쪽.

36___한국 현대사 산책·1980년대편 ②

떨어졌다. KBS가 현지에서 생방송 중계 차량을 빌려 한밤중에 생중계를 해댄 것이다. 본사에서는 난리가 났다. 이진희 사장의 불호령에 보도국장은 입원했고, 취재기자는 본사 소환의 불명예를 당해야 했다."[40]

이런 충성경쟁은 5공 내내 KBS와 MBC의 굳건한 전통으로 자리를 잡게 되었다. MBC의 드라마 연출가였던 유길촌은 자신의 경험담을 이렇게 말한다.

"80년대의 어느날 필자는 사극 연출을 하고 있었다. 매우 추웠던 겨울 며칠간 야외촬영을 마치고 부석부석한 얼굴로 여의도의 방송사로 돌아왔다. 사무실 안은 후끈했고, 여기저기 커피를 마시며 담소하는 동료들이 얄밉기까지 했다. 우리 제작팀은 방한복으로 무장해 마치 우주인 같았기 때문이다. 그날은 필자가 연출한 프로그램이 방송되는 날이라 뒷정리를 마치고 제작국 모니터 앞에 모여 앉아 방송을 보던 필자는 아연실색할 수밖에 없었다. 극의 클라이맥스 부분이 10분 정도 삭제, 편집된 채 방송이 끝난 것이다. 극의 내용은 노비와 양반 간의 갈등을 묘사한 장면이었는데 뒤에 확인한 것이었지만 계층간의 갈등을 유발할 수 있다는 이유로 프로듀서인 필자에게 단 한마디 협의도 없이 편집되어 방송했던 것이다. 당시의 황당하고 분노한 마음은 지금까지 잊을 수 없다. 그러나 그후로도 이러한 행위들은 보편화되어 일어나곤 했다."[41]

두 방송사의 눈물겨운 충성경쟁은 비단 사장들에게만 국한된 건 아니었으며, 이는 방송사 조직 내에서도 확대재생산되어 이후 80년대 내내 한국방송을 지배하는 기본원리로 자리잡게 되었다.

---

40) 김기도, 『갓 쓰고 자전거 타는 정치』(고려원, 1996), 269쪽.
41) 유길촌, 〈21세기 방송 프로듀서의 과제〉, 『PD연합회보』, 1999년 12월 23일, 8면.

제11대 국회의원 선거

민주주의에 대한 모독

전두환이 체육관선거를 통해 대통령으로 선출된 지 꼭 한 달이 지난 3월 25일 제11대 국회의원 선거가 치뤄졌다. 92개 지역구에서 184명을 뽑는 이 선거엔 놀랍게도 민주정의당, 민주한국당, 한국국민당, 민권당, 통일민족당, 한국기민당, 원일민립당 등 12개 정당과 무소속 후보자까지 합쳐 635명이 출마해 평균 3.4대 1의 경합을 보였다.[42] 다양성이 보장된 듯이 보이게끔 하기 위한, 5공의 고도의 농간이 개입된 민주주의에 대한 사실상의 모독이었다.

이 선거에서 민정당은 90명, 민한당은 57명, 국민당은 18명, 민권당 민주사회당, 신정당이 각각 2명, 민주농민당, 원민당이 각 1명, 마지막으로 무소속이 11명이 당선되었다. 득표율로 보면, 민정당 35.6%, 민한당

---

42) 조재구, 『대통령 후보들』(성정출판사, 1987), 371쪽.

21.6%, 국민당 13.3%였다. 여기에 민정당이 전국구 의석 92석 가운데 3분의 2인 61석을 차지하였고, 민한당이 24석을, 국민당이 7석을 배정 받았다. 이로써 이들 3개 주요 정당의 최종의석을 보면 민정당 151석, 민한당 81석, 국민당 25석이었다.

3·25 총선으로 그동안 의회기능을 대행해온 입법회의는 활동 156일 만인 3월 31일에 폐회되었고, 3당이 원내교섭단체를 구성하는 정치구도를 형성하긴 했지만 민한당과 국민당의 경우 '관제야당' 이라는 근본적인 한계 때문에 정부여당에 대한 견제역할을 제대로 해내길 기대할 수는 없었다. 시늉 또는 '쇼' 의 연출로 대한민국이 왕조시대의 국가가 아니라는 걸 보여주는 들러리 역할을 해주는 게 고작이었다.

광주시민은 들쥐떼인가?

"한국민의 국민성은 들쥐와 같아서 누가 지도자가 되든 그 지도자를 따라갈 것이며, 한국민에게는 민주주의가 적합하지 않다."

주한미군 사령관 존 위컴(John A. Wickham)이 80년 8월 8일에 내뱉은 위와 같은 발언은 많은 한국인들을 분노케 했다. 당시 대학 1학년생이었던 조성관은 위컴의 발언을 '망언' 으로 받아들이는 입장이었지만, 그로부터 십수년 후 "입장이 180도 뒤바뀌어 위컴의 발언이 정말 기가 막힐 정도로 핵심을 찌르는, 탄복을 자아내는 발언이라고까지 생각하게 되었다."[43]

조성관은 위컴이 지칭한 들쥐란 여느 쥐가 아니라 북미지역과 노르웨이를 중심으로 한 북유럽에 서식하고 있는 레밍(Lemming, 나그네쥐)이란 특별한 종이라는 걸 밝히면서 다음과 같이 말한다.

---

43) 조성관, 『한국 엘리트들은 왜 교도소 담장 위를 걷나?』(조선일보사, 2000), 47쪽.

"이 레밍은 원인을 알 수 없는 대이동의 습관이 있는데, 한번 이동이 시작되면 선두그룹을 따라 거대한 무리가 따라나서고 끝내는 선두가 바다에 빠져드는 데도 줄줄이 따라들어가 모두 죽는 것으로 대이동의 막을 내리는 습성을 지녔다는 것이다."[44]

그런데 그런 레밍이 왜 한국인과 비슷하다는 걸까? 조성관은 자신이 대학 1학년의 열정과 기백으로 수없이 많은 데모행렬에 앞장섰다는 걸 밝히면서, 자신이 그런 생각을 갖게 된 '충격적인 경험'을 다음과 같이 토로하고 있다.

"그때 체육관선거에서 민정당의 전두환 후보, 민한당의 유치송 후보 등이 출마했는데 전두환 후보가 90% 이상 표를 얻는 압도적인 표차로 대통령에 당선되었다. 나는 그때 몹시 흥분했다. …… 당시 나 같은 보통 대학생들에게 전두환은 광주학살의 원흉이자 악의 화신이었다. 그런데 어떻게 지각 있는 사람들이 그를 대통령으로 뽑을 수 있느냐 하는 것이었다. 그때 나는 그만큼 순수했다. 1981년 11대 총선이 있었는데 나는 광주학살의 현장인 광주에서 민정당 후보들이 1등 아니면 2등으로 당당히 당선되는 것을 보고 경악을 금치 못했다. 아니 어떻게 저런 일이 벌어질 수 있는가. 다른 곳도 아닌 광주에서, 순수했던 대학생의 눈으로는 상식 밖의 일이었다. …… 좀 괜찮다고 소문만 나면 뭐든지 벌떼처럼 덤비고 보는 병적인 극성, 자기기준, 자기판단에 따라 행동하기보다 남이 하면 나도 해야 직성이 풀리는 성미, '대세'라고 하면 우선 그 대열에 끼고 봐야 비로소 안도하는 습성이 가장 한국인다운 것으로 되어버린 지 오래다. 나는 한국인의 민족성에는 다분히 레밍과 같은 기질이 있다고 확신한다."[45]

---

44) 조성관, 『한국 엘리트들은 왜 교도소 담장 위를 걷나?』(조선일보사, 2000), 46쪽.
45) 조성관, 위의 책, 47~49쪽.

극악스러운 공포 분위기

그랬다. 11대 총선결과는 한국인이 망각에 매우 능한 사람들이라는 걸 유감없이 입증한 사건이었다. 그러나 후일 『월간조선』 기자가 된 조성관이 뒤늦게나마 '광주학살' 에 대해 잘 알게 되었는지 궁금하다. 아니 전두환일당의 '공포정치' 와 그 '광주학살의 원흉이자 악의 화신' 을 대통령으로 만들기 위해 광분한 『조선일보』의 활약을 잘 알게 되었는지 궁금하다. 그렇게 해서 형성된 극악스러운 공포분위기에서 투사가 아닌 보통 사람들이 얼마나 나약하게 허물어질 수 있는가에 대해 알게 되었는지도 궁금하다.

전두환을 위한 충성경쟁에 임하지 않는 자는 살아남기가 힘든 세월이었다. 충성경쟁에서 이탈하여 자기 목소리를 내는 사람에겐 무자비한 보복이 가해졌다. 들쥐떼가 있었다면 모든 한국인이 아니라 바로 그런 보복이라는 또다른 충성경쟁에 임하는 '인간 사냥꾼' 들이었을 것이다. 제11대 국회의원 선거 직후 이를 잘 보여준 것이 바로 '한수산 필화사건' 이었다.

한수산 필화사건

한수산의 '욕망의 거리'

전두환정권 초기엔 많은 필화사건이 있었는데 가장 잔인한 게 이른바 '한수산 필화사건'이었다. 이 사건은 81년 5월 중앙일보에 연재중이던 「욕망의 거리」라는 연재소설 내용 가운데 '정부의 고위관리' 등의 표현으로 전두환을 가볍게 야유한 것이 발단이 되었다.

소설이 나가자 보안사는 중앙일보 편집국장 대리 손기상 등 7명을 서빙고 분실로 연행, 3일에서 5일간 혹독한 고문을 가했으며 필자인 한수산은 제주에서 집필도중 기관원들에게 연행돼 가혹한 고문을 당했다. 이 사건 당사자들은 풀려난 뒤에도 대부분 병원에 입원할 정도로 육체적 상처를 입었고 나중에 한수산은 일본으로 외유를 떠나는 등 극심한 고통을 겪었다.[46]

---

46) 『미디어오늘』, 1996년 2월 21일, 8면.

한마디로 어이없는 사건이었다. '야유'라고 보기에도 어려울 정도의 내용이었기 때문이다. 「욕망의 거리」는 젊은 여성이 부유하지만 나이가 많은 남성과 결혼하게 되는 과정을 그린 일종의 애정소설이었는데, 애써 문제가 될 만한 대목을 찾자면 이런 것이었다.

5월 14일자 연재분에 탄광촌을 찾아가 그곳 아낙네들과 악수를 나누는 정부 고위관리의 묘사에서 "어쩌다 텔레비전 뉴스에서 만나게 되는 얼굴, 정부의 고위관리가 이상스레 촌스런 모자를 쓰고 탄광촌 같은 델 찾아가서 그 지방의 아낙네들과 악수를 하는 경우 ……"와 5월 22일자 연재분의 대화 가운데 "월남전 참전용사라는 걸 언제나 황금빛 훈장처럼 자랑하며 사는 수위는 키가 크고 건장했다. …… 세상에 남자 놈치고 시원찮은 게 몇종류가 있지. 그 첫째가 제복 좋아하는 자들이라니까. 그런 자들 중에는 군대 갔다온 얘길 빼놓으면 할 얘기가 없는 자들이 또 있게 마련이지"라는 부분이었다.[47]

'몽매하고도 원색적인 인간파괴'

첫번째 것은 대통령을, 두번째 것은 군을 빗대어 비하했다는 게 보안사가 한수산과 기자들에게 고문을 가한 이유였다. 문화부 편집위원 정규웅, 출판국 출판부장 권영빈, 기자 이근성 등은 어떻게 당했던가?

"보안사 서빙고 분실에 도착하자마자 이들 세 기자는 각각 독방에서 옷을 벗긴 채 검은 제복의 젊은이 5~6명으로부터 몽둥이질, 발길질 등 무차별 구타를 당했다. 한참을 폭행당한 후 또다시 고문실로 끌려가 물고문 · 전기고문 · 엘리베이터고문 등 갖가지 고문을 당하며 심문받았다. 심문내용은 여자문제, 간첩과의 접선여부, 촌지수수 등 연재소설과는 상

---

47) 중앙일보사사편찬위원회 편, 『중앙일보 삼십년사』(중앙일보, 1995), 351쪽.

관없는 것들이었다. 그런 다음 세 기자는 취조실로 끌려가 밤새 얻어맞고 욕설을 들으며 자술서 쓰기를 강요당하는 등 고초를 겪다가 70여 시간 만인 6월 1일 오후 3시 초죽음이 되어 풀려났다."[48]

더욱 기가 막힌 건 한수산과 대학동창이라는 이유로 연루된 시인 박정만이 당한 혹독한 고문이었다. 박정만은 고문 후유증으로 숨지고 말았다. 박정만의 억울한 죽음은 훗날(89년 3월 4일) MBC-TV의 넌픽션 드라마 『서러운 땅』으로 방영되었다. 오명환은 이 드라마가 "몽매하고도 원색적인 인간파괴를 묘사하여 커다란 반향을 일으켰다"며 다음과 같은 평을 한다.

"무차별한 고문과 폭행 실태가 가시화되고 양심이 조작되는 상황은 실로 충격, 가증, 절망, 허무의 극치를 보여준 것이다. 대한민국은 그의 표현대로 짓이겨진 땅 그리고 서러운 땅으로 투영되었다."[49]

전두환과 박정희

5공은 전두환에 대한 가벼운 야유마저도 잔혹한 고문으로 대응한 반면, 언론의 박정희와 유신비판에 대해선 제법 너그러웠다. 박정희와 유신을 어느 정도 부정하는 것이 5공정권의 위상을 높이는 데에도 도움이 될 것이라는 계산을 했겠지만, 전두환은 박정희를 능가하는 지도자라는 '전두환 신격화' 작업의 일환이었는지도 모를 일이었다. 정상호는 언론의 그런 눈 가리고 아웅하는 상술에 대해 이렇게 표현한다.

"권력의 기호에 예민하였던 언론들 역시 침묵을 강요하였던 유신체제에 앙갚음을 하기라도 하듯 박정희와 그 시대에 뒤늦게 비수를 들이대기

---

48) 중앙일보사사편찬위원회 편, 『중앙일보 삼십년사』(중앙일보, 1995), 351~352쪽.
49) 오명환, 『텔레비전 드라마 사회학: 현대 드라마 영상언어와 해법을 위하여』(나남, 1994), 340쪽.

시작했다. 80년대 중반까지의 신문이나 잡지는 유신말기 박정희의 난잡한 여자관계에서 시작하여, 권력 내부의 암투, 정치자금에 이르기까지 당시에 말 못했던 사실들을 고발하는 데 서로 앞장섰다."[50]

그러나 신문들이 경쟁적으로 나서자 5공은 일단 브레이크를 걸었다. 『중앙일보 삼십년사』는 인기를 끌던 "「제3공화국」시리즈가 각 일간지 추종경쟁에 따른 정부의 압력으로 34회로 중단"되었다고 밝히고 있다.[51] 그 중단일자는 5공의 안정이 이루어진 82년 2월 25일이었다.

50) 정상호, 〈박정희신드롬의 정치적 기원과 그 실상〉, 한국정치연구회편, 『박정희를 넘어서』(푸른숲, 1998), 76~77쪽.
51) 중앙일보사사편찬위원회편, 『중앙일보 삼십년사』(중앙일보, 1995), 1143쪽.

자세히 읽기

KCIA와 CIA의 관계개선

1981년 5월 안기부장 유학성은 CIA(미국중앙정보국)국장 윌리엄 케이시(William Casey)의 초청을 받고 미국을 방문했는데, 이는 대단히 이례적인 일이었다. 5·16 이후 중앙정보부가 만들어진 이래 한국정보기관의 책임자가 CIA국장의 초청을 받아 미국을 방문한 최초의 일이었기 때문이다.[a] 유학성은 이렇게 회고했다.

"지금 생각해도 그때 미국 방문길은 만감이 교차했습니다. 왜냐하면 70년대 후반 한·미 관계는 불편했던 일이 많았지요. 특히 박동선사건에다 청와대 도청설 등으로 미 CIA가 한국을 사시로 보았으며 중앙정보부장 출신 김형욱씨에 의해 한국정보기관의 이면이 폭로된 것은 이미 다 알려진 일이지요. 이로 인해 CIA와 KCIA(한국중앙정보부)의 관계는 아주 형편없었다고 해도 과언이 아니었습니다."[b]

윌리엄 케이시 CIA국장의 권유로 부시 부통령과 만난 유학성은 한국대사관 안기부공사와 미국 부통령실 안보보좌관 사이에 비밀대화채널을 개설하자고 제안했고, 부시는 이 제안을 받아들였다. 이로 인해 코리아게이트사건 이후 부과되었던 CIA와 KCIA 사이의 상호활동제한이 풀렸고, 다시 양국간의 정보협조체제가 구축되었다.[c]

이렇게 해서, 한국대사관 안기부 공사였던 손장래와 미국 부통령실 안보보좌관이었던 도널드 그레그(Donald Gregg) 사이에 비밀대화채널이 가동되기 시작했다. 미국과의 관계개선으로 인해 5공정부는 한반도

---

a) 김문, 〈유학성장군〉, 『장군의 비망록:격동의 현대사를 주도한 장군들의 이야기 Ⅱ』(별방, 1998), 223쪽.
b) 김문, 위의 책, 224쪽에서 재인용.
c) 김문, 위의 책, 225쪽.

주변의 인공위성을 통한 정보와 첩보를 미국으로부터 수시로 제공받았으며, 케이시의 주선으로 미국가안보국(NSA)과 미국방정보국(DIA) 등의 첩보기관과도 접촉하게 되었다.[d]

---

d) 김문, 〈유학성장군〉, 『장군의 비망록: 격동의 현대사를 주도한 장군들의 이야기 II』(별방, 1998), 225쪽.

유사 이래 가장 거대한 놀자판, 국풍 81

1천만 구경꾼을 동원한 난장판

광주학살이라는 만행을 저지른 전두환정권은 피로 얼룩진 정권 이미지에 부드러운 가면을 씌우고 국민의 정치의식을 마비시키기 위해 각종 화려한 이벤트와 조치를 양산해냈다. 가장 대표적인 것이 1981년 5월 28일부터 6월 1일까지 5일간 열린 '국풍 81'이었다.

도대체 무엇을 위한 것이었을까? '5공화국의 태평성대'를 선전하기 위한 대대적인 대중조작 이벤트였다. 일본의 극우에 심취한 허문도가 일본의 가미카제(神風, Kamikaze)* 정신을 본따 이름을 붙이고 적극 밀어붙인 것이었다.[52] 그래서 이름도 '국풍'(國風)이었다. 그 정신을 상징하

---

*) 제2차 세계대전 때 적의 목표물에 일부러 충돌하여 자살한 일본 조종사들을 일컫는 말로 '신의 바람'을 뜻하며, 원래는 1281년 몽골이 일본을 침공했을 때 우연히 들이닥쳐 몽골함대를 침몰시킨 태풍을 가르키는 말이다.

52) 김종찬, 『6공화국 언론조작』(아침, 1991), 465쪽.

'난장판'이 된 국풍 81. 살인마 정권 이미지에 부드러운 가면을 씌우기 위한 이 대중 조작 이벤트는, 일본의 극우에 심취한 허문도가 일본의 카미카제(神風) 정신을 본떠 이름을 붙이고 적극 밀어붙인 것이었다. 그래서 이름도 '국풍(國風)'이었다.

는, 유니폼을 입은 젊은이들의 행렬이나 배의 노를 합심해 젓는 그림 등으로 모자이크된 포스터가 시내 곳곳에 나붙었다.[53]

어용화된 한국신문협회가 주최하고 KBS가 주관한 이 행사는 행사장인 여의도를 통행금지까지 해제시켜가면서 유사 이래 가장 거대한 '놀자판'으로 만들었다. 아니 '난장판'이었다고 보는 것이 더 옳을 것이다. 세상에 1천만 구경꾼 동원이라는 게 말이 되는가?

'전국대학생 민속국악 큰잔치'라는 부제 아래 열린 '국풍 81'은 개막행사, 민속제, 전통예술제, 젊은이 가요제, 연극제, 국풍장사 씨름판, 팔도굿, 남사당놀이 등의 본행사와 함께 '팔도 명물장'을 열어 엄청난 구

53) 김재홍, 『문민시대의 군부와 권력』(나남, 1992, 개정판 1993), 255쪽.

경꾼을 끌어들였다. KBS가 발간한 『한국방송 60년사』는 '국풍 81'에 대해 다음과 같이 말하고 있다.

"마침내 '국풍 81'이 개막되면서 마포대교와 서울교는 밀려드는 인파로 빈틈없이 메워졌고, 5월 28일 정오에는 30만, 오후 4시에는 50만을 돌파했으며, 이날 새벽까지 100만에 가까운 관객을 기록했다. 이어서 5월 29일과 30일에는 각 100만, 21일에는 200만을 육박했으며, 진행본부는 장내방송을 통해 자녀를 대동해온 관객들의 귀가를 종용하는 한편 라디오 스폿방송을 통해 관람을 만류하는 진풍경이 연출되기도 했다. 6월 1일 밤 10시, 화려한 불꽃놀이를 끝으로 막을 내린 이 '국풍 81'은 관객 동원에 있어서 1000만에 가까운 인원을 동원하는 성공을 거두었으며, 이 정도의 대형 행사를 사소한 사고도 없이 치뤄냈다는 점은 주관한 KBS로서는 행사주관의 자신감을 갖게 해주는 결실이었다."[54]

허문도의 과잉충성

KBS에겐 그런 자신감을 안겨줬는지 모르겠지만, '국풍 81'은 어떤 사람들에겐 좌절감을 안겨주었다. 문화평론가 신현준은 당시의 대학생들에게 80년대의 대중문화는 단지 상업적이고 퇴폐적인 외래문화에 불과했다면서 '국풍 81'과 관련한 자신의 경험담을 이렇게 말하고 있다.

"1981년 5월, 여의도광장에서는 '국풍 81'이라는 '관제행사'가 개최되었다. 대학교에 입학한 지 두 달 정도 되던 시기였고, 난생 처음 맡아본 최루탄 냄새가 익숙하기 시작하던 시기였다. 나는 동기들과 어울려 교내에서의 '데모'를 끝내고 삼삼오오 여의도광장으로 모였다. 행사에 참여하여 즐기기 위한 것이 아니라 그 반대였다. 마치 계란으로 바위 치는 심

---

54) 이범경, 『한국방송사』(범우사, 1994), 433쪽에서 재인용.

정으로 '학우' 들은 행사장 구석구석에서 산발적인 시위를 전개했다."[55]

'국풍 81'은 생각이 제대로 박힌 사람들로부터는 그 기획단계에서부터 거의 예외없이 욕을 먹었다. 그래서 5공 내부에서조차 반대하는 사람들이 있었다. 그러나 늘 전두환의 심리를 귀신같이 꿰뚫어보는 허문도의 과잉충성 욕구를 누가 말리랴. 당시 청와대 정무수석비서관 우병규의 증언이다.

국풍계획에 대해서 논란이 있었던 것이 사실이다. 당시 국풍은 허문도 정무비서관 중심으로 추진됐는데 나와 몇몇 사람들은 이 계획에 반대했었다. 어느날 허씨가 전대통령에게 국풍계획을 브리핑하는 자리에서 찬반논의가 있었다. 반대측에서는 "일부 학생들이 반대를 하고 여론도 나쁘니 추진하지 말자"는 의견을 냈다. 이에 대해 허씨는 "일부 재야·학생들이 반대한다고 해서 그만두면 정부를 깔보게 되고 앞으로 통치가 어려워진다"며 강행을 주장했다. 이 얘기를 들은 전대통령은 "그럼 해야지"라고 말했다. 그 자리에서는 "차라리 날씨가 더운 5월 말보다는 가을추수 후 고수부지 등에서 하는 것이 낫지 않겠느냐"는 의견도 제시됐으나 결국 강행하는 쪽으로 결정됐다. 할 수 없이 일어나서 나가려 하자 전대통령이 가까이 부르더니 "우수석 얘기도 일리가 있지만 나라를 다스리려면 일부에서 반대한다고 안해선 안되는 거요. 밀고 나가는 것도 있어야 하니까 허비서관을 도와주시요"라고 당부했다. 국풍행사가 끝난 뒤 다시 전대통령에게 "이번 행사가 잘된 것이 아닙니다"라고 보고를 했더니 전대통령은 약간 불쾌한 듯 "왜 안돼,

55) 신현준, 〈1980년대 문화적 정세와 민중문화운동〉, 이해영 외, 『1980년대 혁명의 시대』(새로운세상, 1999), 213~214쪽.

다들 잘됐다고 하는데. 명년에도 할 거요"라고 말했다. 그러나 이
행사는 그 뒤로 다시 열리지 않았다.[56]

대학가의 갈등

그러나 모든 사람들이 '국풍 81'에 대해 욕을 한 건 아니었다. 대학생
들 중에도 '국풍 81'에 대해 너그러운 학생들도 있었기 때문에, '국풍
81'로 대표되는 '놀자판'은 대학가 내부에서도 갈등을 불러일으켰다. 김
형진은 '국풍 81'에 대해 이렇게 말한다.

전두환 신군부세력은 3S(스포츠 · 스크린 · 섹스) 정책의 일환
으로 '국풍(國風) 81'이라는 대학가요제를 개최한다. 이용이 〈바
람이려오〉로 2위에 해당하는 금상을 받으며 기성가수 반열에 올
라섰던 이 가요제에서 1위에 해당하는 대상은 공교롭게도 서울대
그룹사운드 '갤럭시'에게 돌아갔다. "화사한 두 날개 너울거리며
허공을 가르네/ …… /나 이제 포근한 자연의 품에 안겨서/이제
맑은 물 마시며/맑은 달 보며 살겠네"라고 노래한 갤럭시의 〈학〉
이라는 노래를 기억하는 사람은 거의 없다.

그만큼 부족한 곡이었지만 국풍 81의 심사위원들은 이들에게
대상의 영예를 안겨준다. 전두환 신군부세력은 서울대학생들도
새정부 건설에 적극적으로 협조하고 있다는 상징 조작을 필요로
했던 것이다(본의 아니게 이 부분이 당시 갤럭시 멤버들에게 폐가
되지 않기를).

국풍 81에서 대상을 받은 갤럭시는 그해 10월 서울대 축제 때

---

56) 한국일보 정치부, 『빼앗긴 서울의 봄』(한국문원, 1994), 281쪽에서 재인용.

학생회관 라운지 2층에서 공연을 가지려 했다. 그런데 '향락축제 거부투쟁'을 벌이던 운동권 학생들이 이 무대 앞에 포진, "애국가부터 시작해라!"라고 외치기 시작했다. 갤럭시 기타리스트가 한 번도(?) 쳐보지 않았던 애국가를 어설프게 연주하자 학생들은 기다렸다는 듯 무대를 부수기 시작했다.

당시 학생들은 동료학우가 '살인마 전두환 물러가라'를 외치고 투신한 교정에서 전두환이 만든 국풍 81에서 대상을 받은 갤럭시가 공연하는 것을 도저히 받아들일 수 없었던 것이다.

그 다음해, MBC 대학가요제에서 한양대생 정오차가 부른 〈바윗돌〉이라는 노래가 대상을 차지했다. 그러나 모 신문 인터뷰에서 "굴러, 굴러, 굴러라/굴러라 바윗돌/한 많은 이 세상 웃음 한 번 웃어보자/⋯⋯"라는 가사가 5월 광주에서 죽어간 친구를 추모하는 뜻에서 만들어졌다는 기사가 실렸다. 그 직후, 가요 심사위원회는 이 노래를 금지곡으로 묶어버렸다. 이후 대학가요제 심사위원들은 현란한 댄스풍의 노래들에게 대상과 금상을 몰아주기 시작한다. 그러면서 대학가요제는 학생다운 신선함과 진취성을 잃어버렸고, 대학생 대중들과 유리된 저들만의 가요제로 전락하고 말았다.[57]

5공의 3S 정책

1973년 12월 3일 석유파동으로 없어진 아침방송이 그로부터 7년 6개

---

57) 김형진, 〈대학가요제의 돌연변이 국풍 81〉, 『내일신문』, 1998년 5월 27일, 35면. 당시 학생운동권에서 '국풍류'의 대중문화는 호된 비판의 대상이 되었다. 『80년대 학생운동사』는 다음과 같이 적고 있다. "(학도)호국단의 어용성은 81년 가을의 서울대 축제 준비과정에서 극명하게 드러났다. 이 당시 호국단은 그 예산권을 악용하여 본부 공개 서클들이 주축이 되어 추진하고 있던 민족적·민주적 대학축전의 준비를 방해

월 만인 81년 5월, 경제가 한참 어려울 때에 부활되어 아침 드라마가 다시 선을 보인 것도 희한한 일이었다. 청춘남녀의 애정을 그린 MBC-TV의 『포옹』이 "아침시간과 아침시청자를 도외시한 무분별한 드라마로 지탄되면서 그해 9월 102회로 도중 폐막되었다"는 건 무얼 의미하는 걸까?[58] '국풍' 바람과 무관한 것이었을까? 『포옹』은 아침드라마의 의도를 너무 충실하게 따른 탓에 도중하차당한 건 아니었을까?

모를 일이었지만, 이거 하나는 분명한 사실이었다. 신현준은 "한마디로 80년대의 문화정책은 대중문화를 대상으로 삼았으며, 그 방향은 대체로 '규제완화'의 방향을 취했다"면서 "문제는 이런 규제완화가 어떤 성격을 가지고 있었는가라는 점"이라고 말한다.

"먼저 지적할 것은 대중문화에 대한 규제완화가 선별적이었음을 지적할 수 있다. 한 예로 영화검열 완화의 경우 주로 '저급한' 영화에만 선별적으로 이루어졌을 뿐이다. 즉, '불온한' 문화의 금기는 여전했고, 1981~83년 사이에는 이전보다 더욱 강화되었다고 말할 수 있다. 그렇다면 '불온한' 반대자들이 '3S정책'(스포츠·스크린·섹스)이라고 불렀던 표현은 당시 정책의 새로운 기조를 말해준다. 70년대의 문화정책이 원칙적으로 외래 퇴폐문화를 금지하면서 실제로는 '모든' 문화에 대한 규제를 단행했던 반면, 80년대는 '퇴폐문화'에 대한 선별적 해금을 실시하면서 이런 조치가 체제와 그리 불편하지 않게 어울리도록 관리하는 양상을 취했다. 즉, 정책담당자가 보기에 '퇴폐적'이지만 별달리 '위협적'이지 않은 한도 내에서는 방치한다는 것이 당시의 문화정책의 이데올로기로 보인다. 70년대와 비교한다면 정책의 지배적 원리가 금지의 논리에서 방치의 논리로 전화한 것이다. …… '국풍81'을 비롯한 관제행사들은

하고, 심지어는 조용필, 갤럭시 등의 공연, 쌍쌍파티 등 부패하고 나약한 비민주적 문화를 학내에 퍼뜨리려고 했던 것이다." 강신철 외, 『80년대 학생운동사』(형성사, 1988), 29쪽.
58) 오명환, 『텔레비전 드라마 사회학: 현대 드라마 영상언어와 해법을 위하여』(나남, 1994), 468쪽.

새로운 문화적 '모델'을 제공하지 못했다. 이를 통해 '문화의 탈정치화를 통한 정치적 이용'이라는 80년대 문화정책의 기조가 형성되었다는 '성과'를 빼면 말이다."[59]

　5공은 '퇴폐'를 부추기면서도 또 그로 인한 결과를 빌미로 '통제'를 시도하는 이중적인 대중문화정책을 구사하였다. 그래서 이른바 '국민정신개혁운동'이라는 '정화운동'을 전개하기도 했는데, 음반의 마지막 트랙에 건전가요를 삽입하는 것과 극장에서 영화를 상영하기 전에 애국가를 틀어주는 것 등이 '정화운동'의 이름으로 행해진 대표적인 것들이었다.[60]

59) 신현준, 〈1980년대 문화적 정세와 민중문화운동〉, 이해영 외, 『1980년대 혁명의 시대』(새로운세상, 1999), 221~222쪽.
60) 신현준, 위의 책, 221쪽.

부림 사건과 노무현

'부림(釜林, 부산양서조합)사건'은 1981년 6월부터 이유도 모른 채 강제연행된 19명의 부산지역 청년·학생들이 국가보안법 위반 혐의로 구속돼 전원 최고 징역 6년 자격정지 6년에, 최하 징역 1년 자격정지 1년에 집행유예 2년까지 선고한 사건이다.

이 사건의 변론을 맡은 걸 계기로 인권변호사의 길을 걷게 된 노무현은 이렇게 말한다.

"전두환정권은 집권 첫해인 80년에 이미 대부분의 저항세력을 제거했다. 그리고 마지막 남은 학생운동권을 최종적으로 정리했는데 그것이 바로 '부림사건'이었다. 그것은 서울에서 일어난 무림, 학림 사건과 마찬가지로 저항의 기미가 있는 자들에 대한 일종의 예비검속이었다. '부림사건'엔 사실 '사건'이 없다. 무슨 저항의 움직임이 구체적으로 있었던 게 아니라 억지로 엮어낸 조작된 사건이었다. 79년에 이흥록 변호사가 양서조합을 만들었었는데 그 회원들이 대부분 잡혀들어갔던 것이 전부이다. …… 이건 너무나 터무니없는 것이었다. 지금 생각하면 아무것도 아닌 책들, 예를 들어 『전환시대의 논리』『난장이가 쏘아 올린 작은 공』『우상과 이성』같은 책을 읽었다는 게 죄가 되었다."[a]

물론 이 사건은 극심한 고문에 의해 조작된 사건이었다.[b] 신군부가 사용한 다양한 고문 방법 가운데 '통닭구이'라는 게 있었는데, 이는 다음과 같은 것이었다.

---

a) 노무현, 『여보, 나좀 도와줘』(새터, 1994), 213쪽.
b) 한국기독교교회협의회 인권위원회, 『1970년대 민주화운동 (V)』(한국기독교교회협의회, 1987), 2205~2215쪽.

"고문 중에서도 제일 끔찍했던 고문이 '통닭구이'라는 것이었는데, 이는 통닭이 아닌 사람을 바닥에 엎드리게 한 후 발바닥, 발가락을 세운 후 손등, 손바닥을 수없이 난타하고 마치 통닭이 전기철봉에 매달리듯 끈으로 손과 발을 묶은 후 손과 종아리 사이로 굵고 긴 몽둥이를 가로질러 넣고는 공중에 매달고 손, 발, 머리 등을 닥치는대로 때리고 문지르는 것인데, 이 '통닭구이'로 발톱이 다 빠져 달아났고 온몸은 가지처럼 보라빛으로 변해져 있었으며 제대로 걷지도 못해 무릎으로 엉금엉금 기어야 했답니다."[c]

노무현은 이 사건을 계기로 사회과학 서적들을 읽게 되었고 이후 본격적인 인권변호사의 길을 걷게 되었다.[d]

---

c) 한국기독교교회협의회 인권위원회, 『1970년대 민주화운동 (V)』(한국기독교교회협의회, 1987), 2214쪽에서 재인용.
d) 노무현, 『여보, 나좀 도와줘』(새터, 1994), 216~217쪽.

서울올림픽 유치

5공의 적극 공세

1970년대 말 미국 대통령 카터와 갈등관계에 있던 박정희는 미국과의 관계개선, 그리고 북한과의 체제경쟁에서 확실한 우위에 설 수 있는 발판으로 올림픽 유치를 계획했다. 79년 박정희는 올림픽을 개최하고자 하는 중요한 목적 중 하나로 "우리나라의 경제력과 국제적 역량을 과시하는 것"이며 "공산권국가 및 비동맹국가와 국교를 수교하는 데 유리한 입지를 확보하는 것"이라고 말했다.[61]

대한올림픽위원회(KOC) 위원장 박종규는 79년 6월 카리브해안의 휴양도시 푸에르토리코에서 열린 IOC(국제올림픽위원회)의 강력한 대응단체였던 ANOC(각국 올림픽위원회 연합회)에 참석해 서울올림픽 유치 가능성을 타진하기도 했다.

---

61) 돈 오버도퍼, 이종길 역, 『두 개의 한국』(길산, 2002), 279쪽에서 재인용.

박정희의 사망 이후, 1980년 1월 19일 최규하 내각은 올림픽 유치를 단념한다고 공식발표했다. 그러나 전두환의 생각은 달랐다. 전두환은 "전임 대통령이 결정한 중대사를 해보지도 않고 패배의식에 사로잡혀 포기하느냐"며 유치신청에 적극적이었다.[62]

80년 11월 30일 전두환의 지시로 IOC에 올림픽 유치신청서를 제출했고 12월 2일 접수됐다. 81년 1월 6일 KOC는 올림픽 유치계획을 위한 실무반을 편성했다. 하지만 경쟁국 일본의 방해와 불안한 국내정세로 올림픽 유치는 사실상 기대하기 어려운 상태였다. 게다가 당시 국무총리였던 남덕우는 올림픽 망국론을 주장했던 터라 올림픽 주무부서인 문교부 체육국은 올림픽 유치활동에 소요되는 비용과 제반사항을 요구했다가 면박만 당했다.[63]

유학성의 올림픽 유치작전

모두가 올림픽 유치를 포기한 것처럼 보이던 순간, 올림픽 유치신청서 공문과 올림픽 유치를 위해 전두환이 직접 쓴 친서를 물끄러미 쳐다보던 안기부장 유학성이 나섰다. 그는 다소 비장한 어조로 "국가를 위해서 올림픽 유치를 결정한 이상 중도포기는 있을 수 없습니다. 특히 대통령의 친서까지 담겨진 국가의 중대사항을 단지 현실적인 어려움을 내세워 그만둘 수 있겠습니까"라고 반문하며 분위기를 역전시켰다.[64]

올림픽 유치작전의 총수는 유학성이었다. 전두환과의 독대(獨對) 이후 전두환으로부터 모든 권한을 위임받은 유학성은 사표까지 써놓은 채 안

---

62) 고광헌, 『스포츠와 정치』(푸른나무, 1988), 95쪽에서 재인용.
63) 정주영, 『이 땅에 태어나서』(솔, 1998), 266쪽.
64) 김문, 〈유학성장군〉, 『장군의 비망록: 격동의 현대사를 주도한 장군들의 이야기 2』(별방, 1998), 217~218쪽에서 재인용.

기부 내에 태스크 포스(Task Force)팀을 구성해놓고 올림픽 유치작전의 모든 계획을 입안하고 진행했다.[65]

유학성은 비서실장을 불러 해외에 나가 있는 기업체 현황자료를 긴급히 뽑아오도록 지시했으며, 아울러 투표권을 가진 각국 IOC위원들의 신상명세를 가능한 한 자세히 기록된 파일로 만들 것도 지시했다. 또한 유학성은 IOC위원들의 회유방안 등 국가별로 치밀한 '로비 작전' 계획을 수립한 다음 현대그룹 회장 정주영과 동아그룹 회장 최원석을 비롯한 기업인들과 신라호텔에서 비밀회동을 가졌다. 그는 이 자리에서 로비대상과 방법 등을 일일이 기록한 체크리스트를 배포하면서 몇가지 지켜야 할 준수사항에 대해 다음과 같이 말했다.

"첫째, 지금부터 이루어지는 모든 것은 절대 비밀로 할 것. 둘째, 포섭 과정에서 '이미 일본은 동경올림픽을 개최했지 않았느냐'는 점을 상기시키면서 일본개최 불가론과 함께 개발도상국 개최의의를 집중적으로 내세울 것. 셋째, 최근 일본이 국제적으로 경제동물이라는 비난을 받고 있는 만큼, 이러한 점을 가급적 주입시켜 도덕적으로 고립시킬 것. 넷째, IOC위원 본인은 물론 가족들까지 생일 등 모든 기념일을 챙길 것. 다섯째, 접촉과정에서 들어가는 일체의 경비는 청구하는 즉시 지불될 것이며 제반 애로사항은 안기부에서 책임지고 해결하겠다."[66]

정주영에겐 올림픽 유치 민간추진위원장 자리가 맡겨졌다. 이에 대해 정주영은 후일 이렇게 말했다.

　　나한테는 사전에 한마디 말도 없이, 5월 어느날, 문교부 체육
　　국장이 프린트한 올림픽 유치 민간추진위원장 사령장을 들고 나

65) 김문, 〈유학성장군〉, 『장군의 비망록: 격동의 현대사를 주도한 장군들의 이야기 2』(별방, 1998), 214쪽.
66) 김문, 위의 책, 219~220쪽.

타났다. 내용인즉슨, 나고야와의 표 대결에서 정부가 당할 망신을 민간인이 대신 당하게 하자는 발상으로, 유치관할 시장이 아닌 민간 경제인이 유치추진위원장을 맡도록 했다는 얘기였다. 내가 그때 전경련 회장직을 맡고 있었기 때문에, 민간 경제인들 단체장으로서 망신 대용품으로 뽑혔던 것이다. 올림픽 유치관계 장관회의에서 이규호 문교부장관의 제안으로 결정된 일이라고 했다. ……

"'망신을 당해도 정주영이 네가 당해라'는 정부의 의도였다는 것이 지금도 변함없는 내 생각이다"[67]

유학성과 정주영의 합동작전

올림픽 유치단의 각종 로비에 대한 소문이 무성하게 떠돌았다. "대량으로 항공권(KAL)을 뿌리고 있다" "어떤 나라의 위원은 서울여행의 초대를 약속받았다" "밤이 되면 위원의 숙소로 초대하여 기생접대를 하고 있다"는 등의 소문이었다.[68] 이런 소문에 대해 정주영은 다음과 같이 항변했다.

"…… 현지 언론은 아주 비정하고 혹독했다. 우리가 마치 절대로 들여놓으면 안되는 땅에 발을 들여놓은 것처럼 IOC 관계자, 언론 할 것 없이 '웃긴다'는 반응이었다. 현장에서 보도하는 신문이나 방송 기자들은 전부가 일본의 나고야가 결정적인 것으로 얘기했고, 그 말대로라면 우리는 가망이 전혀 없는 비참한 지경이었다. 처음에는 누구도 우리 편이 아니었다. 심지어는 '한국이 기생을 동원했다'는 외국 신문기사가 나와 홍보관에서 안내를 맡고 있는 미스코리아, 스튜어디스들을 갑자기 기생으로

---

67) 정주영, 『이 땅에 태어나서』(솔, 1998), 267쪽.
68) 고광헌, 『스포츠와 정치』(푸른나무, 1088), 96쪽에서 재인용.

둔갑시키기도 했다. 나는 즉각 몽준이한테 홍보관을 맡겨 손기정씨, 조
상호씨, 제수씨인 현대고등학교 장정자 이사장 등이 전시실에서 손님을
맞도록 해서 '기생설' 을 잠재웠다."[69]

'기생설' 은 잠재웠을 망정, 돈을 많이 쓴 건 분명한 사실이었다. 올림
픽 유치단으로 활동했던 한 인사는 정주영은 투표일을 앞두고도 마음을
결정하지 못했던 IOC위원들의 마음을 얻기 위해 항공권과 현금은 물론
이고 향응까지 제공하는데 수백만 달러를 지출했다고 증언했다. 이런 방
식은 정주영이 중동 공사현장에서 건설공사 입찰을 따냈을 때 사용하던
방식이었다.[70]

로비전 이외에도 유학성의 지시를 받은 안기부는 재일동포들을 동원
해 나고야의 올림픽 개최를 반대하는 캠페인을 벌이도록 했다. 이들은
제84차 IOC 총회장소인 서독의 바덴바덴까지 전세비행기를 타고 날아
가 플래카드를 들고 거리를 누비면서 올림픽의 나고야 유치를 맹렬하게
반대했다.[71]

그러나, 이런 모든 유치활동에도 불구하고, 상황은 절망적이었다. 당
시 한국의 IOC위원이었던 김택수는 이렇게 말했다. "서울시는 세 표밖
에 안 나온다. 한 표는 내 거고 한 표는 미국 거고 한 표는 대만 거다."[72]

52 대 27로 나고야를 물리치다

그러나 81년 9월 30일 치뤄진 투표는 의외의 결과를 낳았다. 너무도
드라마틱한 대반전이었다. 투표결과 발표 당시의 상황에 대한 정주영의

69) 정주영, 『이 땅에 태어나서』(솔, 1998), 273쪽.
70) 돈 오버도퍼, 이종길 역, 『두 개의 한국』(길산, 2002), 280쪽.
71) 김문, 〈유학성 장군〉, 『장군의 비망록: 격동의 현대사를 주도한 장군들의 이야기 2』(별방, 1998), 221쪽.
72) 정주영, 위의 책, 272쪽에서 재인용.

말이다.

"드디어 오후 3시 45분. 사마란치 IOC위원장이 투표결과를 발표했다. '쎄울.' 더 들을 것도 없었다. 우리 대표단은 일제히 만세를 부르면서 벌떡 일어서서 서로 얼싸안았다. 내가 예상했던 46표보다 6표가 더 나와 52대 27로 나고야를 물리친 것이었다. 나도 놀랐고, 우리 대표단 모두가 놀란 득표수였다. 축하인사를 하면서 손을 내미는 나고야 시장을 보니, 두 눈에서 눈물이 강줄기처럼 흐르고 있었다. 다 이겼다고 생각한 싸움에서 진 그가 흘리는 눈물에 조금 당황했고, 그리고 역지사지로 바꿔 생각할 때 꽤 미안한 생각이 들었다."[73]

어떻게 이런 대반전이 가능했을까? 로비와 효과적인 여론공세 외에도 개발도상국들의 지지도 한몫했다. 이들은 자신들과 비슷한 처지에 있던 한국에 호감을 가졌던 것이다. 또다른 올림픽 유치 성공요인 중의 하나로 고광헌은 유럽, 특히 독일 스포츠자본의 지원을 들었다.

"국제적인 스포츠용품 생산과 유통구조를 놓고 치열한 경쟁을 벌이고 있는 국제 스포츠독점자본의 입장에서는 그들의 판매전략에 유리한 도시가 올림픽을 개최해야 한다. 따라서 서울은 나고야보다 경쟁이 쉬운 곳일 수밖에 없으며, 나고야가 개최지가 될 경우 세계적인 수준에 있는 일본의 스포츠독점자본과의 경쟁에서 탈락할 위험이 커짐으로 서울을 지원한 것이다. 이들 스포츠 메이커들은 개최지가 결정된 뒤 그곳 시장을 파고드는 것은 물론 인위적으로 특정도시에서 올림픽이 개최되도록 유도까지 하는 것이다. 81년에 서울이 올림픽 개최지로 낙착되기까지 서독의 세계적 스포츠기업인 아디다스의 막후작용이 크게 영향력을 떨쳤다는 것이 그 좋은 예이다. 아디다스는, 나고야에서 개최될 경우 세계를 상대로 엄청난 물량작전을 펼치는 스포츠자본과 경쟁할 수 없다는 것을

---

73) 정주영, 「이 땅에 태어나서」(솔, 1998), 279쪽.

너무 잘 알고 있었던 것이다."[74]

유학성은 올림픽 유치를 위해 애쓴 기업인들을 만나 경비(로비자금) 사용내역을 보내주면 즉시 결재해주겠다고 말했지만 대부분의 기업인들은 한결같이 "국가를 위해 한 일이니 청구하지 않겠습니다"라고 답했다.[75]

아름다운 뜻이긴 했지만, 기업인들이 로비자금을 청구하지 않은 또다른 이유가 있었다. 당시 중동지역에 나가 있던 건설업체들은 중동경기의 쇠퇴로 인해 엄청난 경제적 타격을 받고 있었다. 무엇보다도 토목공사, 도로건설, 항만개발 등에 사용되는 중장비들이 고스란히 놀고 있다는 사실은, 건설업계에 상당한 부담으로 작용했다. 올림픽 유치 성공으로 중동에서 놀고 있던 중장비들은 올림픽 유치에 따른 사회간접부문의 사업, 올림픽경기장 건설, 도로건설, 한강개발 등에 이용되었고, 이로 인해 올림픽 유치 민간추진위원으로 활동했던 건설회사 업주들은 막대한 이득을 거둬들였다.[76]

'86 · 88' 이라는 마법의 주문

88년 서울올림픽 유치를 성사시킨 유치단을 환영하는 자리에선 누가 먼저랄 것도 없이 자연스럽게 86 아시안게임 이야기가 나왔다. 지나가는 말로 나왔던 아시안게임 유치에 대한 정식적인 논의는 이로부터 2주일 후 청와대에서 시작되었다. 그리고 이 자리에서 아시안게임 유치를 강력하게 주장한 유학성의 의견이 또 관철되었다.[77] 그리하여 이 해 11월

---

74) 조광식, 〈세계의 스포츠산업, 서울을 노린다〉, 『신동아』 1985년 11월, 180~182쪽: 고광헌, 『스포츠와 정치』(푸른나무, 1988), 97쪽에서 재인용.
75) 김문, 〈유학성장군〉, 『장군의 비망록: 격동의 현대사를 주도한 장군들의 이야기 2』(별방, 1998), 222쪽에서 재인용.
76) 고광헌, 위의 책, 90쪽.

26일 인도 뉴델리에서 열린 AGF 총회에서 86 아시안게임 유치에 성공했다.

이처럼 서울이 올림픽과 아시안게임의 개최도시로 선정된 직후부터, 전두환정권에게 올림픽과 아시안게임은 스포츠 행사가 아니라 정치 그자체였다. 아니 '전가의 보도'였다. '86·88'은 마법의 주문이 되었다. 서울올림픽 유치를 보도한 『조선일보』 81년 10월 2일자가 주장했듯이, 올림픽은 '민족우수성 과시, 국제적 위치 입증, 세계 속의 한국부각'의 기회로 활용되었던 것이다.[78] 그래서 모든 반(反)민주적이고 억압적인 조치들이 올림픽과 아시안게임의 이름으로 정당화되었다. 후일(86년) 『말』지는 다음과 같이 말했다.

"86은 88과 분리해서 생각할 수 없다. 소위 제5공화국의 출범과 함께 '86·88'은 현정권이 통치명분으로 내세운 알파요 오메가였다. 이 야릇한 관제 조어(造語)는 관제 매스컴을 통해 끊임없이 반복선전되면서 대중세뇌의 핵으로 등장하여 대중을 그야말로 '입만 벙긋하면 86·88'을 읊조리는 백치와 같은 존재로 탈바꿈시키는 데 일익을 담당했다."[79]

김용택의 시(詩) 〈팔유팔파〉의 일부다.

……애야팔유팔파오림픽이열리며는우리덜은뭐시그리좋다냐
소값이나쌀값이나객지서노동일허는니동생임금이라도올라간다냐
…… 그나저나오림픽이끝나며는저텔레비전속사람들이나왼갖치
사와축사속의사람덜은무신소리로안정된선진조국과정의복지를위
하여침을튀길까그러고우리덜은무신재미로살끄나무신희망으로와
와절망하끄나.   해가떠도오림픽달이떠도오림픽빛이져도오림픽소

77) 김문, 〈유학성장군〉, 『장군의 비망록: 격동의 현대사를 주도한 장군들의 이야기 2』(별방, 1998), 223쪽.
78) 송해룡 편저, 『스포츠 커뮤니케이션론』(전예원, 1993), 94쪽에서 재인용.
79) 〈시평: 86대회와 정치〉, 『말』, 1986년 9월 30일, 21쪽.

값개값되야도오림픽죽으나사나오림픽인디아아아아아그때는참말
이제무슨절망으로아아대한민국아아대한민국허여무신재미로살끄
나…… 80)

　'팔유팔파'의 정신에 부응하기 위해 MBC는 81년 12월 5일 기구조직
을 개편해 종전의 체육부를 보도국으로 분리해 국단위의 스포츠국으로
승격시켰으며, 이어 "국내외 빅게임을 위성중계로 빠짐없이 방송했다."81)
물론 KBS에서도 이와 같은 변화가 이루어졌다. TV 스포츠프로그램 편
성은 81년 19%, 82년 27%, 83년 28.2%로 늘었다. 해도 너무 했다고 생
각한 건지 84, 85년엔 25%대를 유지했다.82) 또 85년 6월 20일엔『일간
스포츠』(69년 9월 26일 창간)에 이어 당시 관영언론사였던 서울신문사에
의해『스포츠서울』이 창간됨으로써 5공의 '스포츠 정치'는 또 하나의 막
강한 원군을 얻게 되었다.

　86 아시안게임과 88 올림픽게임을 서울에 유치한 건 약소국가로서의
서러움을 뼈에 사무칠 만큼 원 없이 당한 한국으로선 자랑스럽고 영광스
럽게 생각해야 할 일임에 틀림없었다. 그리고 그 유치의 주역들에게도
아낌없는 박수를 보내야 할 일이었지만, 사실 바로 이게 비극이었다. 자
랑스럽고 영광스럽게 생각해야 할 국가적 대경사가 동족의 피를 거름 삼
아 집권한, 용납할 수 없는 정권의 정권안정과 홍보도구로도 사용될 수
있다는 점이 이후 수많은 갈등을 낳게 했던 것이다.

---

80) 〈아아! 대한민국〉,『말』, 1985년 12월 20일, 38쪽에서 재인용.
81) 문화방송,『문화방송 삼십년사』(문화방송, 1992), 408쪽.
82) 〈스포츠 공화국 내막: 올림픽의 화려함에 가려진 내막〉,『말』, 1987년 10월 1일, 24쪽.

자세히 읽기

5공의 북방외교

　전두환정권은 81년 5월에 이루어진 미국 CIA와의 관계개선을 근거로 삼아 미국의 지원하에 소련과의 접촉을 시도했다. 81년 10월 주미대사를 마치고 연세대학교 교수로 복직한 함병춘과 안기부 부장실에서 만난 유학성은 함병춘에게 모스크바에 다녀와줄 것을 부탁했다. 깜짝 놀라는 함병춘에게 유학성은 "신변 걱정은 하지 않으셔도 됩니다. 이미 그 쪽과 약속이 다 되어 있기 때문입니다"고 말해 함병춘의 승낙을 얻어냈다.[a]

　다음날 함병춘은 안기부 해외담당부서장 이상열 5국장으로부터 한·소 관계의 새로운 시대를 열기 위한 1단계 공작에 대한 브리핑을 받았다. 모스크바의 머리글자를 따 '모프로젝트'라는 암호명으로 불렸던 1단계 공작은 소련과의 학술·문화 교류방안에 관한 것이었다.[b] 당시 이상열이 함병춘에게 했던 브리핑 내용 중 일부는 다음과 같다.

　"접촉대상은 소련의 과학아카데미 동양학연구소 책임자와 외무부 동아시아 책임자. 한국의 기본적 메시지는 워싱턴의 채널을 통해 이미 모스크바에 전달되어 있음. 이번 임무는 외무부는 물론 우리 정부 내의 어떤 기관도 모를 만큼 고도의 보안 속에 진행중임. 다만 CIA와 KGB가 알고 있으며 KGB요원의 신변협조가 보이지 않게 이루어질 예정임. 북한 친구들의 눈에 노출되지 않도록 각별히 유의요망 ……."[c]

　함병춘은 10월 27일 일본에 도착했고, KGB의 도움을 받아 일본주재

---

a) 김문, 〈유학성장군〉, 『장군의 비망록: 격동의 현대사를 주도한 장군들의 이야기 2』(별방, 1998), 228쪽에서 재인용.
b) 김문, 위의 책, 228쪽.
c) 김문, 위의 책, 228쪽에서 재인용.

소련대사관으로부터 비자를 발급받아 소련으로 들어갔다. 유학성은 안기부 동경거점장인 이상구로부터 함병춘이 출국했다는 사실을 통보받고, CIA 서울지국장인 로버트 케네디(Robert Kennedy)에게 이 사실을 알렸다. 당시 안기부의 워싱턴공사였던 손장래도 이런 사실을 윌리엄 케이시 CIA국장과 부시 부통령, 그리고 레이건의 안보담당 특보였던 리처드 앨런에게 알렸다.

모스크바에서 동양학연구소의 카피차와 한국계인 게오르그 김 박사를 만난 함병춘은 한국과 소련의 학술회의 개최에 합의했다. 모스크바는 울산 현대조선에서 블라디보스토크 소속의 극동함대 및 상선 등의 선박을 수리해줄 수 있는지 등의 의사를 타진해왔다.[d] 이처럼 5공초의 북방외교는 미국의 중앙정보국(CIA), 소련의 국가보안위원회(KGB), 그리고 한국의 안기부 등 3국의 정보기관이 만들어낸 합작품이었다.[e] 그러나 83년에 발생한 KAL기 격추사건과 미얀마 아웅산테러사건으로 소련과의 관계개선은 원점으로 돌아가고 말았다.

d) 김문, 〈유학성장군〉, 『장군의 비망록: 격동의 현대사를 주도한 장군들의 이야기 2』(별방, 1998), 230쪽.
e) 김문, 위의 책, 227쪽.

강제징집과 녹화사업

박정희보다 악랄한 전두환정권

강제징집은 박정희정권에 의하여 1971년 교련반대 시위를 주도한 지도자급 학생 200여 명에게 처음 실시된 것이었다. 그러나 그때만 해도 정권은 비교적 '순진' 했다. 바꿔 말하자면, 전두환정권이 훨씬 더 악랄했다는 뜻이다. 이를 두고 한홍구는 이렇게 말한다.

"그런데 이들이 한 훈련소에서 훈련을 받다 보니 전국의 대학생들끼리 자연히 연결되었고, 그때 맺은 인간관계가 74년 민청학련을 조직할 때 요긴한 밑바탕이 되었다고 한다. 그래도 박정희시절의 강제징집은 좀 순진한 구석이 있어서 그때까지 녹화사업처럼 학생운동출신 사병들을 프락치 공작에 이용하려는 비열한 시도는 없었다."[83]

반면 전두환정권은 강제징집을 학생운동을 '제도적으로 탄압' 하기

83) 한홍구, 〈'녹화사업' 을 용서할 수 있는가〉, 『한겨레21』, 2002년 8월 1일, 77면.

위한 용도로 사용하였다. 그리하여 1981년 11월부터 1983년 말까지 447명의 대학생들을 강제징집하여 군대로 보냈다.

대한민국 병역법상 군대갈 나이가 되어도 대학에 다니고 있으면 퇴학·휴학 등의 학적변동이 없는 한 신체검사와 입영은 연기가 가능했다. 또한 정상적으로 입대하려면 징병검사 20일 전에 징병검사통지서를 받게 되어 있고, 입영통지서는 입영 30일 전에 받도록 되어 있었다.

그러나 전두환정권은 이러한 법절차를 무시하고, 대학 내에 상주해온 정보요원에 의해 문제학생으로 지목되었으나 법으로 걸 만한 뚜렷한 혐의가 없던 학생, 시위현장에서 붙잡힌 단순가담 학생들을 경찰서로 끌고 가 조사한 다음, 곧바로 군대에 입영시켰다. 신체검사를 통하여 신체상의 결격사유 학생들마저 문제학생으로 낙인 찍혔으면 입영시켰으며, 입대할 수 없는 가정환경을 가진 학생들도 입영시켰다. 이들 강제징집자들은 '순수학적변동자'라는 붉은 낙인이 신상카드에 찍혀서 군 수사기관의 감시와 탄압의 대상이 돼 엄청난 고초를 겪었다.[84]

이에 대한 한홍구의 증언을 들어보자.

"이때 강제징집된 사람들 가운데는 군대에 갈 만한 상황이 아닌 사람들도 많았다. 필자처럼 신체검사를 받고 군에 끌려간 사람들 가운데는 안경을 벗으면 기어다닐 정도로 눈이 나빠 이미 신체검사에서 면제를 받은 선배도 있었고, 습관성 탈골로 면제대상이 분명한 사람도 있었다. 어떤 증언에 따르면 심지어 6대독자나 소아마비 장애인까지 군에 끌고 갔다고 한다. 이윤성씨는 만 20살이 안 돼 징집연령에 해당하지 않았을 뿐 아니라 아버지가 60대 고령인 2대독자로 시력마저 극도로 나빴는데도 군에 강제징집되어 결국 녹화사업으로 인해 목숨을 잃었다. 월북을 기도

---

84) 전재호, 〈한국민주주의와 학생운동〉, 조희연 편, 『국가폭력, 민주주의 투쟁, 그리고 희생』(함께읽는책, 2002), 202쪽.

하여 보안대에서 조사받았다는 터무니없는 누명을 쓴 채."[85]

전두환의 지시에 의한 녹화사업

그랬다. 강제징집자들에겐 '녹화사업'이라는 가공할 만한 탄압이 기다리고 있었다. "빨간 물을 빼고 푸른 물을 들이는 순화작업"이라는 뜻에서 붙여진 이름이었다. 녹화사업은 강제징집된 학생들이 제대하는 시기가 가까워지면서 시작되었는데, 한홍구는 이렇게 말한다.

"81년 1월에 입대한 무림사건 관련자들 가운데 교련교육으로 인해 병역단축 6개월을 받은 사람들은 83년 3월말 제대하도록 되어 있었다. 전두환 일당은 국방의 의무를 악용해 '문제학생'들을 학원에서 분리했지만, 학원시위는 가라앉지 않았고, 이제 강제징집된 학생들이 줄줄이 학원으로 돌아가게 되자 어떤 대책을 세우는 것이 필요하다고 생각했던 것이다."[86]

녹화사업은 82년 7월 보안사 3처에 대(對)좌경의식화과인 5과가 신설되고, 이듬해 3월 사령부와 사단 예하부대에 심사장교가 배치되면서 본격적으로 시작되었다. 당시 보안사는 공작예산의 절반 가까이를 녹화사업에 쏟아부을 만큼 녹화사업에 큰 공을 들였다.[87]

녹화사업을 위해 보안사는 경기도 과천과 서울 퇴계로 진양상가에 2개의 분실을 운영했는데, 과천에서는 주로 심사업무를 진양상가에서는 활용업무를 담당했다.[88] 심사는 보통 1주일 정도 진행되었고 1인당 평균 50여 장의 진술서를 작성하도록 강요받았는데, 이 과정에서 가혹행위도

---

85) 한홍구, 〈'녹화사업'을 용서할 수 있는가〉, 『한겨레21』, 2002년 8월 1일, 77면.
86) 한홍구, 위의 글, 77면.
87) 한홍구, 위의 글, 78면.
88) 이세영, 〈녹화사업 진행과정·문제점: 강제징집 운동권 출신 256명 사상교육 통해 프락치 등 활용〉, 『대한매일』, 2002년 10월 12일, 22면.

자행되었다. 심사를 통해 활용가치가 있다고 생각될 때는 퇴계로의 진양상가 분실에서 교육을 시킨 뒤 대학가의 동향을 파악해 보고하도록 했다.[89]

특히 전두환은 녹화사업에 깊숙이 개입했는데, 한홍구는 이렇게 말한다.

"당시 보안사 대공처장 최경조의 증언에 따르면, 보안사 간부들과의 청와대 만찬에서 운동권출신 입대자들이 불온낙서를 하고 있다는 이야기가 나오자 전두환이 '야, 최경조, 너 임마 뭐하는 거야'라고 질책하여 특별정훈교육 계획을 세우게 되었다고 한다. 보안사의 특성상, 그리고 보안사령관 출신인 전두환과 보안사의 특수한 관계를 놓고 볼 때 당시 전두환의 이런 발언은 '명백한 지시'였다."[90]

죽음으로 내몬 인간성 파괴행위

녹화사업에 따라 강제징집자들은 자신들의 정신적인 성장과정에 초점을 맞춘 방대한 분량의 자술서를 작성하고, 이를 통해 의식화의 정도를 측정받으며, 이후 체제를 긍정하도록 보름에서 두 달 간 이른바 '역의식화' 교육을 받게 되었다. 더욱 악랄한 것은 보안사가 이 작업 이후 그러한 교육성과의 검증이라는 이유를 들어 그들에게 이른바 '프락치' 임무를 맡기는 것이었다. 이들을 휴가형식으로 사회에 내보낸 후 대학 선후배 등을 만나 학생운동권의 동향을 수집하여 보고하도록 강요한 것이었다.[91]

---

89) 이세영, 〈녹화사업 진행과정·문제점〉, 『대한매일』, 2002년 10월 12일, 22면.
90) 한홍구, 〈'녹화사업'을 용서할 수 있는가〉, 『한겨레21』, 2002년 8월 1일, 77면.
91) 전재호, 〈한국민주주의와 학생운동〉, 조희연 편, 『국가폭력, 민주주의 투쟁, 그리고 희생』(함께읽는책, 2002), 202쪽.

녹화사업의 비인간적인 면에 대해 한홍구는 이렇게 말한다.

"친구를 팔라는 프락치 공작은 국방의 의무를 지는 사병들을 공작정치의 도구로, 아니 자신의 출세를 위한 도구로 사용하려던 보안사 요원들의 비열한 인간성 파괴행위였다. 일부는 친구들에게 사실을 고백하고 다 아는 정보를 물어다주기도 했고, 어떤 사람은 그 좋은 휴가기간에 아무도 만나지 않고, 전화도 하지 않고 두문불출하다가 귀대하기도 했고, 일부는 어쩔 수 없이 몇가지 사실이나 이름을 대주고는 평생을 괴로워해야 했다. 녹화사업은 단순한 정훈교육이 아니었다. 몇몇 비전향 장기수들은 과거 박정희시대의 강제 전향공작에서도 단순히 전향서에 도장을 찍는다고 전향으로 받아들이는 것은 아니었다고 증언한다. 동지를 팔아야만, 그래서 다시는 과거의 동지들과 만날 수 없게 되어야만 전향으로 인정했다는 것이다. 전두환의 보안사는 '순화'의 기준을 단지 교육을 받는 것에 그치지 않고 이렇게 반인륜적인 수준에서 강요했다. 그리고 일부 보안사 요원들은 학생들을 이용하여 출세하려고 눈에 불을 켜고 프락치 공작을 강요했다."[92]

소문으로만 떠돌던 녹화사업과 학원프락치 공작은 녹화사업으로 인해 사망자가 잇달아 발생하자 84년 3월에 열린 제적생과 해직근로자를 위한 기도회에서 본격적으로 제기되었다. 이것은 곧 국회에서도 문제가 되었는데, 결국 정부는 여론에 밀려 84년 9월 '소요관련 대학생 조기입영제'를 폐지했고 녹화사업을 전담했던 보안사 3처5과를 해체하고 사업을 공식 중단했다. 그러나 녹화사업과 학원프락치 공작은 6공정부에 이르기까지 비밀리에 조직적으로 자행되었다.

당시 책임자를 가리켜, 한홍구는 이렇게 반문한다.

"88년 12월 5일 5공청문회에서 당시 보안사령관 박준병은 프락치 공

---

92) 한홍구, 〈'녹화사업'을 용서할 수 있는가〉, 『한겨레21』, 2002년 8월 1일, 78면.

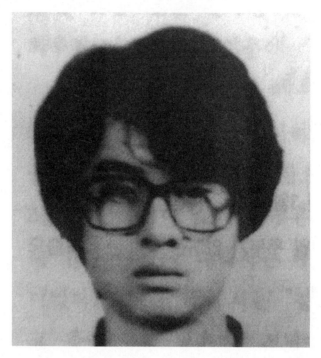

1983년 군복무 중 월북기도 혐의로 당시 보안사령부에서 조사를 받던 중 자책감을 못이겨 자살한 것으로 발표된 이윤성(당시 21세, 성대 2년 휴학). "빨간 물을 빼고 푸른 물을 들이는 순화작업"이라는 뜻의 녹화사업과 학원프락치 공작은 노태우 정부에 이르기까지 비밀리에 조직적으로 자행되었다.

작을 일부 시인했다. 그런데 그는 정보수집과 관련하여 일부 관계자들이 사병들에게 '부탁'한 사례가 있었을 것이라고 발뺌했다. '부탁'이라니! 군대에 '부탁'이라는 게 있을까? 더구나 서슬푸른 보안대의 수사관들이 새까만 쫄따구에게 '부탁'을 하겠는가? 83년 5월에 이윤성, 6월에 김두황, 7월에 한영현, 8월에 최온순이 연달아 목숨을 잃었다. 이들이 겨우 '부탁'을 거절하지 못해 목숨을 끊었거나 죽임을 당해야 했겠는가?[93]

---

93) 한홍구, 〈'녹화사업'을 용서할 수 있는가〉, 『한겨레21』, 2002년 8월 1일, 77~78면.

의문사진상규명위원회의 조사

전두환과 녹화사업의 깊숙한 관계는 의문사진상규명위원회의 조사에서도 드러났다. 의문사진상규명위원회는 2002년 10월 11일 기자회견을 통해 "1982년 8월 당시 육군참모총장이 국방부장관에게 보낸 문서에 따르면 녹화사업이 전대통령의 지시에 의한 것임을 드러내는 정황이 잘 나타나 있다"고 밝혔다.[94]

이날 위원회는 〈대통령각하 지시사항철〉이라는 문서철에서 발견된 '상부지시(특)사항조치 결과보고'라는 제목의 2장짜리 문서 사본을 공개했는데, 이것은 지난 82년 8월 20일 육군참모총장 황영시가 국방장관 윤성민에게 보낸 것이다. 이 문서에는 82년 7월 국방장관이 "문제사병을 전방 근무토록 유도하고 전방부대 문제사병에 대해서는 후방 근무를 지양토록 하는 '상부'의 지시가 있었다"며 육군참모총장에게 후속조치 마련을 명령했다고 기록되어 있는데, 문서에는 이에 대한 조치사항으로 '문제사병 전방근무 유도'라는 항목 아래 '전방부대(GP·GOP)의 문제사병 후방부대 전출 지양', '전방부대에서 긴장감을 고조시켜 국가관을 확립할 것'이라는 지시사항과 '신원조회 관계자는 지구 보안부대와 협조, 소속부대에서 최대 활용'이라는 내용 등이 담겨 있다.[95]

의문사위는 81년부터 83년까지 강제징집당한 녹화사업 대상자는 모두 447명으로 이 가운데 실제로 녹화사업을 받은 사람들은 256명이었다고 밝혔다.[96] 그러나 서의남은 의문사위 조사에서 "녹화사업 직접 대상자는 1000여 명, 관련자까지 합치면 5000여 명에 이르렀고, 보안사

94) 하윤해, 〈'녹화사업' 전전대통령 지시한 듯: 의문사규명위, 관련문건 공개〉, 『국민일보』, 2002년 10월 12일, 19면.
95) 김정호, 〈"녹화사업 전씨가 지시"〉, 『한국일보』, 2002년 10월 12일, 23면; 이세영, 〈80년대 운동권학생 징집 '녹화사업' : "전전대통령 지시증거"〉, 『대한매일』, 2002년 10월 12일, 1면.
96) 이세영, 〈녹화사업 진행과정·문제점: 강제징집 운동권 출신 256명 사상교육통해 프락치 등 활용〉, 『대한

근무시절 17개 캐비닛에 관련 자료를 담아 타부처로 이관한 적이 있다"
며 특히 "83년 이후 보안사, 안기부, 치안본부 등은 녹화사업 자료를 토
대로 종교, 노동, 학원가에 대해 '평화공작'이라는 대규모 좌경운동 색
출작업을 실시했다"고 진술했다.[97]

의문사진상규명위원회는 녹화사업을 '특수학적변동자 특별정훈교
육'이라는 그럴듯한 이름과는 달리 "사상과 양심의 자유를 침해하는 강
제적인 사상전향 공작이자 학원정보 수집과 학원 내 운동권 조직색출을
목표로 한 사실상의 프락치 공작"이라고 규정했다.[98]

녹화사업으로 인해 강제징집자들은 엄청난 육체적·정신적 고통을
겪었으며, 일부는 급기야 죽음으로까지 내몰릴 수밖에 없었다.[99] 수많은
의문사들이 보고되었지만, 진상규명은 거의 이루어지지 않았다.[100]

매일」, 2002년 10월 12일, 22면.
97) 이진희, 〈녹화사업 중요자료 소각: 전 보안사 과장, 의문사위 조사 직후〉, 「한국일보」, 2002년 8월 27일, 31면.
98) 이세영, 〈녹화사업 진행과정·문제점: 강제징집 운동권 출신 256명 사상교육통해 프락치 등 활용〉, 「대한 매일」, 2002년 10월 12일, 22면.
99) 전재호, 〈한국민주주의와 학생운동〉, 조희연 편, 「국가폭력, 민주주의 투쟁, 그리고 희생」(함께읽는책, 2002), 202쪽.
100) 1978년 7월 청주신학대생 정법영(학생운동가이면서 사망 당시 민중생존권 수호 활동 중이었음)의 의문사 이후 전두환정권 들어 수많은 의문사들이 발생했다. 1982년 7월 연세대생 정성희, 1983년 4월 성균관대 생 이윤성, 1983년 6월 고려대생 김두황, 1983년 7월 한양대생 한영현, 1983년 8월 동국대생 최온순 등 은 시위 및 학생운동 혐의로 강제징집된 학생들이었으며 특히 한영현은 녹화사업을 폭로한 뒤 사망하였 다. 1985년 10월엔 서울대생 우종원이 유인물 배포로 구속되어 복역중 특사로 석방된 후 주검으로 발견 되었으며, 1986년 6월, 서울대생 김성수가 총학생회 연극반에서 활동하던중 부산 송도에서 주검으로 발 견되었다. 강제징집된 것은 아니지만 학생운동 경험자로서 군대에서 의문사한 경우도 많았다. 1983년 12월 서울대생 한희철, 1984년 4월 부산수산대생 허원근, 1987년 2월 서울대생 김용권, 1987년 3월 부산대생 박필호, 1987년 3월 부산전문대생 이승삼, 1987년 6월 전남대생 이이동, 1987년 9월 서울대생 최우혁 등이 바로 그런 경우였다. 노태우정권기에도 군 의문사는 계속해서 일어났으며, 1988년 6월 성균관대생 우인수, 1988년 8월 동국대생 박종근, 1991년 2월 외국어대생 남현진, 1991년 2월 서울대생 송종호 등의 예가 그렇다. 학생활동중 의문사한 경우도 많았는데, 1989년 5월 조선대생 이철규, 1989년 8월 중앙대생 이내창, 1990년 동우전문대생 김용갑, 1992년 11월 전남대생 문승필 등이었다. 전재호, 위의 글, 195쪽.

김수환 추기경과 전두환

1980년 정월 초하룻날 전두환은 추기경 김수환에게 세배를 갔다.

"12 · 12 사태가 일어난 다음해인 80년 정월 초하루 전두환 전 대통령이 찾아왔습니다. 누가 총을 먼저 빼드느냐에 따라 대권이 왔다갔다 하는 상황에서 정승화 계엄사령관을 체포한다는 것은 이해하지 못하겠다고 말했습니다."

김수환은 "80년 당시 나를 찾아온 전씨에게 이같은 생각을 말했더니 전씨는 그저 아무 말 없이 듣기만 했다"면서 "그러나 나중에 다른 사람을 통해 대단히 섭섭했다는 말을 한 것으로 전해 들었다"고 말했다. 김수환은 이어 "전씨는 5 · 18 전에도 나에게 측근들을 보내 인사를 했지만 내가 정권에 욕심을 내서는 안된다는 뜻을 여러차례 전달하며 때로는 화를 내기도 하자 찾아온 전씨 측근이 울고 가기도 했다"고 밝혔다.

5 · 18이 일어나자 김수환은 다시 전두환과 연락하기 위해 동분서주한 끝에 80년 5월 20일 오전 어느 안가에서 다시 만나게 됐다. 김수환은 이날 전두환에게 "더이상 피를 흘려서는 안된다. 광주에 병력을 투입해서는 안된다"는 요지의 말을 전했으나 전두환은 "광주는 이미 내란 상태다. 국방부로 가봐야겠다"는 말만 남기고 그냥 자리를 떠나고 말았다. 김수환은 곧바로 당시 계엄사령관 이희성과 접촉을 시도했으나 불발되고 말았으며 평소 안면이 있는 주한미군사령관 위컴에게 연락을 해 강한 메시지를 전하려 했으나 이것마저 여의치 않았다.[a]

이처럼 김수환은 신군부의 등장과 함께 저질러진 무자비한 인권탄압

---

a) 이 내용은 95년 11월 23일 서울대 강연에서 밝힌 것을 『동아일보』 95년 11월 24일자가 보도한 내용이다.

과 대량학살에 대해 나름대로 무진 애를 썼지만 별성과를 보지 못한 채 발을 동동 굴러야만 했다. 그러나 80년 9월 1일 전두환의 대통령 취임을 전후로 하여 달라진 모습에 대해 김종찬은 다음과 같이 말한다.

"당시 각 지면을 화려하게 장식했던 사진들을 보면 (인물사진 포함) 근엄한 표정의 전(全) 장군만 굳어 있고 나머지 전부는 '새 시대'를 맞이하는 즐거움에 들떠 있는 듯 환하게 웃는 밝은 모습이다. 이중에는 김수환 추기경과 전장군이 나란히 서서 테이프를 끊는 다정한 모습도 눈길을 끈다."[b]

1981년 12월 31일 김수환은 전두환과 청와대에서 요담을 했는데, 이와 관련된 "내용은 알려지지 않았지만 당시 언론에서는 84년까지 김추기경과 전정권과의 관계를 '밀월여행'으로 표현했다"는 말까지 나오기도 했다.[c]

그 '밀월여행'의 정체는 과연 무엇일까? 그게 세상의 인심일까? 성직자가 아니더라도 사회를 향해 발언하던 사람이 침묵하기 시작하면 그건 비판의 대상으로 삼던 세력과의 '밀월'을 의미하는 걸까? 그 정체가 무엇이건 그 '밀월'은 오래가지 않았다.

김수환은 86년 3월 27일 "우리는 우리 주변의 불의를 보고도 이를 신속히 해결할 아무런 대책을 마련치 못한 채 무기력과 좌절에 시달리고 있다"면서 모든 불의를 이겨낸 예수부활의 참뜻을 오늘에 되새겨 우리

---

b) 김종찬, 『6공화국 언론조작』(아침, 1991), 467쪽.
c) 〈가톨릭교회사상 첫 시국선언 주도: 현실 속의 김수환 추기경〉, 『뉴스메이커』, 1996년 2월 8일, 9면.

모두가 승리의 선포자요 증거자가 되자고 호소하는 부활절 메시지를 발표하게 된다.[d]

d) 『중앙일보』, 1986년 3월 28일.

1982년

제3장
밤의 자유와 프로야구에 취해

통행금지 해제와 '애마부인'

보통사람들이 느낀 환희

1945년 9월 7일 미 군정치하에서 미군사령관 하지의 군정포고 1호로 시작된 통행금지가 그로부터 36년만인 1982년 1월 5일 밤 12시를 기해 전방 접경지역과 후방 해안지역을 제외한 전국에서 해제되었다.

야간통행금지가 해제되자, 국민들은 해방감에 빠져들기 시작했다. 거리에는 해방감을 즐기려는 시민들의 발길이 자정 이후까지 계속되었으며, 야간통금에 구애받지 않았던 경찰, 군인, 기자들의 특권이 사라졌다. 보통사람들의 입장에선 참으로 신기하고 즐거운 일이 아닐 수 없었다.[1] 통금이 있었던 당시의 밤 풍경에 대해 『경향신문』은 이렇게 말한다.

---

1) 통금을 겪어보지 못한 사람들이 이를 이해하기 위해선 "나는 한국경찰이 통행금지를 얼마나 엄격하게 집행하는지를 볼 때마다 항상 놀라움을 금치 못했다"는 주한미군사령관 존 위컴의 말을 음미해보는 것도 좋을 것이다. 존 위컴, 김영희 감수, 『12·12와 미국의 딜레마: 전 한미연합사령관 위컴 회고록』(중앙 M&B, 1999), 34쪽.

밤 11시 30분이 넘으면 모두들 황급히 길을 재촉했다. 길에서는 마지막 시내버스를 타려는 사람들이 북새통을 이뤘다. 택시들은 통금시간 전에 영업을 끝내기 위해 속력을 냈다. 야간작업을 끝낸 여공들은 통금 사이렌에 쫓겨 필사적으로 집까지 뛰어야 했다. 술꾼들의 귀가 시간은 '12시 땡'이었다. 주부들 사이에 "우리 남편은 '땡' 남편이야"라는 말이 유행했다. 짧은 시간에 그 많은 사람들이 거리에서 감쪽같이 사라질 수 있다는 것이 신기했다. 어쩌다가 통금시간을 어기면 경찰이나 방범대원에게 붙잡혀 경찰서 유치장에서 밤을 새워야 했다. 통금 위반자들은 4시가 되어야 풀려났다. 술집에서 자정을 넘기면 통행금지가 풀릴 때까지 술을 마시는 수밖에 없었다. 통금 속에서도 술집은 성업이었다. 댄스홀이 고고장과 디스코테크로, 비어홀이 룸싸롱으로 모습을 바꾸었지만 통금 단속에도 꿋꿋이 영업을 했다. 당시 젊은이들은 "올나이트했다"는 말을 하곤 했다. 밤새 고고춤을 추며 술을 마시는 젊은이들을 '고고족'이라고 불렀다. 통금해제 사이렌이 울리고 나면 해장국으로 속을 풀기 위해 청진동으로 몰려들었다. 이런 새벽 손님들로 청진동 일대는 발디딜 틈이 없었다.[2]

통행금지가 있던 시절에도 1년에 단 두 번 통행금지가 해제된 날이 있었는데, 크리스마스와 12월 31일 제야(除夜)였다. 이 때만 되면 사람들은 해방감을 만끽하기 위해 거리로 쏟아져나왔는데, 이에 대해 김석종은 이렇게 말한다.

"우리나라에서 크리스마스는 성스러운 휴일이 아니었다. 이날 하루만은 '반드시' 밤새껏 먹고 마시고 즐겨야 하는 '해방의 날'이었다. 이날

---

2) 김석종, 〈통행금지: 사이렌 없던 성탄, 그 짧았던 '긴밤'의 자유〉, 『경향신문』, 2001년 7월 13일, 31면.

서울 명동과 충무로, 종로 일대는 말 그대로 '해방구'였다. 거리는 하룻밤의 해방감을 만끽하려는 사람들로 넘쳐났다. 많은 청춘 남녀들이 밤새도록 거리를 배회하거나 고고장에서 몸을 흔들어댔다. '고고 파티', '그룹 미팅'도 성행했다. 과장된 표현이겠지만 이날 젊은이들의 실수로 열달 후에 태어난 아기들을 '크리스마스 베이비'라고 부르기도 했다. 해마다 성탄 비상경계령이 발동되어 경찰은 연중 가장 바쁜 날을 보내야 했다. 당시 크리스마스를 '크레이지마스'라고도 했다. 이런 방종과 일탈이 큰 사회문제가 된 것은 어쩌면 당연한 결과였다. 크리스마스 축제 열기가 너무 뜨거워지자 서정쇄신의 일환으로 '크리스마스 바로 지내기', '연말연시는 가족과 함께' 캠페인이 등장했다. 방송에서는 하루 종일 '청소년 여러분, 일찍 귀가해 가족과 함께 성탄절을 보냅시다'라고 외쳐댔다."[3]

1년 365일의 '크리스마스화'

통행금지해제는 1년 365일의 '크리스마스화' 또는 '제야화'를 의미하는 것이었다. 사정이 이와 같았으니, 통금이 해제되었을 때 사람들이 느낀 흥분은 말로 표현하기 어려운 것이었다. 『조선일보』 82년 1월 5일자는 1면에서 바리케이드를 걷어내는 사진 옆에 붙은 설명에서 이렇게 말하고 있다.

"밤을 걷어내는 먼동이 텄다. 통금(通禁)이여 안녕. 마지막 통금을 넘긴 5일 새벽 4시는 유보된 권리가 회복되고 '24'시가 비로소 시작되는, 기억해야 할 시간이었다. 그것은 37년 세월 동안 일상 속에서 길들여졌던 밤의 통제와 제한이 마지막을 고하는 순간이었고, 또다른 자제와 절

---

3) 김석종, 〈통행금지: 사이렌 없던 성탄, 그 짧았던 '긴밤'의 자유〉, 『경향신문』, 2001년 7월 13일, 31면.

해방 이후 36년 만의 통행금지 해제는 한국인들의 시간과 공간을 확장시키며 많은 변화들을 몰고 왔다. 통금에 구애받지 않았던 경찰·군인·기자들의 특권이 사라졌고, 서울 영동에는 신흥 숙박업소들이 등장했으며, 심야극장과 노점상이 가세해 밤의 풍경을 바꿔놓았다. 통금이 해제된 후 택시를 잡으려고 대기하고 있는 시민들.

제의 시민의식이 요구되는 시작이기도 했다. 서울 한복판의 동맥(動脈), 서대문 로터리를 가로막았던 육중한 이 바리케이드도 앞으로는 볼 수 없게 되겠지. 그러나 중요한 것은 이것이 마지막인 것보다 값진 것의 출발점이라는 점."[4]

또 『조선일보』는 통금 마지막날의 표정에 대해선 이렇게 보도했다.

"얼큰히 술이 오른 취객, 가게문을 막 닫은 상인들 역과 터미널에서 막차를 내린 여객들. 그리고 마지막 손님을 태운 택시들, 모두가 바빴다. 그러나 평상시 자정에 임박한 때와는 뭔가 달랐다. '이것도 오늘이 마지막'이라는 공연히 유쾌한 걸음걸이들. '통금해제가 오늘밤부터인 줄 알

---

4) 이준호, 〈야간통금 해제〉, 『조선일보』, 1999년 9월 8일, 23면에서 재인용.

았는데요' 멋쩍게 머리를 긁적이는 통금위반자. '오늘이 마지막 통금이죠'라는 경찰관의 친절한 말씨. 이제 내일부터 저 거리가 24시간 살아서 숨쉬겠지."[5]

통금해제는 소설가 이병주를 감동시켰다. 그는 이때부터 본격적으로 전두환 예찬론자로 변신한다. 무엇이 그렇게 이병주를 감동시켰던 걸까? 이병주의 말이다.

"통행금지해제는 간단히 보아 넘길 문제가 아니다. 무슨 특별한 노력이 필요한 것이 아니고 간단하게 명령만 내리면 되는 일인데 무엇 대단한 일이냐고 할지 모르나 이 간단한 명령을 내릴 수 있기까지, 해방 이래 그날까지 무려 37년이 걸렸다는 사실을 알아야 한다. …… 통금해제를 단행한 전대통령의 과단성은 높이 평가되어야 하는 것이다. 그리고 그 보람 또한 엄청나다. 통금이 해제되는 그날을 기해 대한민국 국민은 시간적으로 백 프로의 자유를 향유할 수 있게 되었다는 뜻에서 상징적인 의미 또한 크다."[6]

밤 문화와 성적 욕망 배설구의 호황

그러나 가정주부들은 통금해제를 크게 반기지 않았다. 다른 이들에겐 해방감이 밀려들었을지 몰라도 주부들은 그렇지 않아도 매일 술로 인해 귀가가 늦는 남편들이 통금이 해제되면 아예 귀가조차 하지 않을까봐 속만 태워야 했다.[7]

가정주부들의 판단은 빗나가지 않았다. 통금해제가 가져다준 해방감은 민주화 쪽으로 나아가진 않았다. 통금이 해제된 후, 호황을 누리기 시

---

5) 이준호, 〈야간통금 해제〉, 『조선일보』, 1999년 9월 8일, 23면에서 재인용.
6) 이병주, 『대통령들의 초상: 우리의 역사를 위한 변명』(서당, 1991), 251~252쪽.
7) 김석종, 〈통행금지: 사이렌 없던 성탄, 그 짧았던 '긴밤'의 자유〉, 『경향신문』, 2001년 7월 13일, 31면.

작한 건 본격적인 밤 문화와 성적 욕망의 배설구들이었다. 특히 서울 강남에는 새로운 숙박업소들이 문을 열기 시작했는데, 이런 풍경에 대해 『주간중앙』 82년 1월 17일자는 이렇게 그리고 있다.

"영동의 신흥 숙박업소들이 활황이다. 이들은 컬러TV에 침대는 물론 도색필름을 구경할 수 있는 VTR 시설까지 완비, 시간제를 구가하고 있다."[8]

통금해제 후, 해방감을 만끽하고자 했던 보통 사람들이 즐겨 찾은 곳은 심야극장이었다. 컬러TV 방송으로 불황에 시달리던 영화계가 통금해제 후 영화계 불황을 타개하기 위해 '나이트 쇼'라는 이름으로 시사회를 여는 등 심야극장 판촉에 공을 들인 결과이기도 했다.

통금이 해제된 지 꼭 한 달 뒤인 2월 6일, 첫 심야 상영영화인 『애마부인』이 개봉됐다. 『애마부인』은 프랑스 영화 『엠마뉴엘』이 세계적인 흥행 돌풍을 일으키자 일부러 이를 연상시키는 제목을 썼다는 말을 듣기도 했는데, 처음에는 '말을 사랑하는 부인'이라는 뜻에서 '애마'(愛馬)로 신청했으나 어감이 나쁘다고 바꾸라는 명령을 받고 엉뚱하게도 '애마(愛麻)부인'으로 이름을 바꿨다. 결국 무슨 의미인지 모르는 영화제목이 되고 만 것이다.[9] 그렇지만 관객은 그런 것에 개의치 않았다. 이 영화는 『엠마뉴엘』 못지않은 흥행 돌풍을 한국 땅에 몰고 왔다. 서울극장 기획실장 이황림은 개봉 당시를 이렇게 술회한다.

"개봉 첫날 밀려드는 인파 때문에 극장 유리창이 깨졌다. 인천, 수원 등에서 올라온 관객도 많았는데 표가 없어 돌아가야 하는 상황이 되자 어떻게 해서든 들여보내달라고 난리가 났다. 소문을 들은 일본 NHK에서 정인엽 감독과 배우 안소영 인터뷰를 했을 정도였다."[10]

---

8) 남동철, 〈그녀의 품에 안겨 우리는 시대를 외출했다〉, 『씨네21』, 2002년 2월 19일, 81면에서 재인용.
9) 호현찬, 『한국영화 100년』(문학사상사, 2000), 228~229쪽.
10) 남동철, 위의 글, 82면.

『애마부인』의 대성공

『애마부인』은 서울극장에서 6월 11일까지 넉 달 가까이 장기 상영되어 당시로서는 기록적이라 할 수 있는 31만 명의 관객을 동원했다. 물론 이해 개봉된 한국영화 가운데 흥행 수위였으며 외화까지 포함하더라도 흥행 순위 6위였다.[11]

『애마부인』은 이전까지의 이른바 '호스티스 영화'와는 질적으로 달랐다. 70년대의 '호스티스 영화'라는 것들이 주로 명분이나 희생 같은 것을 내세워 어쩔 수 없이 몸을 팔게 되는 '수동적'인 여성들을 다룬 데 반해, 『애마부인』은 당시로서는 도발적일 만큼 솔직하게 성적 욕망에 충실한 '능동적'인 여성을 그려냈는데, 이것이 관객들에게 크게 어필한 것이다.[12] 남동철은 "내가 굴욕감을 무릅쓰고 잠자리를 요구할 때마다 당신은 냉정하게 거절했어요. 저도 사람이에요. 당신과 똑같이 하겠어요"라는 여주인공 안소영의 말을 인용하면서 다음과 같이 말한다.

"가부장적 도덕률로부터 관능을 해방시킨 선언은 그렇게 시작된다. 젖은 입술, 게슴츠레 풀린 눈동자, 살포시 드러난 속살에 남자들은 넋을 잃었다. 그녀의 복수는 부드럽고 짜릿하고 황홀했다. 아랫도리가 뜨거워지는 바람에 불그레 얼굴이 달아오른 사내들은 고개를 숙인 채 극장문을 나섰다. 부끄러워 극장 간판을 똑바로 바라보지 못하던 여자들도 애마가 유혹하는 시선을 느꼈다. 그녀들도 극장의 어둠 속에서 안소영의 몸을 빌려 성애의 숲을 가로질렀다. 정체를 알 수 없는 해방감이 온몸을 휘감았다."[13]

『애마부인』의 대성공으로 서울극장 사장 곽정환으로부터 감사패를

---

11) 김학수, 『스크린 밖의 한국영화사 Ⅱ』(인물과사상사, 2002), 18쪽.
12) 심산, 〈『애마부인』의 아버지〉, 『씨네21』, 2001년 4월 10일, 102면.
13) 남동철, 〈그녀의 품에 안겨 우리는 시대를 외출했다〉, 『씨네21』, 2002년 2월 19일, 81면.

받은 영화감독 정인엽은 당시의 영화 제작의도를 이렇게 밝힌다.

"1980년대는 산업화에서 벌어지는 부부의 문제, 성의 문제가 사회현
상으로 드러나던 시대라고 생각했어요. 미국에서 연수를 마치고 돌아와
서 가장 인상에 남은 것은 서울 강남의 영동이라는 도시의 모습이었습니
다. 밤이면 여관의 붉은 네온사인과 또 교회의 붉은 십자가가 번쩍거리
는 그 도시의 모습이 1970년대와는 다른 사람들의 욕망을 보여주는 거
라고 생각한 거지요. 남자들은 돈 번다는 핑계로 밖에서 바람 피우고, 부
인들은 그 이전부터 그랬던 것처럼 참고 살지만 마음속으로는 그때부터
'네가 그러면 나도 그런다'는 생각을 하기 시작한 것 같아요. 실제 그런
일들이 신문 사회면에 나오기도 했고, 산업사회의 체제가 완전해지면서
바뀌는 그런 성의식을 한번 영화로 하자고 한 게 『애마부인』이에요."[14]

'섹스'는 환영, '가난'은 금기

그런 점도 없진 않았겠지만, 『애마부인』의 정치학'은 그것보다는 좀
더 복잡한 것이었다. 남동철의 견해를 들어보자.

"처음 맛보는 심야의 자유를 만끽하고자 극장을 찾은 부부, 연인, 친
구들은 『애마부인』을 보고 나와 종로 3가를 메운 포장마차에서 밤을 새
웠다. 정치상황은 살을 에는 겨울바람을 실감케 했지만, 스크린이 선사
한 몇시간 동안의 달콤한 해방마저 얼어붙게 만들지는 못했다."[15]

그랬다. 많은 사람들에게 해방감은 꼭 정치적 해방감만을 의미하는
건 아니었다. 아니 오히려 정치적 자유에 대한 억압적인 통제와 탄압을

14) 구본준, 〈일탈을 꿈꾸는 욕망의 자리〉, 『한겨레21』, 2000년 8월 10일.
15) 남동철, 〈그녀의 품에 안겨 우리는 시대를 외출했다〉, 『씨네21』, 2002년 2월 19일, 82면. 심야극장은 이듬
해인 1983년에 접어들어 서울의 12개 개봉관을 비롯한 전국 대도시로 확대되었다. 심야극장은 젊은 연인
들의 데이트 코스로 인기를 누렸으며, 이와 더불어서 노점상이 등장하여 밤의 풍경을 바꾸어놓게 되었다.
김종원·정중헌, 『우리 영화 100년』(현암사, 2001), 372쪽.

유지하기 위해서도 그런 해방감의 제공은 필수적이었는지도 모를 일이었다.[16] 심산은 다음과 같이 말한다.

"탱크로 광주를 깔아뭉개며 등장한 전두환정권은 폭압과 자유화라는 양날의 정책을 썼다. 교복과 통행금지 폐지 그리고 두발 자유화는 전두환정권의 선물이다. 충무로에 대한 전두환정권의 선물은 에로영화에 대한 검열완화였다. …… 당시 대학생이었던 우리는 참으로 그로테스크한 삶을 살아가고 있었다. 낮에는 전두환의 폭압정치에 맞서 돌을 던지고 밤에는 전두환의 자유화정책에 발맞춰 싸구려 에로영화를 보며 킬킬댔던 것이다."[17]

1982년 영화감독 배창호는 이동철의 소설을 영화화한 『꼬방동네 사람들』을 발표했다. 빈민들이 잡초같이 모여 사는 산비탈 달동네인 꼬방동네가 무대인 이 영화는, 시나리오 사전심의에서 무려 67개의 수정을 강요받았는데, 그 중에는 "가난한 사람들을 다룬 소설의 원제목을 쓰지 마라", "요강을 방안에 두지 마라" 등이 있었다.[18] 그 때문인지 배창호는 당시 이 작품을 서유럽의 어느 영화제에 출품하려다 결국 전두환정권의 제지로 뜻을 이루지 못했다. 제지 이유는 역시 가난을 지나치게 드러냈다는 것이었다.[19] '섹스'는 환영이었지만, '가난'은 금기였던 것이다.

16) 『애마부인』은 그후 계속 속편이 이어졌는데, 95년에 나온 『애마부인11』은 1만 명도 안되는 9천여 명의 초라한 성적표를 받고 마침내 '애마'라는 단어를 은막 뒤로 떠나보냈다. 구본준, 〈일탈을 꿈꾸는 욕망의 자리〉, 『한겨레21』, 2000년 8월 10일, 85~86면.
17) 심산, 〈『애마부인』의 아버지〉, 『씨네21』, 2001년 4월 10일, 102면.
18) 이효인, 『영화미학과 비평입문』(한양대학교 출판부, 1999), 162쪽.
19) 호현찬, 『한국영화 100년』(문학사상사, 2000), 226~227쪽.

부산 미문화원 방화사건

광주 미문화원 방화사건

1980년 12월 9일 밤, 광주의 미문화원에서 불이 나는 사건이 발생했다. 이는 임종수(당시 전남대 상대 3학년), 정순철, 김동혁, 박시형, 윤종형 등 광주의 청년학생들이 결행한 이른바 '광주 미문화원 방화사건'이었다.

이들은 광주민중항쟁 과정에서 나타난 계엄군 만행의 책임이 단지 전두환 군사독재정권에 한정된 것이 아니라 이를 방관하는 데 그치지 않고 4개 대대의 병력 사용에 동의한 미국에까지도 확장된다고 보았다. 그래서 마침 미국무장관 브라운의 방한일정에 맞추어 반민주·반민중적인 전두환 군사정권을 지원하는 미국의 그릇된 대외정책에 대해 경종을 울리기 위해 방화를 한 것이었다.

이들은 자신들이 행위가 올바른 한미관계의 형성을 위한 충정에서 비롯되었다며, 미문화원 방화는 '반미'가 아닌 '친미'이며, '방화'가 아니라 '봉화'라고 말했다.[20] 그러나 신군부는 광주 미문화원 방화사건이 사회적인 이슈로 부각될 것을 우려하여 방화가 아닌 단순한 전기누전이었다고 발표해 사건의 본질을 은폐했다.[21]

그러나 은폐엔 한계가 있었다. 이로부터 약 15개월 후인 1982년 3월 18일 '부산 미문화원 방화사건'이 발생하면서 5월 광주에 대한 미국의 책임이 부각되기 시작했다.[22]

광주학살이 준 충격

80년에 벌어진 광주학살은 부산 고려신학대학교(현 고신대)에 다니던 학생 문부식의 인생을 바꾸는 전환점이 되었다. 그는 그 잔인한 학살극에 감당하기 어려운 충격과 더불어 고통을 받았다. 그는 81년 가을 광주민중항쟁으로 인해 도피생활을 하고 있던 김현장을 만나 막연한 소문으로만 알고 있던 '5·18 광주'의 진상을 제대로 알게 되었고, 미국의 역할에 분노하게 되었다.

이것이 바로 문부식이 고신대 학생 김은숙, 이미옥, 김지희, 최인순, 류승렬, 박원식, 최충언 등과 함께 1982년 3월 18일에 일어난 이른바 '부산 미문화원 방화사건'(부미방사건)의 범인이 된 배경이다. 이들은 부산 미문화원을 점거해 방화하면서 〈미국은 더이상 한국을 속국으로 만들지 말고 이 땅에서 물러가라〉는 제목의 성명이 담긴 전단을 수백장 살포했다.

---

20) 김성보, 〈80년대 반미자주화운동의 전개과정〉, 박영호·김광식 외, 『한미관계사』(실천문학사, 1990), 398쪽; 김명섭, 〈한미관계에 있어서의 1980년대〉, 이해영 편, 『1980년대 혁명의 시대』(새로운세상, 1999), 298쪽에서 재인용.

21) 김명섭, 위의 책, 298쪽.

22) 전남사회운동협의회 편·황석영 기록, 〈끝나지 않은 투쟁〉, 『죽음을 넘어 시대의 어둠을 넘어』(풀빛, 1985), 256쪽.

"우리의 역사를 돌이켜보건대, 해방 후 지금까지 한국에 대한 미국의 정책은 경제수탈을 위한 것으로 일관되어왔음을 알 수 있다. 소위 우방 이라는 명목하에 국내 독점자본과 결탁하여 매판문화를 형성함으로써, 우리 민족으로 하여금 그들의 지배논리에 순응하도록 강요해왔다. 우리 민중의 염원인 민주화, 사회개혁, 통일을 실질적으로 거부하는 파쇼 군 부정권을 지원하여 민족분단을 고정화시켰다. 이제 우리 민족의 장래는 우리 스스로 결단해야 한다는 신념을 가지고, 이 땅에 판치는 미국세력 의 완전한 배제를 위한 반미투쟁을 끊임없이 전개하자. 먼저 미국문화의 상징인 부산 미국문화원을 불태움으로써 반미투쟁의 횃불을 들어, 부산 시민에게 민족적 자각을 호소한다."[23]

'잊혀진 광주'에 대한 충격

『조선일보』 82년 3월 21일자 사설 〈누구를 위한 방화인가: 미문화원 소실과 민족적 수치〉는 당시 범인이 밝혀지지도 않은 상태에서 "그 어느 때보다도 양국간의 안보협력체제는 공고하고 긴밀한 형편이다. 이런 까 닭으로 해서 더욱더 한미관계를 이간하려 했을는지 모른다. 그러나 계란 으로 바위를 깨려는 망상과 다름없다"고 비난했다. 또 『중앙일보』는 〈반 공(反共)과 친미(親美)는 헌법 이상의 국민적 합의〉라는 무시무시한(?) 사 설 제목까지 내걸었다.[24] 당시 아무리 언론자유가 없었던 때라곤 하지만 꼭 그렇게까지 주장했어야 했던 걸까?

사건 발생 14일 만에 4월 1일, 고신대 제적생이었던 문부식과 김은숙

---

23) 김삼웅 편저, 『사료로 보는 20세기 한국사』(가람기획, 2001), 367쪽 재인용.
24) 김기영, 〈부미방사건과 이회창 문부식 김현장의 기묘한 인연〉, 『신동아』, 2001년 8월, 128쪽에서 재인용. 이 기사는 한나라당 대통령 후보 이회창이 부산 미문화원 사건 대법원 상고심 재판관이었다는 사실을 다루 고 있는 것이다.

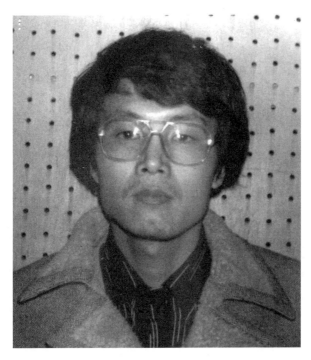

광주만의 지역적 문제로 인식되었던 광주학살이 지역적 장벽을 넘어 전국적인 이슈로 제기되는 계기를 마련했던 부산 미문화원 방화사건. 광주학살에 대한 공모행위와 전두환 지지에 대한 미국의 책임을 물으려 했던 이들의 행위를 『조선일보』는 "민족적 수치"로 규정했다. 사진은 김현장 사건 관련자.

이 검거되었고, 이어서 이미옥, 김지희, 유승렬, 최인순, 박원식, 최충언, 최기식, 김화석, 허진수, 박정미, 김영애, 문길환, 이창복 등이 방화와 전단지 살포혐의로 구속됐다.

4월 15일에는 광주민주화운동과 관련 수배중이던 김현장이 부산 미문화원 방화사건의 배후조종 혐의로 가톨릭 원주교육원에서 체포되었다. 또 당시 원주교육원장 신부 최기식도 국가보안법 위반 및 범인은닉 혐의로 체포되었다.

후일 문부식은 언론은 말할 것도 없고 세상 사람들이 자신들의 방화사건에서 '광주'를 읽어내지 못하는, 아니 아예 읽지 않으려 하는 태도를 보인 것에 대해 충격을 받았다. 그는 다음과 같이 말했다.

"신문과 방송은 일반 시민들이 자발적으로 '반상회'를 열어서 범인을 조속히 검거하는 일에 앞장서고 있다고 보도했다. 말 그대로 전국민적 범인 색출작전이 연일 벌어지고 있었던 것이다. 우리의 목에 걸린 현상금은 3천만 원(당시의 한국 화폐가치로 보면 정원이 있는 이층집을 구입할 수 있는 금액). 결국 우리는 시민의 신고로 검거되었다. 수사기관에서의 조사과정 또한 우리의 예측을 벗어나는 것이었다. 나는 최소한 그들이 나에게 왜 미문화원에 불을 질렀는지에 대해 물어보리라 생각하고 있었다. 그러나 나를 포함하여 사건 관련자 어느 누구도 그와 비슷한 질문조차 받지 못했다. 광주학살에 대한 미국의 책임을 묻기 위해 방화했다는 말은 그들에게 전혀 '필요없는' 말이었고, 그건 '너희들의 사정'일 뿐인 것이었다. 우리를 기소한 이유를 밝힌 공소장 어디에도 '광주'라는 단어는 없었다."[25]

'부역의 대열에서 이탈하고 싶었다'

'광주'를 거론한 건 오히려 미국의 언론이었다. 1982년 7월 6일자 『뉴욕타임스』의 사설은 부미방사건의 의미를 다음과 같이 풀이하였다.

"지난 3월, 한국의 반체제학생들은 부산 미문화원에 불을 지르고, 전대통령을 지지하는 미국의 역할과 1980년 5월 광주에 대한 탄압을 지원한 미국의 역할을 비난했다. …… 위컴 장군은 그의 지휘하에 있는 한국군대를 광주작전을 위해 출동시켰으며 미국 대사관은 사태의 중재를 요

---

25) 문부식, 〈'광주' 20년 후─역사의 기억과 인간의 기억: 끼엔, 나디아, 그리고 윤상원을 위하여〉, 『기억과 역사의 투쟁: 2002년 당대비평 특별호』(삼인, 2002), 294~295쪽.

청하는 반체제인사들의 요청을 거부했고, 그 이후로 미국은 전대통령을 완전히 지지해왔다. …… 그러나 양 국민에 있어서 가장 큰 손실은 미국이 민주주의의 씨를 양육시킬 것이라는 희망에 종지부를 찍었다는 점이다. 이제는 악의 보답만이 남아 있을 뿐이다."[26]

그랬다. 광주민주화운동 유혈진압과 전두환 독재정권 비호에 대한 미국의 책임을 물었던 이들의 부산 미문화원 방화사건은 미국을 우방으로 철썩같이 믿고 있던 국민에게 적잖은 자극을 주었을 것이다. 그동안 광주만의 지역적 문제로 인식되었던 광주문제가 지역적 장벽을 넘어 전국적인 이슈로 제기되는 계기를 마련했던 부산 미문화원 방화사건은 '반미운동' 의 물꼬를 튼 사건으로 평가받게 되었다. 후일 문부식은 이 사건에 대해 다음과 같이 말했다.

"'부미방' 사건은 영웅적 행위인가, 아니면 불순 좌경분자들에 의해 저질러진 무모한 반역행위인가? 나의 대답은 이 둘 다 '아니다!' 이다. '부미방' 사건은 허위의 역사를 지탱해나가는 부역의 대열에서 이탈해보려 했던 80년대 젊은이들의 몸부림 가운데 하나였을 뿐이다. '아니다!' 라고 말하고 싶었을 뿐이다. …… 우리는 '반미주의자' 여서 미국문화원에 불을 지른 것이 아니다. 우리는 '부미방' 을 통해 미국이 자국의 국가적 이익을 위해 이 땅의 군사독재정권을 지원하고, 특수하고 종속적인 한미관계를 지속하려는 한 미국은 진정한 의미에서 우리의 '우방' 이 아니라고 말하고 싶었다. 아닐 뿐 아니라 한국현대사의 가장 큰 비극인 광주학살에 대한 미국과 신군부의 공모행위에 대한 역사적 책임이 분명히 밝혀져야 한다고 주장하고 싶었다."[27]

---

26) 김명섭, 〈한미관계에 있어서의 1980년대〉, 이해영 편, 『1980년대 혁명의 시대』(새로운세상, 1999), 299쪽에서 재인용.
27) 문부식, 〈문부식이 직접 쓰는 '부산 미문화원 방화사건' (마지막회)- '부미방사건' 은 여전히 살아있는 질문〉, 『뉴스피플』, 1999년 4월 8일, 53면. 그러나 그 주장의 대가는 너무도 가혹했다. 이들은 국가보안법과 집회 및 시위에 관한 법률위반으로 법정에서 전원 실형선고를 받았는데, 특히 문부식과 김현장은 1심에서 사형

그러나 5공과 그 주구가 된 언론은 그러한 역사적 책임을 은폐하고 왜곡하기 위해 몸부림쳤으며, 일반대중은 부미방사건 열흘 후부터 선을 보인 프로야구의 열기 속으로 점점 빠져들어갔다.

을 선고받았다가 1983년에 감형되었다. '미문화원을 불지른 빨갱이'로, 방화로 동아대생 장덕술을 숨지게 한 '살인마'로 법정에 선 문부식은 처음 사형에서 무기징역, 20년의 감형으로 이어진 옥살이 끝에 88년 12월 청주교도소에서 석방되었다. 6년 9개월 만에 햇빛을 마음대로 볼 수 있게 되었지만, 그는 석방된 지 채 일년도 안된 89년 7월, 소위 '한미문제연구소사건'에 연루되어 다시 1년 8개월간의 옥살이 끝에 석방되었다.

교수의 경찰화와 김준엽의 외로운 투쟁

교수들의 처량한 모습

1982년 대학 캠퍼스는 좀 과장하자면 조지 오웰의 『1984년』의 세계를 방불케 하는 곳이었다. 그래서 '교수의 경찰화'라고 할 수 있는 희한한 일이 벌어졌다.

1981년부터 학생들의 유인물 살포나 시위가 다시 시작되자 5공의 지시를 받은 학교당국은 교직원을 동원하기 위한 '비상근무규정'을 만들었고, 신속한 교수 동원체제를 확립하기 위해 '경제전단구역 설정 실시계획'을 세웠다. 교수들에게는 문제학생 선도라고 하는, 학문연구보다 훨씬 더 중요한 과업이 떨어졌다. 교수들은 특별선도 학생들을 선정하여, A급은 학과장이 월 2회, 지도교수가 월 3회 지도하여 그 결과를 학생처장 및 총장에게 보고하였고, B급은 지도교수가 월 1회 지도하였다. 81년 2학기에 학원에 상주하던 경찰병력이 철수하면서 교수들이 경찰의 기능을 대신해 직접 학생시위를 막는 막중한 역할을 담당하게 되었던 것

이다.[28]

　전재호는 다음과 같이 말한다.

　"학생들의 시위가 일어나면 교수들은 연구실에서 불려나와 학생들의 시위대열을 에워싸고, 혹시 자신이 지도하는 학생이 참여하고 있지나 않은지 확인해야 하였다. 불행히도(?) 자신이 지도하는 학생이 시위대열에 끼여 있으면 과감히 시위대열에 뛰어들어 그 학생을 대열에서 분리시키는 제자 사랑(?)을 실천해야 하였다."[29]

　만일 지도하는 학생이 문제를 일으켰을 경우엔 지도교수는 경고를 받아야 했다. 그 일례로 1982년 3월에 부산 미문화원 방화사건이 일어났을 때, 문교부는 이 사건 관련학생의 지도교수 및 학과장 그리고 학장 및 당시 학생처장에 대한 경고장과 징계요구를 하달하였고, 지도교수들은 징계처분을 받았다.[30]

　당시 서울대 물리학과 학생이었던 함운경은 후일 당시의 대학생활에 대해 다음과 같이 회고하였다.

　"물리학자가 꿈이었던 나에게 닥친 대학의 현실은 정말 어처구니없었다. 아침마다 학생들과 함께 등교하는 사복 전경들, 잔디밭, 벤치, 식당, 도서실에 자리잡고 학생들을 감시하는 형사들, 학교가 술렁이는가 싶으면 나타나는 프로레슬링 선수였다는 깡패들, 그들이 우리 머리 위로 휘두르는 주먹은 사람 머리만하게 보였다. 학생들을 보호할 수 없다는 총장의 방송, 호출명령에 나와 서 있는 나약한 교수들, 이것들이 내가 다닌 82년의 대학 모습이었다. 지성의 전당이어야 할 대학은 한낱 야만적인 통치의 대상에 불과하였다. 대학뿐이 아니었다. 우리 사회의 구석구석을

---

28) 전재호, 〈한국민주주의와 학생운동〉, 조희연 편, 『국가폭력, 민주주의 투쟁, 그리고 희생』(함께읽는책, 2002), 198쪽.
29) 전재호, 위의 책, 198쪽.
30) 전재호, 위의 책, 198쪽.

지배하는 폭력에 대한 두려움은 다수를 침묵하게 만들었다."[31]

기관원들이 들끓는 대학총장실

이 당시 대학 총장답게 총장 노릇을 한 사람은 고려대 총장 김준엽밖에 없다고 해도 좋을 정도로 대학 총장들은 5공정권의 하수인 노릇을 하기에 바빴다. 82년 7월부터 85년 2월까지 고려대 총장을 지낸 김준엽은 다음과 같이 말한다.

"내가 재직중에 항상 느낀 것은 정부가 대학 총장 보기를 군대의 소대장 정도로 생각하고 학장은 분대장, 과장이나 교수는 반장, 그리고 학생은 졸병으로 간주한다는 점이다. 오직 명령하달뿐으로서 군대조직과 같이 일사불란할 것을 바라고 있을 뿐이다."[32]

그런 생각을 가진 사람이 총장이 되었으니 갈등이 없을 리 없었다. 총장 취임초부터 대학에 출입하는 기관원들과의 갈등이 시작되었다. 김준엽은 다음과 같이 말한다.

"총장이 되기 전부터 항상 못마땅하게 여기고 있던 일 가운데 하나는 총장 비서실을 언제나 기관원들이 점용하고 있는 일이었다. 보안사, 안기부, 치안국, 시경, 성북경찰서, 문교부 상주연구원(감시원) 등 10여 명이 날마다 하루 종일 총장 비서실장 앞에 있는 소파를 점용하고 있었다. …… 가장 먼저 정부와 대립하게 된 것은 이 기관원들을 총장 비서실 밖으로 축출한 문제였다."[33]

교무회의를 할 때마다 총장 비서실장은 김준엽에게 교무회의 내용을

---

31) 함운경, 〈미문화원 농성사건: 20대 청춘과 맞바꾼 점거농성〉, 월간조선 엮음, 『한국현대사 119대 사건: 체험기와 특종사진』(조선일보사, 1993), 312쪽.
32) 김준엽, 『장정 3: 나의 대학총장 시절』(나남, 1990, 3쇄 1995), 128~129쪽.
33) 김준엽, 위의 책, 206쪽.

물었다. 좋은 뜻으로 알고 두 번까진 그 내용을 알려준 김준엽은 세번째
엔 폭발하고 말았다. "왜 묻느냐" "기관원들이 매번 회의내용을 묻는다"
"모른다고 하면 될 것 아니냐!" 이후에도 문제는 계속 터졌다. 김준엽의
말이다.

"그런데 며칠 뒤에 또 한번 깜짝 놀라고 화가 나는 일이 생겼다. 비서
실장의 말이 기관원들에게 돈을 주고 가끔 술을 사줘야 하겠다는 것이
다. 그래야만 총장이나 학교가 안전할 것이라 한다. '나는 하루를 총장
노릇을 해도 그렇게 비굴한 태도를 취할 수는 없다'고 딱 잘라 거절하였
다. 그리고 '이 돈이 무슨 돈인 줄 아느냐? 이 돈은 가난한 학생들이 낸
등록금이야! 부모님들이 식사도 옳게 못하면서 자식들의 장래를 위해서
보내준 소중한 돈이란 말이야!'라고 소리쳤다. …… 그로부터 한 열흘쯤
지나니까 들리는 말이 '총장녀석 며칠이나 살아남는가 보자!' 하면서
'나를 잡아먹기'로 기관원들끼리 합의를 보았다는 것이다. 아니나 다를
까 이때부터 계속 나에 관하여 그들은 왜곡보고를 일삼았다."[34]

'대학의 병영화'에 타협한 총장과 교수들

김준엽은 계속 '찍힐' 일만 골라서 했다. 정부가 초청한 외국 유명인
사들에게 명예박사 학위를 주라는 정부의 지시를 거절한 것이다. 김준엽
의 말이다.

"들리는 말에는 가장 중요한 인물급에 해당하는 것은 서울대에서 주
고, 그 다음 급은 고대나 연대에서 주고, 다음 클라스를 여타 사립대학에
서 주기로 정부에서 방침을 세우고 있다는 것이다."[35]

---

34) 김준엽, 『장정 3: 나의 대학총장 시절』(나남, 1990, 3쇄 1995), 207~208쪽.
35) 김준엽, 위의 책, 210쪽.

이런 일련의 일들로 인해 김준엽은 정부쪽으로부터 '콧대가 높다'는 비난을 받게 되었다. 김준엽은 그런 비난에 대해 이렇게 말한다.

"나는 일이 이렇게까지 되기에는 문교부만 책임이 있는 것이 아니라 일부대학의 총장들에게도 책임이 있다고 생각한다. 총장이란 사람들이 허리를 굽히고 국장, 과장을 찾아다니면서 굽실굽실 선물이나 주고 술이나 사주면서 학교일을 부탁하는 자세는 타기해야 할 태도라고 생각한다. 총장으로서의 위엄을 자기 스스로가 지키지 않으면 누가 지켜주겠는 가!"[36)

그러나 모든 교수들이 그러한 '대학의 병영화'에 대해 심각한 문제의식을 가지고 있었던 건 아니다. 교수의 봉급에 더 큰 관심을 가지고 있는 교수들도 많았다. 이를 두고 김준엽은 다음과 같이 말한다.

"아무리 애를 써서 봉급을 인상해주어도 욕심에는 한이 없었다. 어떤 교수는 한꺼번에 100% 인상이라는 따위의 욕심을 가지고 있는데 이런 생각은 정말로 시정해야 할 것으로 안다. …… 물욕이 있으면 사업계로 나갈 것이고, 권세가 필요하면 관계로 나갈 일이지 대학에 남아 있을 필요가 없다고 생각하며, 교수는 항상 교육자라는 것을 잊어서는 안될 것이다."[37)

김준엽의 말은, 대학의 권위는 대학 스스로 지켜야 한다는 것이었겠지만, 대학은 이미 지키고 말고 할 권위라는 게 없었다. 그가 총장 재임 2년 8개월 만에 정부의 집요한 '죽이기' 공세로 총장직을 물러나게 된 것도 그런 현실을 잘 말해주는 것이었다.

---

36) 김준엽, 『장정 3: 나의 대학총장 시절』(나남, 1990, 3쇄 1995), 210~211쪽.
37) 김준엽, 위의 책, 180쪽.

프로야구 출범

전두환이 밀어붙인 프로야구

"어린이에게 꿈을, 젊은이에게 정열을, 온 국민에게는 건전한 여가선용을!"

이런 슬로건을 내세운 프로야구가 82년 3월 23일 출범했다. 5공이 '스포츠공화국' 임을 입증하겠다는 듯 올림픽 유치와 더불어 야심작으로 내놓은 작품이었다. 이미 3일 전인 3월 20일, 5공은 체육부를 신설하고 장관에 5공의 제2인자라 할 노태우, 차관에 이영호를 임명하였다.

3월 27일 서울운동장에서 전두환의 시구로 삼성과 MBC의 경기로 첫발을 뗀 프로야구는 개막전부터 관중석이 인산인해를 이루며 성공적인 출발을 했다.

"프로야구 출범 첫 경기에 대한 사회적 반향은 엄청났다. 삼성은 대구 제일모직과 경산 제일합섬의 여공(女工) 700명을 버스 17대로 실어 날랐다. 여공들은 1주일 동안 하루 5시간씩 맹연습한 카드섹션 응원을 펼쳐

관중들의 인기를 모았다. 일본 NHK TV는 이 경기를 위성중계했고, 1000여 명의 일본 관중도 방한해 경기를 지켜보았다. 5000원짜리 내야석은 1만 원에, 2000원짜리 외야석 입장권은 6000원에 암거래되었다."[38]

당시 전두환은 심판으로 가장한 경호원과 함께 마운드에 올라 프로야구 개막전 시구를 했다.[39] 전두환의 시구가 시사하듯이, 프로야구는 전두환의 강력한 의지에 의해 탄생되었다. 81년 5월 청와대 수석비서관 회의에서 전두환은 "우리 국민들은 여가선용의 기회가 별로 없고 또 한국인은 스포츠를 좋아하니 야구와 축구의 프로화를 추진해보라"고 지시했다.[40]

전두환의 지엄한 명령이긴 했지만, 재원마련이 문제였다. 당시 야구협회 회장이었던 임광정은 야구를 프로화하는데는 36억 원, 축구협회 회장이었던 최순영은 축구를 프로화하는데는 139억 원이 소요된다고 주장해 프로화는 물 건너간 듯 보였다.[41]

이런 상황에서 전 MBC 해설위원으로 활동했던 이호헌이 정부의 고민거리를 제거해줄 해결사로 나섰다. 당시 청와대 정무수석 우병규와 마산상고 동기였던 이호헌은 우병규로부터 프로야구 출범안을 문의받고, 정부가 돈 한푼 들이지 않은 채 프로야구를 출범할 수 있는 방법을 제시했다. 기업들이 야구단 운영을 맡는 방법이었다.[42]

81년 9월 IOC 총회에서 서울이 88년 올림픽 개최지로 결정된 직후인 10월 5일 야구를 프로화하는 기획안이 제출되었다. 이호헌과 함께 프로

38) 이한수, 〈한국 프로야구 탄생〉, 『조선일보』, 1999년 9월 13일, 21면.
39) 이원홍, 〈역대 대통령과 스포츠: 축구 보던 전전대통령 "감독 오라 그래"〉, 『동아일보』, 2003년 3월 1일, B3면.
40) 이흥, 〈전대통령의 구상, 이용일씨가 추진자〉, 월간조선 엮음, 『한국현대사 119대 사건: 체험기와 특종사진』(조선일보사, 1993), 312쪽.
41) 최영재, 〈태생부터 '파울 플라이': 5공 신군부, 민주화 열기 잠재우려 프로야구 밀어붙여〉, 『시사저널』, 2000년 2월 24일, 40면.
42) 최영재, 위의 글, 40면.

야구 출범의 산파역할을 한 사람은 훗날 KBO 사무총장을 역임한 이용일이었다. 이들은 국내의 잘 나가는 재벌그룹들과 다각도로 접촉하며 팀 창단을 종용했다.[43]

정권이 만들어낸 프로야구 열기

그런데 문제가 있었다. 지역연고제였다. 지역연고를 두고 출범하자는 데까지는 의견을 모았는데, 그 다음이 문제였다. 부산과 경남, 그리고 경북 등은 기업이 넘쳐나서 이들 중에서 한 곳을 고르면 됐지만, 호남지역에는 프로야구를 운영할 만한 기업이 없었던 것이다. 우여곡절 끝에 호남기업인 해태가 선택됐으나, 처음에는 돈이 없다며 프로야구단을 운영할 수 없다고 버티었다.[44] 또 삼성은 OB, 해태, 롯데 등 다른 기업들이 자신들에 견주어 '급'과 '격'이 맞지 않는 기업이라며 프로야구를 함께 하지 못하겠다고 반발하고 나서기까지 했다.[45]

문제는 또 있었다. 당시 프로야구 출범을 맡았던 준비팀은 경기와 강원, 그리고 인천을 하나의 연고로 하는 팀을 창단하려 했지만, 마땅한 기업을 찾을 수 없었다. 현대를 끌어들이려 했으나, 현대는 정주영 회장이 당시 대한체육회장으로 올림픽 유치작업을 하는 관계로 프로야구단을 경영할 수 없다고 고사했기 때문이었다.[46]

5공정권은 재벌들의 소극적인 태도를 극복하기 위해 여러 '당근'을 제시했으며, 그 결과 11월 25일 첫번째 프로야구 관계자회의가 열렸다. 이날까지만 하더라도 프로야구는 5개 구단으로 출범하는 것이 기정사실

43) 김일동, 〈프로야구의 현장〉, 「신동아」, 1982년 8월, 290쪽.
44) 최영재, 〈태생부터 '파울 플라이': 5공 신군부, 민주화 열기 잠재우려 프로야구 밀어붙여〉, 「시사저널」, 2000년 2월 24일, 40면.
45) 최영재, 위의 글, 40면.
46) 최영재, 위의 글, 40면.

광주의 기억을 스포츠의 바다에 풍덩 빠트려 익사시켜 버려라. 전두환의 강력한 의지와 지원으로 82년 3월 23일, 프로야구가 출범했다. 전두환은 프로야구에 MBC를 끌어들였는데, MBC가 앞장서서 프로야구 열기를 촉진하게끔 하는 동시에 그 열기에 모든 나라사람들이 열광하게끔 만드는 것은 전두환 정권의 심오한 스포츠 정책이었다.

화되어 있었다. 그런데 첫번째 프로야구 관계자회의가 열리던 날 아침 삼미사가 인천을 연고로 하는 프로야구팀을 창단하겠다고 밝힘에 따라 서울을 연고로 하는 MBC 청룡, 부산의 롯데 자이언츠, 대구의 삼성 라이온즈, 광주의 해태 타이거즈, 대전의 OB 베어즈, 인천의 삼미 슈퍼스타즈 등 6개 구단이 탄생하게 되었다. 이로부터 보름 후인 12월 11일에는 창립총회가 열렸다.[47] 애초 기획안이 나온 지 불과 6개월 만에 팀 창단과 선수 및 임원진의 구성을 매듭짓고 프로야구가 출범한 것이다.

가장 중요한 건 역시 전두환의 강력한 의지였다. 전두환은 프로야구 출범을 앞둔 82년 1월 20일 청와대에서 구단주들과 만남을 가졌는데, 이 자리에서 문교부장관 이규호에게 "각 부서에 연락해서 KBO가 요구하는

47) 김일동, 〈프로야구의 현장〉, 『신동아』, 1982년 8월, 290쪽.

것은 전폭적으로 지원할 수 있도록 해주세요"라고 지시했다.[48]

이날 전두환이 정부에 지시한 구체적인 내용은 ▶ 문교부와 문공부는 언론기관을 통해 대대적인 홍보를 할 것이며 ▶ 각 구단이 흑자가 될 때까지 면세조치를 해주고 ▶ 선수들의 방위병 근무를 몇년간 분할해서 하는 방법을 연구해보도록 하라는 것이었다. 한편 전두환은 이 자리에서 구단주들에게 몇가지의 내용을 당부했는데, ▶ 전력이 평준화될 수 있도록 훈련을 철저히 하라 ▶ 지방유지들이 관심을 갖도록 지역적 특색이 있는 응원을 하라 ▶ 고교야구 팬들을 프로야구 팬으로 끌어들이도록 하라 ▶ 스타를 만들어라. 그것이 프로야구가 발전하는 길이다 ▶ 운동선수도 부자가 될 수 있어야 한다 등이었다.[49]

전두환의 명령을 감히 누가 거부할 것인가? 각 부처는 앞다투어 프로야구에 대한 지원책을 마련했다. 그 결과, 운동장 사용료 5년간 면제, 모기업이 야구단을 지원할 때 손비 처리, 프로야구 선수 연봉의 세율 대폭 인하 등이 이루어졌다.[50]

이와 같은 강력한 지원책은 프로야구가 '시장 논리'가 아니라 철저히 정부주도로 전폭적인 지원에 의해 탄생되었다는 걸 말해주는 것이었다.

선수의 스타화와 어린이 이용

프로야구는 선수들의 지위를 급상승시켰다. 프로야구 창설과 함께 최고 특급대우로 프로에 입단한 OB 박철순의 경우 연봉 2천4백만 원을 받았는데, 이 액수는 아마추어 선수가 10년 걸려야 벌 수 있는 돈이었다.

---

48) 이용일 · 이태일 정리, 〈백구와 함께 한 60년: ⑩ 개막전 시구 소동〉, 『중앙일보』, 2003년 4월 14일, 28면.
49) 이용일 · 이태일 정리, 위의 글; 윤득헌, 〈윤득헌의 스포츠 세상: 최선 아니면 차선〉, 『동아일보』, 2000년 2월 8일, C2면.
50) 이용일 · 이태일 정리, 〈백구와 함께 한 60년: ⑪ 정부 부처들의 지원〉, 『중앙일보』, 2003년 4월 15일, 24면.

나머지 선수들도 최소 1천만 원에서 2천만 원의 연봉을 받았다. 이때 자장면 값이 300~400원이었으며 서울 외곽지역의 아파트 한 채 값이 1500만 원이었다는 것에 비추어본다면 매우 호사스러운 대접이었다. 당시 보통 사람으로선 엄두도 내기 어려웠던 자가용 승용차를 굴리게 된 프로야구 선수들은 대중의 선망의 대상이었고, 또 그것이 프로야구의 인기를 높이는 데에도 기여하였다.[51]

5공정부는 프로야구의 흥행을 위해 선수들의 '스타화'와 더불어 어린이들을 최대한 이용하였다. 이른바 '어린이 회원제'를 이용해 "프로야구가 '어린이의 바다' 위에 떠 있는 격이 돼 버렸다"는 말이 나올 정도였다.

이에 대해 김일동은 『신동아』 1982년 8월호에 쓴 글에서 다음과 같이 말했다.

"어린이회원제는 다른 나라에도 다 있는 것이지만, 우리나라의 경우 여타 수단은 제쳐놓은 채 이 방법에만 열을 올리는 것은 이해하기 힘들다. 현재 삼미팀을 제외한 5개 구단이 확보하고 있는 어린이 회원은 15만 명에 육박하고 있다. 회원자격이 국민학교 재학생으로 한정된 점을 감안한다면 이 수치는 대도시 학령군에서 엄청난 비중을 차지하고 있음을 알수 있다. 몇가지 선물을 곁들인 1년 만기의 입회비가 5천원에 이른다는 사실도 그렇거니와 이들의 화제가 온통 야구뿐이라는 것도 결코 간과될 수만은 없다. 어린이들 사이에 위화감을 조성한다, 목이 쉬도록 특정팀을 응원한다, 늦잠자는 버릇이 생겼다, 학업에 흥미를 잃었다는 등 학부모들은 프로야구에서 비롯된 온갖 폐해를 지적하고 있다."[52]

---

51) 손원남, 〈한국프로야구 어제와 오늘: 1년 벌면 아파트 한 채… 팔자 고쳤다〉, 『스포츠서울』, 1999년 12월 1일, 5면.
52) 김일동, 〈프로야구의 현장〉, 『신동아』, 1982년 8월, 292~293쪽.

5공의 십오한 스포츠정책

MBC가 프로야구팀을 갖게 된 것도 텔레비전을 프로야구 흥행의 견인차로 삼겠다는 데서 비롯됐다. 이는 곧 전두환의 뜻이었다. 앞서 언급했다시피 82년 1월 20일 청와대에서 전두환은 구단주들과 만남을 가졌는데, 이 자리에서 문교부장관 이규호에게 이렇게 지시했던 것이다.

"이장관, 문공부장관에게 얘기해서 TV에 매일 드라마만 방송할 것이 아니라 야구중계도 좀 많이 하라고 하세요. 골든 아워에 한결같이 드라마밖에 없지 않습니까. 드라마야 매일 나오는 그 사람이 그 사람 아닙니까. 그런 거 말고 스포츠를 적극적으로 중계하도록 하세요."[53]

처음에 MBC 사람들은 그런 구도를 제대로 이해하지 못해 프로야구 '판촉'에 열을 내지 않았다. 아니 열을 낼 수가 없었다. 프로야구라는 건 재벌 기업들이 자사(自社) 홍보를 위한 도구로 이용하는 건데, 홍보매체 그 자체라 할 MBC가 홍보할 그 무엇이 있다고 프로야구 팀을 가져야 한단 말인가?[54]

그래서 MBC 사람들은 프로야구 개막전에서 MBC 청룡의 이종도가 만루 홈런을 쳤어도 그런가 보다 했다. MBC 사장 이진희는 간부들을 불러 그 중요한 사건을 키우지 않은 걸 질책하면서 MBC가 프로야구의 선봉대 역할을 맡아야 한다고 호통을 쳤다. 이진희의 불 같은 성질에 누가 당해낼 수 있을 것인가? 이후 MBC 사람들은 죽어라 하고 프로야구 판촉에 앞장서게 되었다.

---

53) 이용일 · 이태일 정리, 〈백구와 함께 한 60년: ⑨ 대통령과 프로야구〉, 『중앙일보』, 2003년 4월 11일, 28면.
54) MBC 사람들의 그런 판단은 타당한 것이었다. 다른 재벌들과는 달리 프로야구팀 운영에 들어가는 엄청난 비용을 홍보비로 간주할 수 없었던 MBC의 경우엔 야구팀 운영으로 인한 적자는 문자 그대로 적자였고, 적자규모는 89년까지 120여억 원에 이르렀다. 이로 인해 늘 서울과는 달리 극심한 빈곤에 허덕이는 지방 계열사들의 불만이 컸고 근본적인 대책 마련을 촉구하는 분위기가 고조되었지만, '정권유지비용'이라는 당위(?)에 압도되어 청룡의 매각은 89년 12월 5일에서야 이루어졌다. 매수자는 LG였다. 문화방송, 『문화방송 삼십년사』(문화방송, 1992), 579~580쪽.

MBC가 앞장서서 프로야구 열기를 촉진하게끔 하는 동시에 이를 앞세워 모든 국민을 스포츠에 열광하게끔 만드는 것이 5공정권의 심오한 스포츠정책이었다.

그래서 프로야구 출범 후, 스포츠 중계시간은 계속해서 늘어갔다. 81년 9월 8%에 불과했던 텔레비전 방송국의 스포츠 중계시간 비중은 82년 2월 12%로 증가하더니, 1년 후에는 20%에 이르렀다. 그리고 LA올림픽이 열렸던 84년 6월에는 프로그램의 4분의 1이 스포츠 중계였다. 토요일과 일요일은 한마디로 스포츠 중계를 위한 방송이었다. 이때는 스포츠 중계가 텔레비전 프로그램의 30~40%를 차지했다.[55]

활자매체들도 총동원되었다. 이 당시의 지면보도를 이기택은 다음과 같이 말한다.

"유명선수들의 일거수일투족이 스포츠신문에 연일 보도되었다. 홈런이라도 친 선수의 이름은 다음날 신문에 어른주먹 크기만한 글자로(그것도 칼라로) 나온다. 굳이 스포츠신문이 아니라 종합일간지의 스포츠면만 봐도 쉽게 수긍이 가리라."[56]

최영진은 이렇게 말한다.

"프로야구가 막 시작되었을 당시 우리나라는 스포츠공화국이라 불릴 만큼 스포츠 중계를 많이 하였고, 이 중에서도 프로야구 중계가 핵심을 이루었다. 언론사 중 하나인 MBC가 서울을 연고지로 한 청룡팀을 소유하고 있었기 때문이기도 하지만 텔레비전 방송사를 비롯한 각종 신문 등을 통해 프로야구에 관한 담론들이 넘쳐났다. 당시 스포츠 전문일간지인 『일간스포츠』는 말할 것도 없고 종합일간지들까지 스포츠면의 가장 중요한 뉴스로 프로야구를 다루었다. 보통 경기가 시작되는 3월 하순부터

55) 고광헌, 『스포츠와 정치』(푸른나무, 1988), 149쪽.
56) 이기택, 『호랑이는 굶주려도 풀을 먹지 않는다』(새로운사람들, 1997), 180쪽.

시즌이 마무리되는 10월까지 언론은 가능한 많은 이야깃거리를 만들어 내었다. 경기가 끝나는 10월말부터는 스토브리그(Stove league)라 하여 각 구단별 훈련상황이나 선수영입에 관련된 이야기, 그리고 선수들의 일상생활까지 기삿거리로 등장하였고, 이는 곧바로 일상적인 담론의 공간에서 재현되었다."[57]

　　스포츠에의 탐닉은 5공 국정운영 철학의 기본이었다. 광주의 기억을 스포츠의 바다에 풍덩 빠뜨려 익사시켜버리자는 뜻이었을까? 의도야 어찌됐건 적어도 그런 효과를 낸 건 분명했다.

---

57) 최영진, 『한국 지역주의와 정체성의 정치』(오름, 1999), 165~166쪽.

의령 경찰관 총기난동사건

1982년 4월 26일 저녁 9시 30분경, 경남 의령군 궁류면 의령경찰서 궁류지서 소속 순경 우범곤(27세)이 궁류지서 무기고에서 카빈총 두 자루와 실탄 180발, 부근 예비군 무기고에서 수류탄 7발을 탈취하여 궁류면 토곡리 시장통과 궁류우체국 및 인근 4개 마을의 민가로 뛰어다니며 무차별 난사해 주민 56명(남자 20, 여자 36)이 사망하고 34명이 부상을 입은 끔찍한 사건이 발생하였다. 우범곤은 27일 새벽 5시 30분에 수류탄으로 자폭하였다.

이 사건의 원인은 아주 사소한 일에서 비롯되었다. 사건 당일 오후 우범곤은 방에 누워 낮잠을 자고 있었다. 그런데 마침 우범곤의 가슴에 파리가 한 마리 날아들었다. 그러자 동거녀 전말순(25세)이 파리를 잡는다며 우범곤의 가슴을 찰싹 때렸다. 그런데 이것이 바로 화근이었다. 우범곤은 전말순과 이미 2개월째 동거를 해오던 중이었는데, 그때까지도 결혼비용을 마련하지 못해 자신을 무능한 사람이라고 자책하며 열등감을 가져오던 차였다. 이날 전말순의 행위가 자신을 무시한 데서 비롯한 것이라고 오해한 그는 술을 마시며 말다툼을 벌이기 시작하였다. 이 사소한 말다툼이 급기야 인근 4개 시골마을을 공포의 분위기로 몰아넣은 광란의 대참사로 발전하였던 것이다.[a]

사건 후 정부합동조사반은 이 사건이 상부에 보고도 늦고 출동도 늦은 데다 진압마저 미온적이어서 더 많은 희생자를 냈다며 의령경찰서장 최재윤을 구속하고 관계자 수명을 직위해제하였다. 치안 총수인 내무부

---

a) 정운현, 〈의령 경찰관 총기 난동 사건〉, 『호외, 백년의 기억들』(삼인, 1997), 220쪽.

장관 서정화는 인책사임하고 그 자리에 노태우가 앉았다. 국회 내무위에서 야당의원들은 이 사건이 단순한 치안문제가 아니라 보고체계와 무기 관리 등 당국의 치안정책에 심각한 문제가 있다며 내각 총사퇴까지 요구하였다.[b]

이 사건은 사건발생 이틀 뒤인 28일에서야 중앙 조간신문에 상세히 보도되기 시작했는데, 이는 지방에 주재기자를 두지 못하게 한 5공의 언론정책 때문이었다.[c]

---

b) 정운현, 〈의령 경찰관 총기 난동 사건〉, 『호외, 백년의 기억들』(삼인, 1997), 221쪽.
c) 정광철, 〈실록 청와대 25: 홍보조정실과 언론사 '목죄기'〉, 『한국일보』, 1991년 9월 16일, 7면.

장영자·이철희 사건

'단군 이래 최대의 금융사기사건'

1980년 7월 어느날 보안사 보안처(처장 정탁영 준장)엔 어느 미모의 여인이 군부대의 불교행사에 빠짐없이 참석해 매번 수천만 원대의 돈을 뿌리고 다닌다는 첩보가 입수되었다. 이 여인이 각 해당 부대장과는 아무런 인연이 없음에도 불구하고 거액을 선뜻 내놓는다는 점이 의문점으로 대두되었다. 보안사가 알아낸 바에 따르면, 이름은 장영자, 나이는 40세, 법명은 장보각행이며 상당히 돈이 많은 재력가로 행세하나 실제로는 빚독촉을 받고 있다는 것이었다. 보안사는 장영자를 '요주의 인물'로 분류해 집중관찰 대상으로 지목하는 한편 각 부대에 '장여인을 조심하라'는 지휘 조언을 보냈다.[58]

장영자는 어떤 인물이었던가? 그녀의 형부 이규광은 전두환의 처인

---

58) 김문, 〈유학성장군〉, 『장군의 비망록: 격동의 현대사를 주도한 장군들의 이야기 2』(별방, 1998), 234쪽.

이순자의 삼촌이었으며 그녀의 남편은 중앙정보부 차장 출신인 이철희였다. 이철희는 장영자의 '사업' 파트너이기도 했다.

82년초 청와대 민정비서실에 이·장 부부에 관한 첩보가 들어왔다. "롯데빌딩에 사무실을 차려놓고 바쁘게 움직이는데 아무래도 이상하다"는 내용이었다. 민정수석 이학봉은 그 사실을 안기부에 통보해주었다. 얼마 후 안기부장 유학성으로부터 받은 답변은 '별것 아니더라'는 내용이었지만, 두 달쯤 지나자 안기부에서도 문제의 심각성을 깨닫게 되었다.[59]

82년 4월 공영토건은 어음사기를 당했다는 진정서를 검찰에 제출하였다. 검찰 내사결과, 어음사기와 관련된 기업이 더 있음이 밝혀지자 애초 경제를 담당하던 대검 중수부 2과가 담당했던 사건수사는 중수부와 서울지검과 산하지청 검사들로 넘어갔다.[60]

82년 5월 7일 대검중앙수사부는 이철희·장영자를 구속했다. '단군 이래 최대의 금융사기사건'으로 불리게 된 이 사건은 전말은 이랬다. 장영자는 주로 자금압박에 시달리는 건설업체들을 찾아다니면서 남편 이철희의 과거 경력(중앙정보부 차장 역임)을 이용하여 "이건 특수자금이니 절대 비밀로 하라"면서 현금을 빌려주는 대신 이들로부터 수배에 달하는 약속어음을 받아냈다. 공영토건의 경우 빌려준 현금의 9배나 되는 1279억 원의 약속어음을 받아냈다. 이들 부부는 이렇게 해서 받아낸 어음을 할인해 또다른 회사에 빌려주었다. 이렇게 해서 받아낸 어음의 총액이 7111억 원이었고, 이 가운데에서 6404억 원어치를 할인해서 사용했다.

---

59) 노재현, 『청와대 비서실 2』(중앙일보사, 1994), 367쪽에서 재인용.
60) 노재현, 위의 책, 367쪽.

장영자의 형부 이규광은 전두환의 처인 이순자의 삼촌이었으며, 남편 이철희는 중앙정보부 차장 출신이었다. 이들의 금융사기 행각을 철저하게 수사해야 한다고 주장했던 사람들은 전두환과 이순자의 심기를 불편하게 해 옷을 벗어야 했으며, 결과적으로 이 사건은 전두환 정권의 권력 구조에도 지각 변동을 일으켰다.

사건 배후에 대한 의혹

이 사건에서 의문으로 제기된 것은 어떻게 돈 문제에 닳고 닳은 은행장과 기업인들이 장영자의 말 한마디에 속아넘어가 빌린 돈의 수배에 이르는 어음을 끊어줬느냐 하는 것이었다. 특히 태양금속의 경우 현금을 한 푼도 받지 않고 어음을 끊어주었으니 도무지 이해할 수 없는 대목이다. 그래서 이 사건 배후에 청와대가 있는 것이 아니냐는 강한 의혹이 제기되었다.[61]

---

61) 임영태, 〈제5공화국〉, 『대한민국 50년사 2』(들녘, 1998), 203~205쪽.

장영자 · 이철희 부부가 자금난에 허덕이던 기업에 현금을 빌려주는 대신 받아낸 어음의 총액 7111억 원은 세상 사람들을 경악케 했다. 신군부가 3공화국과 4공화국의 대표적 부정 축재자로 지목했던 10명의 부정 축재액 총액 853억 원도 국민을 놀라게 했는데, 그 열 배 가까운 돈이 한 부부가 벌인 사기행각의 규모였다니 국민이 어찌 놀라지 않을 수 있었으랴.[62]

이철희 · 장영자 사건의 파장은 어마어마했다. 먼저 이철희 · 장영자 부부사건으로 구속된 사람만도 무려 30여 명에 이르렀고, 이들은 은행장 2명을 비롯해 기업체 간부, 전직 기관원, 대통령의 처삼촌에 이르기까지 다양한 분야의 사람들이었다. 또 당시 포항제철의 뒤를 쫓던 업계 2위의 일신제강과 도급 순위 8위였던 건설회사 공영토건은 부도가 났다.

사건이 일파만파로 퍼지자, 81년 5월 장영자의 집에 침입해 물방울 다이아 등 약 1억2천만 원어치의 패물을 훔쳐간 절도범을 추적 끝에 잡아 장영자로부터 개인당 50만 원을 사례비로 받은 경찰관 8명이 옷을 벗기도 했다. 당시 장영자는 이들에게 "얘들 장학금이나 하라"며 50만 원을 지급했다고 하는데,[63] 당시 경력 10년의 교사월급이 25만 원 안팎이었다고 하니, 이들의 씀씀이 규모를 알 만한 일이었다. 사건수사 후, 검찰은 이들 부부가 생활비를 포함해 15개월 동안 약 49억 원을 사용했다고 발표해 국민들의 숫자감각을 마비시켰다. 매일 1089만 원을 사용한 꼴이었다.[64]

---

62) 노재현, 『청와대 비서실 2』(중앙일보사, 1994), 366쪽.
63) 노재현, 위의 책, 370쪽에서 재인용.
64) 노재현, 위의 책, 372쪽. 이 사건으로 이철희 · 장영자 부부는 법정 최고형인 징역 15년에 미화 40만달러, 엔화 8백만엔을 몰수당하고, 추징금 1억6천2백54만6천740원이 선고되었다. 이규광은 징역 1년 6개월에 추징금 1억 원이 선고되었다. 임영태, 〈제5공화국〉, 『대한민국 50년사 2』(들녘, 1998), 203~205쪽.

전두환과 이순자의 분노?

이철희 · 장영자 사건이 터진 후, 당시 안기부장 유학성은 청와대에서 전두환과 독대했다. 그는 이 자리에서 안기부에서 작성한 정보보고서 형식의 건의문을 전두환에서 제출했는데, 그 내용은 주로 이순자를 비롯해 친인척들의 공사(公私)활동을 자제해야 한다는 것으로 채워졌다.[65]

처음에 전두환은 유학성의 이런 충고를 받아들이는 듯했다. 청와대 독대 후, 2일 만에 당시 평통사무차장으로 일하고 있던 김상구가 일신상의 이유를 들어 사표를 제출했고, 당시 대한노인회 회장으로 활동하던 이규동도 동생 이규광이 물의를 빚어 죄송하다는 말을 남기고 물러났기 때문이다.

당시 안기부의 한 관계자는 "권력비호설이 증폭되고 있는 상황에서 친인척 문제에 대해 과감한 조치가 있어야 한다는 게 당시 유부장의 생각이었다"고 말한 뒤, "영부인 문제까지 거론되기 때문에 유부장은 사표까지 함께 낸다는 비장한 결심을 했었다"면서 유학성과 전두환의 "청와대 독대가 이루어진 그날은 우리 부서 전체가 그야말로 초긴장 상태였다"고 말했다.[66]

장영자 · 이철희 부부사건은 청와대 권력구조에도 지각변동을 일으켰다. 수사과정에서 당시 법무부장관 이종원과 검찰총장 정호근이 옷을 벗었고 안기부장 유학성도 사표를 썼다. 민정당 사무총장이었던 권정달도 이 사건으로 물러났다. 무엇보다도 5공 창업의 '일등공신'이었던 정무수석 허화평과 사정수석 허삼수가 이 사건을 계기로 몰락의 길을 걷기 시작했다는 사실은 이 사건이 일으킨 파장의 규모를 짐작케 했다. 허삼수

---

65) 김문, 〈유학성장군〉, 『장군의 비망록: 격동의 현대사를 주도한 장군들의 이야기 2』(별방, 1998), 236쪽.
66) 김문, 위의 책, 236쪽에서 재인용.

와 허화평은 12 · 12 사태 이후 5공초까지 노태우나 정호용 등을 제치고 전두환 다음 갈 정도의 막강한 권세를 누리던 실력자들이었다.[67]

이 둘은 이철희 · 장영자 사건을 철저하게 수사해야 한다고 강력하게 주장하는 것은 물론이거니와 언론보도마저 통제하지 않아서 전두환의 심기를 불편하게 만들었다.[68] 이들은 결국 대통령의 처삼촌을 구속시키는데 결정적인 역할을 수행했다는 이유로 전두환부부의 미움을 사 옷을 벗을 수밖에 없었다.[69]

80년 7월 이 사건을 가장 먼저 포착했던 보안사는 왜 침묵했던 걸까? 당시 보안사령관은 전두환이었다는 점에 주목하는 시각이 있다.[70] 유학성의 한 측근은 이렇게 말한다.

"안기부는 사건이 터지기 1년 전부터 '이 · 장 부부가 대통령의 친척을 팔고 다니며 문제를 일으킨다' 는 내용을 청와대에 보고하고 있었어요. 유부장 본인은 82년들어 사건이 터지고 나서 '영부인(이순자여사)도 자중해야 한다' 고 진언한 뒤 부장직을 떠나게 됐지요."[71]

장영자 · 이철희는 '정치적 희생양' ?

10년 가까이 복역한 장영자와 이철희는 각각 1991년 6월과 1992년 3월에 풀려났는데, 이들은 출소한 후에 자신들은 '정치적 희생양' 이라고 주장했다. 이 사건은 어음사취사건이 아니라 '정치적 사건' 이며, 자신들은 '5공권력의 희생양' 이었다는 것이다.[72] 장영자는 자신들은 부도 한 번

---

67) 노재현, 『청와대 비서실 2』(중앙일보사, 1994), 330~331쪽.
68) 노재현, 위의 책, 369쪽.
69) 노재현, 위의 책, 369~370쪽에서 재인용.
70) 김문, 〈유학성장군〉, 『장군의 비망록: 격동의 현대사를 주도한 장군들의 이야기 2』(별방, 1998), 224쪽.
71) 노재현, 위의 책, 367~368쪽에서 재인용.
72) 김재명, 〈나는 5공권력의 희생양〉, 『월간중앙』, 1992년 6월, 336쪽.

내지 않았는데 "물동이를 지고 가던 여인의 발을 걸어 넘어뜨려 물을 쏟게 했다"는 말도 했다.[73] 이에 관한 『월간중앙』의 장영자(대리인이 간접인터뷰) 인터뷰 내용을 살펴보자.

　－ 그래도 사건 당시 무려 1천6백억 원대의 약속어음이 부도가 나 은행이율보다 높은 2천만~3천만 원짜리 어음을 샀던 숱한 소액 투자자들을 울리지 않았는가..

　"약속어음이란 과연 무엇인가. 현찰이 아니고 문자 그대로 약속일 따름이다. 약속한 날짜에 현금이 지불되지 않았을 때에 한하여 문제가 생겨나는 것이다. 지금도 명확히 그 날짜를 기억하거니와, 82년 4월 29일 우리 부부를 구속할 시점까지도 단 1원 한 장 부도난 일이 없었다. 한마디로 이 사건은 국가적으로나 우리 부부 개인적으로나 불행한 일이었으며, 당초부터 일어나지 말았어야 할 사건이었다. 우리가 사건 당시 운영하던 대화산업은 전무를 비롯한 임직원들도 법정 증언한 바와 같이 전혀 부도가 날 염려가 없는 1인체제 회사였다. 그런데 우리 둘을 갑자기 구속하여 문제가 발생한 것이다."[74]

　－ 이 사건이 정치적 사건이라면 어떤 동기에서 비롯됐다고 판단하는가.

　"이 물음에 대해선 기억을 더듬을 필요가 있는데, 당시 우리 사회에는 두 가지 중요한 사안이 있었다. 하나는 난데없이 우순경이란 사람이 경남 의령에서 양민에게 총질을 하여 수많은 사람을 죽였고, 그래서 그런 경찰, 그런 5공정권에 대한 민심이 극도로 흉

73) 노재현, 『청와대 비서실 2』(중앙일보사, 1994), 371쪽에서 재인용.
74) 김재명, 〈나는 5공권력의 희생양〉, 『월간중앙』, 1992년 6월, 337쪽.

흉했던 게 사실이다. 권력의 핵심부에서는 민심을 무마할 대안을 찾기 위해 부심하였을 것이다. 다른 하나는 당시 전대통령의 장인이요, 이순자 여사의 부친인 이규동씨가 모기업(명성그룹)의 뒤를 봐주고 있다 해서 이른바 친인척 문제로 사회가 들끓고 있었고, 그 기업이 곧 입건된다는 소문이 증권가에 파다했다. 경찰은 양민에게 총을 쏘고, 국민들은 대통령 친인척 문제를 떠들고 ……. 그러니 정치적으로 무슨 조치가 필요했을 것이다. 우리는 그 정치적 희생양이다."[75]

– 옥살이하고도 1천억 원 부동산 재벌이 됐다는 세상 사람들의 묘한 시선에 대해선 어떻게 생각하는가.

"그같은 말은 어처구니가 없는 것이다. 세상에서 거론하고 있는 부동산은 이 사건 이전에 갖고 있던 것이요, 설령 땅값이 올라 돈이 되었다 한들 이게 무슨 우리 부부 두 사람의 부도덕한 행위에 한 것인가? 잘못이 있다면 당국의 부동산정책에 잘못이 있는 것이지, 우리의 잘못이 아니다. 우리는 억울하게 10년이나 옥살이를 한 사람이다. 생각해보라. 5, 6년 전 2백~3백원 하던 갈치 한 마리 값이 지금은 2천~3천원 한다. 갈치값이 열 배 올랐는데, 그게 어디 갈치 죄인가. 갈치값을 지키지 못한 물가의 죄가 아니겠느냐."[76]

"정의사회구현 좋아하네"

장영자의 주장에 동의할 수 없다 하더라도 가장 큰 죄가 5공정권에게

---

75) 김재명, 〈나는 5공권력의 희생양〉, 『월간중앙』, 1992년 6월, 338쪽.
76) 김재명, 위의 글, 343쪽.

있다는 건 분명했다. 이 사건으로 5공정권의 도덕성은 땅에 떨어졌고 국민은 분노했다. 5공정권의 구호를 빗대어 "정의사회구현 좋아하네"라는 말이 떠돌았다.

전두환은 민심을 달래기 위해 두 차례의 개각과 82년 5월 민정당 당직개편을 단행했지만, 국민들의 분노는 가라앉지 않았다. 그러나 그들에게 그 분노를 표출할 방법은 없었다. 사석에서의 블랙 유머로 대처하는 게 고작이었다.

> "대통령이 시골에 가서 모내기에 열중하던 노인에게 '내가 누구요'라고 물었다. 그 노인은 흘끗 쳐다보더니 '이주일(코미디언)이요'라고 대답했다. 화가 난 대통령은 며칠 후 노인을 청와대로 초청했다. '여기가 어디요'라고 대통령이 묻자 노인이 이번에는 '초원의 집(이주일씨가 출연하던 업소 이름)이요'라고 대답했다더라 ……"는 유의 농담들이 유행했다.[77]

---

77) 노재현, 『청와대 비서실 2』(중앙일보사, 1994), 372쪽.

금융실명제 파동

사회분위기 쇄신을 위한 7·3 조치

장영자·이철희 사건은 경제정책에까지 여파를 미쳐 6·28조치와 7·3조치를 낳게 했다.

정부는 1982년 6월 28일 금리인하 조치를 취했다. 금리를 4% 내리고 법인세율을 20%로 낮춘다는 내용이었다. 이 조치는 물가안정에 대한 자신감(81년에 21.6%였던 소비자물가 상승률이 82년에는 불과 7.1%를 기록)과 이자율을 대폭 낮춤으로써 정책금융의 금리와 실질적으로 같게 하여 특혜 금융제도를 없애려는 취지의 동기가 작용한 것이기도 했지만, 장영자 사건으로 인해 뒤숭숭한 사회분위기를 쇄신하려는 의도가 강하게 개입된 것이었다.

뒤이어 7월 3일에 나온 금융실명제 실시 발표(7·3조치)도 그런 의도의 연장선상에서 이루어진 것이었다. 이는 '전두환의 경제 가정교사'로 불리던 경제수석비서관 김재익과 재무부 장관 강경식이 전두환을 설득하여 이루어진 것이었는데, 강경식은 후일 "이·장 사건 때문에 금융거래 실명제를 적극 추진할 수 있었다"고 말했다.[78]

7월 3일 정부는 "1년 뒤인 83년 7월 1일부터 실명제를 실시한다"며 "모든 금융거래를 실명으로 하고 금융소득에 대해 종합과세를 하겠다. 1인당 3천만 원까지의 금융자산은 처음부터 출처를 문제삼지 않겠지만, 3천만 원을 넘는 실명 아닌 금융자산은 5%의 과징금을 내야만 출처조사를 면제해주겠다"고 발표했다.[79]

기준을 왜 3천만 원으로 삼았을까. 그 이유는 비실명 금융자산 중 95%는 3천만 원 이하짜리였기 때문이었다. 그러니까 금융실명제 실시로 피해를 볼 당사자들은 지하경제의 5%에 해당하는 금액을 소유한 이들이었다. 물론 불과 5%에 불과했지만, 이 금액이 지하경제의 실질적인 지배자였다.[80]

실명제는 정권을 무너뜨린다?

7·3조치 발표 이틀 후인 7월 5일 청와대 수석회의에서 전두환은 이렇게 말했다.

"83년부터 실시되는 실명거래는 혁명적이다. 이것이 성공하면 선진국 대열의 의식구조를 갖추게 된다. 7·3조치에 따른 충격을 최소화할 수 있도록 각종 정보보고와 도출되는 문제점들은 경제수석에게 주어라. 이미 취해진 조치는 긍정적으로 이해시켜야 하며 반드시 추진해서 성공시켜야 한다."[81]

---

78) 노재현, 『청와대 비서실 2』(중앙일보사, 1994년 초판 6쇄), 372~373쪽에서 재인용.
79) 노재현, 위의 책, 373쪽에서 재인용.
80) 노재현, 위의 책, 373쪽.
81) 백완기, 〈경제자율화의 기수: 김재익론〉, 이종범 편, 『전환시대의 행정가-한국형 지도자론』(나남출판, 1994), 197쪽 재인용.

그러나 여당 정치권을 포함하여 다른 측근들은 강하게 반발했다. 이들은 금융실명제를 실시하면 정권이 무너진다고 생각했다.[82] 정부의 금융실명제 시행발표에 가장 충격을 받은 곳은 여당인 민정당이었다. 전두환의 육사 동기생으로 당시 민정당 사무총장이었던 권익현은 7월 3일 발표가 나온 지 12일 후인 15일, "정부의 실명제 방안은 충분한 검토와 보완이 필요하다"고 반대의견을 냈다.[83]

민정당이 이렇게 반대하고 나서자, 이미 전두환의 재가가 난 사안이었지만 청와대 비서실도 금융실명제 반대 쪽으로 돌아서기 시작했다. 결국 민정당의 강력한 반대와 청와대 비서실의 변심으로 인해 전두환은 이미 결정한 정책을 번복하지 않을 수 없었다.

민정당의 한 인사는 청와대와 여당 사이의 힘겨루기 과정에서 "전두환 대통령도 대여섯 차례나 태도가 바뀌었을 정도로 고심에 고심을 거듭했다"고 증언했다.[84]

당시 실명제를 반대했던 이들은 정치자금을 마련할 수 있는 손쉬운 방법이 사라짐으로써 "실명제를 한다는 것은 곧 정권을 내놓는 것을 의미"한다고 전두환을 설득했다.[85]

82년 10월 29일 중앙청 후생관에서 열린 청와대와 민정당 간의 당정협의회에서 금융실명제를 유보하기로 최종 결정하였다. 결국 금융실명제는 발표된 후 5개월 동안 진통을 거듭하다가 "86년 1월 1일 이후 대통령이 정하는 시기에 행한다"는 단서를 단 법안이 국회를 통과함으로써 사실상 물거품이 되고 말았다.[86]

---

82) 백완기, 〈경제자율화의 기수: 김재익 론〉, 이종범 편, 『전환시대의 행정가-한국형 지도자론』(나남출판, 1994), 195~198쪽.
83) 노재현, 『청와대 비서실 2』(중앙일보사, 1994년 초판 6쇄), 375쪽에서 재인용.
84) 노재현, 위의 책, 373쪽에서 재인용.
85) 노재현, 위의 책, 376쪽에서 재인용.
86) 노재현, 위의 책, 378쪽에서 재인용.

명성사건과 영동진흥개발사건

1년여 후 비슷한 대형 금융부정사건이 발생한 건 당연한 귀결이었는지도 모를 일이었다. 명성사건이 바로 그것이었다. 명성그룹은 78년부터 레저타운 콘도 분양으로 큰 돈을 벌기 시작해 사업이 최고조에 달하던 82년 직원이 3천여 명이 될 정도로 성장한 신흥기업이었다.[87] 명성그룹 회장 김철호는 1983년 7월 31일자 국내 일간지 각 1면에 광고로 "강호 제현께 알리는 말"을 통해 국세청 세무조사로 명성그룹이 어려움을 겪고 있다고 호소했다. 이 일이 결정적으로 국세청의 비위를 건드렸는지는 알 수 없으나 어쨌든 이때부터 일사천리로 수사가 이루어져 약 보름 후인 8월 17일에 사건의 전모가 세상에 알려지게 되었다.

정부의 발표에 따르면, 김철호는 1979년 4월부터 상업은행 혜화동지점 대리인 김동겸을 통해 은행예금을 부정하게 빼내어 기업확장에 사용해 21개의 기업을 거느린 명성그룹의 회장이 되었다. 김철호는 원리금도 상환하지 않은 채 1066억 원에 달하는 거액을 횡령했고 46억 원이나 탈세한 것으로 발표되었다.

1983년 12월 28일 선고공판을 통하여 김철호는 탈세혐의로 벌금 92억 3천만 원에 징역 15년형을 언도받았다. 1984년 8월에 벌금은 79억 3천만 원으로 깎였지만 1280평의 명성 소유 땅 대부분이 한화로 넘어갔다.[88]

이 사건으로 전 교통부장관 윤자중은 징역 7년에 추징금 8천만 원, 김동겸은 징역 12년을 선고받았다. 당시 세간에는 전두환의 장인 이규동(대한노인회 회장)과 김철호의 관계에 대해 여러 이야기들이 떠돌았는데,

---

87) 김무정, 〈명성 성쇠 주님 뜻에 달렸어요〉, 『국민일보』, 1999년 3월 30일, 23면.
88) 이위재, 〈김철호 회장 "꿈이여, 다시 한번"〉, 『주간조선』, 1999년 5월 27일, 15면.

후일 김철호는 명성사건이 이러한 소문을 잠재우기 위한 전두환의 '표적 수사'였다고 주장했다.[89)]

또 1983년 10월에는 조흥은행 중앙지점 직원들과 영동개발진흥이 짜고 어음 부정보증을 하는 방법으로 1019억 원을 빼낸 '영동개발진흥사건'이 일어났으며, 이 사건으로 이복례 회장 모자와 조흥은행장 이헌승 등 29명이 구속되었다.[90)]

'정의사회구현'이라는 5공의 표어는 날이 갈수록 사기 문구가 되어갔다.

89) 임영태, 〈제5공화국〉, 『대한민국 50년사 2』(들녘, 1998), 205쪽. 김철호는 1993년 3월에 특별사면으로 풀려났으나 그 이후에도 여전히 명성그룹사건이 터지게 된 영문을 알지 못하겠다고 주장했다. 당시 쟁점은 한빛은행(당시 상업은행) 혜화동지점 대리 김동겸을 통해 조달한 사업자금이 예금이냐 사채였나 하는 것이었다. 검찰은 예금으로 간주했지만 대법원은 1987년에 이 돈은 사채라는 판결을 내렸다. 이로써 같은 사건을 두고 민·형사 판결이 엇갈린 셈이 되었다. 김철호는 98년에 다음과 같이 주장하기도 했다. "당시 전두환정권에 의해 몰수당한 부동산만도 전국에 산재한 1230만평에 달한다. 이는 1조가 넘는 자산가치를 가지고 있다. 이에 대해서는 모두 되찾을 계획이다. 이는 개인적인 욕심이 아니라 한국의 관광레저산업을 주도할 기업이 필요하고 명성이 이를 주도해야 한다는 생각에서다." 한정곤, 〈'레저 왕국' 신화재창조 의욕 불태우는 김철호 명성그룹 회장〉, 『일요서울』, 1998년 1월 25일, 63면; 이위재, 〈김철호 회장 "꿈이여, 다시 한번"〉, 『주간조선』, 1999년 5월 27일, 15면.
90) 임영태, 위의 책, 205쪽.

'양파사건'과 새마을운동

새마을운동의 정치도구화

1980년 여름 국보위가 통과시킨 '새마을운동조직육성법'에 근거해 그 해 12월 내무부로부터 사단법인으로 인가를 받은 새마을운동중앙본부가 창립되었다. 새마을운동의 초창기부터 십여년간 지도자 역할을 해왔던 김준이 연수원장과 본부회장을 겸직하였다. 그러나 더욱 중요한 인사는 한 달 후에 이루어졌다.

81년 1월 전두환은 38세의 아우 전경환을 새마을운동중앙본부의 사무총장 직위에 앉혔다. 전경환이 '실세'로서의 영향력을 발휘하게 되면서 중앙본부는 점차 사조직화되었고, 이에 따라 새마을운동 본류 간부 및 순수 새마을운동 출신들과의 갈등이 심화되었다.

전두환은 5공화국 정부의 국정지표를 담당하고 국민들을 훈육시키기 위한 도구로써 새마을 운동을 활용하려 하였다. 전두환은 "새마을운동은 민주복지국가를 건설하는 운동으로 국민정신 개혁운동"이라고 주장하였으며, "새마을운동은 국민조직화의 중추적 역할과 의식개혁운동의 선도적 역할을 담당해야 하며 이제는 사회지도층이 이 운동에 적극 참여하여야 할 단계에 와 있다"고 역설하였다. 이처럼 전두환은 농촌운동이라기보다는 '국민동원 조직화의 도구' 로써 새마을운동의 성격을 재규정하였던 것이다.

중앙본부는 1983년에 접어들어 새마을지도자 연수원을 직속 연수원으로 흡수, 통합하려는 움직임을 본격화하였다. 1983년 12월 '새마을지도자 연수원 설치법' 폐지로 연수원은 중앙본부로 통합되었으며, 연수원 통합 13일 뒤 김준은 연수원장과 본부회장직을 사임하였다. 이후 새마을운동은 전경환에 의한 무리한 사업확장과 정실주의 인사의 남발로, 외형적 비대와 정신적 황폐의 모순된 길로 나아갔으며, 농촌은 안중에도 없는 정치조직으로 변모하게 되었다.[91]

5공의 새마을운동은 사실상 농촌을 황폐화시키는 데 일조하는 운동이었다. 새마을운동중앙본부는 농촌의 어려움을 완전히 외면한 채 농촌을 미화하는 여론조작이나 일삼으면서 스스로 비리의 온상이 되어 정치자금 수금과 같은 엉뚱한 일에만 매달렸기 때문이다.[92]

『전원일기』에 대한 탄압

그런 와중에 죽어나는 건 농촌이었지만, 그 실상은 제대로 알려지지 않았다. 아니 알려질 수가 없게 돼 있었다. 언론이 은폐하거나 왜곡보도를 자행했기 때문이다. 1982년 가을에 일어난 속칭 '양파사건' 은 5공의 그런 여론조작이 얼마나 집요한 것인지를 잘 말해주었다.

---

91) 박종민, 〈새마을운동의 정신적 지주: 김준론〉, 이종범 편, 『전환시대의 행정가-한국형 지도자론』(나남출판, 1994), 152~157쪽; 마에다 야스히로, 이웃 편집부 옮김, 『격동하는 한반도』(이웃, 1989), 73~76쪽.
92) 마에다 야스히로, 위의 책, 73~76쪽.

당시 전국 농가에선 양파 경작초과로 밭에서 작물이 썩어가고 있었으며, 함평군에선 한 농민이 자살까지 했다. MBC-TV『전원일기』가 이 문제를 다뤘다가 호된 봉변을 당한 게 바로 '양파사건'이다. 오명환은 이걸 다룬 『전원일기』가 "경천동지(驚天動地)의 날벼락처럼 정부일각을 흔들었다"며 다음과 같이 말한다.

"당국을 자극한 것은 이 참담한 농가 비극을 정면에서 상징하는 장면이었다. 양파농사에 파경을 당한 한 농민이 구덩이를 파고 양파를 묻어버리면서 쏟아낸 원망과 격분의 자탄 장면이 아프게 다가왔다. 이 장면은 '드라마마저 농정실책을 공격하고 전농민의 사기를 일거에 무너뜨린 있을 수 없는 일'로 비화되어 농수산부를 위시한 다섯 군데의 기관에서 일제히 몽매를 들고 나섰다. 작가(김정수), 연출(김한영)의 신원조회와 행적조사, 그리고 며칠간의 거처제한이 발동되었고 기획의도와 저의를 추궁당했다. 제작진의 배후에 온건치 못한 집단과의 접촉 여하까지 체크되었다."[93]

농촌에서 시작된 TV시청료 거부운동

TV가 할 수 있는 일은 오직 '태평성대'를 노래하는 것뿐이었다. 그래서 TV의 왜곡보도는 특히 농촌보도에서 극에 달했다. TV는 황폐화된 농촌을 풍요롭게 보도하느라 혈안이 돼 있었다. 그래서 농민들은 모이기만 하면 "울화통이 터져서 못살겠다" "세상에 거짓말을 해도 분수가 있지, 그렇게 지껄일 수가 있어" 하는 분노와 한탄을 쏟아내곤 했었다.[94]

농촌은 늘 모내기와 추수때만 TV보도의 각광을 받았다. 어느 곳에선

---

93) 오명환, 『텔레비전 드라마 사회학: 현대 드라마 영상언어와 해법을 위하여』(나남, 1994), 341~342쪽.
94) 윤재걸, 〈KBS의 편파성을 해부한다〉, 『신동아』, 1986년 5월, 212~242쪽.

아직 익지도 않은 벼를 베어야만 했다. 농촌이 이렇게 풍요롭다는 TV보도를 위해서! TV의 왜곡보도로 인해 황폐화된 농촌이 일시에 풍요한 농촌으로 탈바꿈하니, 농민들이 그런 발칙한 TV를 어찌 곱게 생각할 수 있었겠는가.

참다못한 농민들이 소리를 내기 시작했다. 감히 정권에 도전할 수는 없어서 TV만을 문제삼는 운동을 택하게 되었는데, 그게 바로 TV시청료 거부운동이었다. 이 운동은 1982년부터 전남 강진과 무안, 함평, 구례를 비롯해 전북 부안, 임실, 고창, 완주, 김제 등에서부터 일기 시작했다. 아직은 본격적인 운동이라고 할 수는 없었지만 점차 시간이 흐르면서 불이 붙기 시작해 80년대 중반엔 범국민운동으로 확산되었다.

제4장

'땡전뉴스'가 대변한
'전두환 공화국'

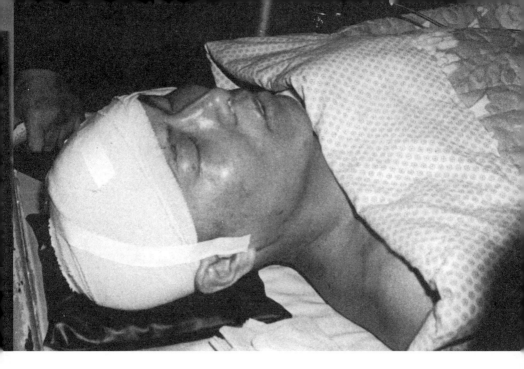

이산가족찾기 방송

453시간의 생방송

1983년 6월 30일 밤 10시 15분부터 KBS-1TV를 통해 특별 생방송된 『이산가족을 찾습니다』는 세계적으로 그 유례를 찾아보기 어려운, 비극적인 역사를 갖고 있는 한국에서만 가능할 수 있었던 그런 프로그램이었다. 11월 14일까지 138일간 총 방송시간은 모두 453시간 45분이었으며, 방송기간 동안 방송 신청자 10만952명 중 5만3536명이 출연해서 1만189명이 상봉하는 대기록을 세웠다.

이 프로그램은 원래 95분 가량의 분량으로 기획된 것이었다. 그러나 이산가족 150명을 초청한 방청석에 무려 1천 명이 넘는 이산가족이 몰려들었고, 방송 도중에는 방송사 업무가 마비될 만큼 전화가 폭주하는 사태가 벌어졌다.[1] 이날 KBS는 새벽 1시까지 예정되어 있던 방송시간을

---

1) 안국정, 〈이산가족찾기 생방송〉, 「조선일보」, 1999년 9월 15일, 23면.

새벽 3시까지 늘려 연장 방송했다. 4시간 15분 동안 진행된 생방송에는 총 850가족이 출연해 36가족이 혈육 상봉의 기쁨을 누렸다.

이튿날 KBS 본관 앞에는 날이 밝기도 전부터 1만여 명의 이산가족이 몰려들었다. 이에 KBS는 연장방송을 결정했는데, 7월 1일의 이산가족 찾기는 다음날 새벽 5시까지 생방송되었다. 이렇게 새벽 5시까지 방송을 한 것은 한국방송 역사상 처음 있는 일이었다.[2]

KBS는 7월 1일 '이산가족찾기추진본부'를 긴급 설치해, 방송시간도 대형 편성으로 바꾸었다. 7월 1일에는 8시간 45분, 7월 2일에는 14시간의 생방송이 이어졌는데, 이날 하루에 재회의 기쁨을 나눈 이산가족이 3백여 쌍이 되었다.[3]

이산가족찾기 방송이 전국을 강타하자 KBS는 7월 3일부터는 아예 뉴스도 드라마도 뺀 채 하루종일 이산가족찾기를 방송했다. KBS와 대한적십자사는 매일 이산가족찾기 명단이 실린 호외를 발행했고, 생방송 3일째부터는 신문들도 이산가족찾기 열풍을 1면 머릿기사로 내보내기 시작했다.

세계 방송역사상 유례가 없는 가장 긴 방송이라 할 수 있는 『이산가족 찾기 특별 생방송』은 국제적으로도 큰 화제가 되었다. AP · UPI · 로이터 · AFP 등 세계 4대통신과 각국의 일간지 · 방송사는 서울발 특파원 기사를 크게 다루었고, 방송의 열기가 더해감에 따라 대규모 취재반을 서울에 파견하기도 했다. 미국의 ABC방송은 인공위성을 통해 이산가족 상봉 장면을 중계하기도 했다.[4]

---

2) 장사국, 〈분단 아픔 재회 기쁨…4천만이 울었다〉, 『스포츠서울』, 1999년 12월 15일, 19면.

3) 장사국, 위의 글.

4) 장사국, 위의 글. 『이산가족 찾기 특별 생방송』은 1983년 9월에 열린 제6차 세계언론인대회에서 '1983년의 가장 인도적인 프로그램'으로 선정되었고, 1984년에는 세계평화협력회의에서 방송기관으로서는 처음으로 '골드 머큐리애드 오서렘상'을 수상하였다. 최창봉 · 강현두, 〈컬러 방송 시대의 개막〉, 『우리방송 100년』 (현암사, 2001), 287~291쪽.

'누가 이 사람을 모르시나요'

이산가족 상봉의 최대 공신은 컬러TV였다. 사실, 그 이전에도 신문사
나 관련기관에서 이산가족찾기 행사를 벌인 적이 있었다. 그러나 활자매
체의 한계와 세월의 무게로 인해 잊혀진 기억, 그리고 이산가족들의 포
기 등 여러 가지 이유가 복합적으로 작용해 아무런 결실을 거두지 못하
다가, 얼굴의 작은 점 하나까지 잡아내는 컬러TV 수상기의 급격한 보급
에 힘입어 메가톤급 감동을 터트린 것이다.[5] 장사국은 이산가족찾기의
풍경을 다음과 같이 묘사했다.

진행을 맡았던 유철종, 이지연 아나운서는 단숨에 인기스타가
됐다. 이산가족들이 서로를 확인하며 울부짖던 "맞다, 맞아"는 그
무렵 최대의 유행어였다. 10만 장의 벽보가 붙은 KBS 본관 건물
벽은 마치 예루살렘의 '통곡의 벽'을 연상케 했다. 기막힌 사연도
많았다. 어릴 적 이름을 정확히 기억하지 못해 애태우다가 엉덩이
에 있는 반점 하나로 혈육임을 확인한 사람. 서로 가족을 찾으려
고 방청석에 나란히 앉아 있다가 만난 남매. 어떤 쌍둥이 형제는
KBS현관에서 우연히 만나 한눈에 서로를 알아보기도 했다. 그런
가 하면 "맞다. 맞아" 하며 한참을 얼싸안고 울다가 신상명세가
틀린 것을 알고 "어, 아닌데?" 하며 멋쩍게 돌아서는 해프닝도 있
었다. 어떤 노인은 TV를 보다가 흥분해 쓰러졌고 어느 실향민은
가족을 만날 수 없는 처지를 비관해 스스로 목숨을 끊기도 했다.
20년 전에 발표된 곽순옥의 노래 〈누가 이 사람을 모르시나요〉가
'이산가족 주제가'처럼 인기를 끌었고 무명가수 설운도는 〈잃어

---

5) 장사국, 〈분단 아픔 재회 기쁨…4천만이 울었다〉, 『스포츠서울』, 1999년 12월 15일, 19면.

이산가족찾기 방송은 세계적으로 그 유례를 찾아보기 어려운, 비극적인 역사를 갖고 있는 한국에서만 가능한 것이었다. 잃어버렸던 가족을 찾게 된 이산가족들의 울부짖는 장면은 시청자들에게 가슴 저미는 슬픔과 함께 벅찬 감동을 안겨주었다. 그런 힘을 갖고 있는 TV가 80년 5월 광주학살의 현장엔 없었다는 것이 우리들의 가슴을 더욱 아리게 한다.

버린 30년〉으로 데뷔하자마자 스타덤에 올랐다.[6]

이산가족 상봉의 비극적인 장면은 동족상잔과 그로 인한 분단의 비극

6) 장사국, 〈분단 아픔 재회 기쁨…4천만이 울었다〉, 『스포츠서울』, 1999년 12월 15일, 19면.

을 안고 있는 한국에서만 가능한 것이었다. 『토요신문』은 그 비극적인 장면의 일부를 이렇게 묘사했다.

> 피난 와중에 부모의 손을 놓쳐 천애 고아가 된 뒤 식모살이를 하며 어렵게 살아온 중년 여자가 가족을 찾은 뒤 "왜 나만 버렸느냐"며 울부짖자 칠순이 넘은 고령의 모친이 충격에 못 이겨 공개홀에서 실신하는 소동이 벌어졌고, 이 와중에 방송 진행자마저도 목이 메어 방송이 잠시 중단되는 사태를 맞기도 했다. 3살 난 딸을 데리고 30년을 수절하다가 느지막히 재혼한 부인이 천신만고 끝에 남편을 찾았으나, 남편 역시 재혼한 상태여서 전쟁의 비정함만을 곱씹으며 발길을 돌린 딱한 사연도 있었다. 이 사연은 "헤어진 혈연은 다시 결합할 수 있으나, 헤어진 부부는 이미 남남이다"는 정설을 만들어내기도 했다.[7]

전국을 눈물 바다로 만든 드라마

전국민의 53.9%가 이 프로그램을 새벽 1시까지 본 적이 있으며 88.8%가 눈물을 흘렸다고 대답했다.[8] 손수건 없이 볼 수 없게끔 전국의 안방을 눈물 바다로 만들었던 이 '드라마'를 기획했던 KBS 기획제작1부장 안국정은 이렇게 말했다.

"처음엔 이런 이산가족상봉 프로그램이 잘될 수 있을까 걱정을 했다. 과연 한 사람이라도 만날 수 있겠느냐 하는 것이었다. 하지만 6월 30일 밤 10시 15분에 『스튜디오 830』의 확대방식으로 120분짜리 프로그램이

---

7) 전미숙, 〈'누가 이 사람을 모르시나요' : 오열…비탄… 연출 없는 '휴먼드라마'〉, 『토요신문』, 1995년 4월 22일, 25면.
8) 이대현, 〈남북이산가족찾기는 컬러TV연출 최대작〉, 『한국일보』, 1999년 10월 19일, 17면.

나가기 시작하면서 완전히 세상이 바뀌어버렸다. KBS 중앙홀에 설치된 접수대에는 상봉신청이 쇄도했고 밤 11시쯤에는 벌써 중앙홀이 거의 꽉 찼다. 12시 15분에 끝내야 할 방송을 끝낼 수가 없어 긴급 대책회의가 열렸는데, 일단 새벽 2시 30분까지 하고 이튿날 다시 하기로 했다. 이 첫날 4시간 동안에만 몰려든 신청자가 2천여 명에 달했다."[9]

이 프로그램의 원래 기획 아이디어는 KBS 사장 이원홍에게서 나왔다. 이에 대한 안국정의 말을 들어보자.

"83년 6월 어느날, 이원홍 당시 KBS 사장이 기획제작1부장이던 나를 방으로 불렀다. 그는 낙동강 전투에 참여한 옛 전우들의 재회를 다룬 6·25 특집생방송 『낙동강 1300리』를 잘 만들었다고 한참 칭찬하더니, 한 가지 주문을 했다. '남북이산가족도 그런 방식으로 TV를 통해 만나보도록 하면 어떨까?' 뜻밖의 주문이었다. 몇몇 소집단의 경우라면 몰라도 몇십만, 몇백만에 달할지 모를 이산가족들을 TV를 통해 만나게 한다는 것은 당시로서는 기상천외한 발상이었다."[10]

이원홍은 일종의 반공(反共) 프로그램으로서 그런 아이디어를 냈던 건지도 모르겠다. 그 어떤 프로그램이건 오직 정권안보에 해가 가지 않는 한에서만 가능했기 때문이다. 출연자들이 잃어버렸던 가족을 찾게 돼 울부짖는 장면은 시청자들에게 가슴 저미는 슬픔과 함께 벅찬 감동을 안겨주었지만, 80년 5월 광주학살의 현장엔 TV가 없었다.

---

9) 허용범, 〈이산가족찾기 생방송: 석 달 열흘 동안 전국민을 울리고 감동시킨 특종 기획, 특종 드라마〉, 『한국 언론 100대 특종』(나남출판, 2000), 232~233쪽에서 재인용.
10) 안국정, 〈이산가족찾기 생방송〉, 『조선일보』, 1999년 9월 15일, 23면.

대도(大盜) 조세형 탈주극

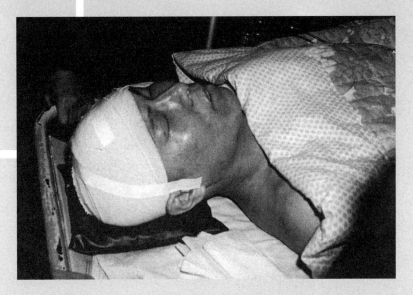

1983년, 총상수술을 마친 후 백병원 지하통로를 통해 서울구치소로 옮겨지는 탈주범 조세형.

    1983년 4월 15일, 신고를 꺼리는 유명인사와 부유층의 집만을 골라 6개월 동안 10여 차례에 걸쳐 5억 원대의 금품을 털다 붙잡힌 대도(大盜) 조세형(39세)이 무기징역과 보호감호 10년의 구형을 받고 대기중이던 법원 내 구치소의 환풍기를 뜯고 옆집 지붕을 타고 도주하는 사건이 일어나 세상을 떠들썩하게 만들었다.

    조세형은 전쟁고아로 청소년 시절은 남의 물건을 훔치는 것으로 대부분의 시간을 보내면서 소년원을 20차례나 드나들었고 82년에 세간에 알려지기 전까지 교도소를 6차례 들락거렸지만, 고위층과 부유층을 상대로 훔친 보석류와 현금, 수십억 원대의 기업어음(CP) 중 일부를 어려운

사람들에게 나눠줘 '대도'(大盜)인 동시에 '의적'(義賊)으로 불리기까지 했다.[a]

조세형은 탈주 119시간 만인 4월 19일 오전에 시민의 신고로 붙잡히긴 했지만 한동안 수많은 화제를 만들어냈다. 그가 훔친 5.7캐럿짜리 '물방울 다이아몬드'는 주인이 밝혀지지 않아, 급기야 국회에서 야당의원들이 조세형에게 털린 사람들의 피해액을 사실대로 발표하라고 추궁하기에까지 이르렀다.[b]

얼마 후엔 이 사건으로 인해 부총리 김준성의 도난품이 5억여원이나 되며 집안에 각종 호화가구, 귀금속, 사치품이 있다는 사실이 알려지면서 조세형을 둘러싼 화제는 그칠 줄 몰랐다. 조세형이 붙잡힌 걸 아쉬워하는 사람들도 적지 않았다.[c]

---

a) 김희영, 〈파란만장한 삶 조세형〉, 『스포츠서울』, 2001년 1월 6일, 33면.

b) 조선일보사, 『조선일보 칠십년사 제2권』(조선일보사, 1990), 1580~1581쪽.

c) 조세형은 1988년 11월에 출감 후 늘빛 선교회를 만들어 재소자 교화활동을 하는 등 신앙인으로 모범적인 생활을 해온 것으로 세인들에게 알려졌으며 2000년 2월에는 16세 연하의 여성사업가와 가정을 꾸려 아들도 하나 낳았다. 그러나 조세형은 2000년 11월 24일 도쿄시내 고급 주택가에서 절도행각을 벌이다가 일본 경찰에 붙잡혔다. 한국에는 이 사실이 2001년 1월초에 알려져 내심 그에 대해 동정적이던 사람들에게 큰 충격을 주었다. 김희영, 〈파란만장한 삶 조세형〉, 『스포츠서울』, 2001년 1월 6일, 33면; 조현석, 〈'대도' 조세형 일본서 절도행각〉, 『스포츠서울』, 2002년 1월 6일, 33면.

김대중-김영삼 8 · 15공동선언

김영삼의 23일간 단식

80년 국보위 정치쇄신위원회에 의해 정치활동이 가로막혔던 기존 정치인과 사회인사들에 대한 정치활동 규제는 83년을 고비로 풀리기 시작했다. 5공정부는 시간을 두고 나눠서 해금조치를 단행했는데, 첫번째로 1983년 2월 25일 250명에 대한 규제가 풀렸다.[11] 그러나 김대중과 김영삼을 비롯한 반정부적인 주요 정치인들은 여전히 정치정화법에 묶이거나 망명과 구속, 그리고 연금 등의 상태에 놓여 있는 상황이었다.

이런 상황에서 김영삼은 5 · 18광주민주화운동 3주년을 기하여 단식을 시작했다. 김영삼은 단식에 앞서 〈국민에게 드리는 글〉을 발표해 ① 구속인사의 전원 석방과 전면 해금 ② 해직교수 및 근로자 · 제적학생

---

11) 84년 2월 25일엔 202명이 해금되었고, 12대 총선이 끝난 직후인 85년 3월 6일 정치활동 규제조치가 전면 해제되었다.

의 복직·복교·복권 ③ 언론자유 ④ 개헌 및 국보위 제정법률의 개폐 등을 요구했다.[12]

전두환정권은 김영삼의 단식투쟁이 갖는 정치적 의미를 간파하고 음식 냄새를 풍겨 김영삼을 유혹하려고 했다. 이에 대해 김영삼은 다음과 같이 말한다.

"전두환정권은 내가 단식을 중단하도록 온갖 수단을 다 썼다. 불고기, 생선 등 맛있는 음식상을 차려와 내 병상 앞에 갖다놓고 냄새를 풍기도록 했다. 나는 '그 따위 비열한 짓 하지 말고 당장 가져가라!'고 고함을 쳤다. 그들은 다음 식사 때까지 음식을 그대로 놓아두었지만 나는 돌아보지도 않았다."[13]

김대중의 미국내 시위투쟁

이 무렵 미국에 망명중이던 김대중도 한국인권문제연구소를 워싱턴에서 열고 미국과 캐나다 등지를 순회하면서 강연회를 열고 본격적인 대정부 비판활동에 나서기 시작했다.[14] 김대중은 김영삼의 단식투쟁을 지지하는 성명을 발표하였다.

"정부는 김영삼씨의 투쟁이 한국의 소리를 대표하는 것으로 인식하고 상응한 조치를 취하라. 김씨의 단식을 국민에게 알려라. 미국은 한국에서 민주회복 없이는 한국의 안전보장을 기대할 수 없음을 알아야 한다."[15]

---

12) 김삼웅, 〈1983/김대중-김영삼 8·15 공동선언〉, 『사료로 보는 20세기 한국사: 활빈당선언에서 전·노 항소심판결까지』(가람기획, 1997), 368~369쪽.

13) 김영삼, 〈칠흑의 시대 새벽을 열다〉, 『김영삼회고록-민주주의를 위한 나의 투쟁 2』(백산서당, 2000), 264쪽.

14) 김대중은 1982년 12월 23일 형집행정지 상태에서 2년 7개월간의 감옥생활 끝에 신병 치료차 미국으로 떠났다. 김대중의 미국 출국은 이미 1년여 전에 사실상 짜여진 한미 양국 정부의 암묵적인 사전 각본에 따른 것이었다.

이어 김대중은 미국에서 '김영삼총재 단식투쟁 전미비상대책위원회'를 발족시켰고, 6월 4일 워싱턴 집회에 참석해 교포들과 함께 '김영삼씨를 구출하라'는 플래카드를 목에 걸고 한국 대사관에서 시작해 미국무성과 백악관에 이르는 길을 따라 데모행진을 벌였다. 그리고 6월 9일 김대중은 『뉴욕타임스』에 김영삼 총재의 단식이 한국민주화의 전기를 마련했다면서 이렇게 썼다.

"한국에서의 김영삼씨의 단식투쟁과 그후 전개된 일련의 사태는 중요한 정치적 의미를 내포하고 있다. 그의 행동은 전두환정권과 피정치규제자들 간에 처음으로 벌어진 공개적 대결이라는 의미를 갖는다. 더 나아가서 이 사건은 야당정치인, 종교인, 지식인, 학생들을 포함한 재야세력을 연합시키는 촉매제 역할을 했다."[16]

실제로 23일간 이루어진 김영삼의 단식투쟁은 민주인사들을 하나로 묶는 계기로 작동했다.

5월 31일 함석헌, 홍남순, 이문영 등 재야인사들은 기독교회관에서 단식기도회에 돌입했고, 6월 1일에는 전직 국회의원 33명을 포함해 총 60명이 코리아나호텔에 모여 범국민연합전선을 결성하기로 결의했는데, 이런 결정에 모두 101명의 인사가 참여했다. 이 모임에는 김대중을 따르는 동교동계 인사들도 상당수 포함되었다.[17]

김대중 · 김영삼의 '자책과 참회'

김영삼의 단식을 계기로 전 신민당과 통일당 소속의원 23명을 필두로

---

15) 이경재, 〈민중의 승리: 5·17에서 6·29까지〉, 『신동아』, 1987년 8월, 180쪽에서 재인용.
16) 이경재, 위의 글, 180쪽에서 재인용. 이 기사는 김대중의 이런 활동이 미정계와 미국언론으로부터 큰 관심을 받았다고 말한다. 그동안 김대중과 김영삼을 단순한 라이벌 관계로 생각해왔던 그들에게 김대중의 김영삼 지지투쟁은 생경하면서도 놀라운 일이었다는 것이다.
17) 이경재, 위의 글, 180쪽.

원외인사 등이 민주국민협의회를 조직해 시국상황에 대처해나갔다. 민주국민협의회는 민주화추진협의회의 모태가 되었다.

김대중과 김영삼은 반정부투쟁을 효율적으로 전개하기 위한 공동전선을 구축한다는 데 동의했고, 이렇게 해서 '민주화투쟁은 민족의 독립과 해방을 위한 투쟁이다' 는 부제가 붙은 〈김대중-김영삼 8 · 15공동선언〉이 서울과 워싱턴에서 동시에 발표되었다. 이 성명서는 다음과 같이 말했다.

"…… 1980년 봄 온 국민이 한결같이 열망하던 민주화의 길에서 우리는 당시 야당정치인들로서 하나로 되는 데 실패함으로써 수백수천의 민주국민이 무참히 살상당하는 사태에 이르게 되고, 계속 국민의 수난이 연속됨은 물론 민주화의 길을 더욱 멀게 한 사태를 막지 못한 데 대한 책임을 면할 길 없습니다. 이제 국민 앞에 자책과 참회의 뜻에서, 그리고 온 국민의 민주화에 대한 열망 앞에서 우리 두 사람은 백의종군하는 자세로 하나가 되어 손잡고 우리 민족사의 지상과제를 향하여 함께 나아가려 합니다. 국민 여러분, 우리들의 부족하였음을 너그러이 용서해주시고 여러분의 민주전열에 전우로 받아주시기 바랍니다. 우리 두 사람은 오로지 국민의 한 사람으로서, 국민과 함께 그 뜻을 받들어 민족과 민주제단에 우리의 모든 것을 바칠 것을 엄숙히 맹세하는 바입니다. 그 성스러운 싸움과 승리의 현장에서 뜨겁게 만납시다. 우리는 승리할 것입니다. 워싱턴에서 김대중, 서울에서 김영삼."[18]

김대중-김영삼의 상호불신과 차이

그러나 이들의 공동성명을 그대로 믿을 일은 아니었다. 두 사람 사이

---

18) 〈김대중-김영삼 8 · 15공동선언: 민주화투쟁은 민족의 독립과 해방을 위한 투쟁이다〉, 동아일보사 편, 『선언으로 본 80년대 민족 · 민주 운동』(동아일보사, 1990), 35쪽.

에는 도저히 극복하기 어려운 해묵은 불신이 도사리고 있었다.[19] 8·15 공동선언 이후 야권 결집의 기운이 움틀 때에 김대중이 김영삼과의 합작에 반대했던 것도 바로 그런 불신 때문이었다. 60년대부터 김영삼의 핵심 측근으로 활약하다가 70년대 중반 김영삼과 결별하고 김대중의 동교동계에 몸담아온 조윤형은 김대중이 당시 김영삼과의 연합에 반대한 이유가 "김영삼에 대한 불신 때문"이었다면서 다음과 같이 말했다.

"79년 전당대회 때로 거슬러 올라가야 합니다. 전당대회 직전 후광의 동교동 자택에서 양김이 회동한 일이 있습니다. 내가 입회를 했지요. 당시 나는 YS와 함께 당권경쟁에 나섰는데 그날 양김 회동에서 후보조정 문제를 논의, 내가 후보를 사퇴하고 YS를 지원하는 대신 당직을 양 계파가 50 대 50 반분키로 약속을 했어요. 그런데 YS가 당권을 잡자 이 약속을 지키지 않았던 겁니다. 그러니까 이때의 기억이 되살아난 후광으로서는 'YS는 믿을 수 없다'는 판단을 하게 된 거죠."[20]

두 사람 사이엔 상호불신뿐만 아니라 이념과 정치철학에서도 큰 차이가 있었다. 특히 대북정책에 있어서 그랬다. 김영삼은 단식투쟁 후 일본을 방문해 동경의 언론회관에서 일본 기자단의 초청으로 연설을 했다. 그때 김영삼은 "북한공산주의자와 싸우기 위한 한·일 군사협력체제의 강화"를 강조했다. 이후 더 놀라운 말도 했는데, 이에 대한 내용을 리영희를 통해 들어보자.

"그리고 일본의 평화헌법을 고쳐서 군사력 증강의 제약을 해제할 것을 강조했다. 이어서 일본 국민총생산(GNP)의 1% 이내로 묶여 있는 군사비를 적어도 유럽의 반공국가들(북대서양동맹)의 군사비 수준(약 4%)까지 증액해야 하며, 그렇게 해서 증강된 막강한 일본군대와 남한의 군

19) 두 사람 사이의 최초의 본격적인 갈등은 1968년으로 거슬러 올라간다. 김대중은 김영삼이 잠적하는 수법으로 극렬한 반대를 한 탓에 신민당 원내총무 인준에 실패했다. 김영삼은 잠적 기간 동안 승마를 즐겼다.
20) 『국민일보』, 1995년 2월 11일.

대가 협동적으로 북한에 대항해야 한다고 역설했다. 이 말을 들은 일본인 기자들은, 군사독재정권에 대항해서 싸우고 있는 '민주화운동' 지도자의 철학으로서는 너무도 비상식적이고 위험하다고 판단했다. 그래서 그들은 의심을 풀기 위해서, 그리고 혹시 통역이 오역이 아닐까 싶어서 김영삼씨에게 되물었다. 김영삼가 통역의 오역이 아니라 자기의 정확한 뜻임을 재확인했다. 당황한 일본인 기자들은 숙의끝에 '한국 민주화운동과 야당의 지도자'의 체면을 고려해서 그 이야기는 기사화하지 않기로 했다. 대체로 이런 이야기다. 동경에 가서 이 이야기를 일본인 기자들에게 들었을 때, 나는 얼굴이 화끈해졌다. '한국의 유수한 정치지도자 중 한 사람의 세계관과 사상과 철학이 고작 이 수준이니 앞으로 일본(인)의 우리에 대한 멸시는 계속될 것이며, 일본군대의 행진을 서울시민이 일장기를 흔들면서 환영하는 꼴도 멀지 않았구나!' 이렇게 걱정했던 기억이 생생하다."[21]

북한을 보는 시각뿐만 아니라 '광주학살'을 보는 시각에서도 김대중과 김영삼의 차이는 매우 컸다. 김영삼은 84년 7월 『파 이스턴 이코노믹 리뷰(Far Eastern Economic Review)』지와의 회견에서 "민주회복을 공약하는 조건이라면 광주사태를 제쳐놓을 용의가 있다"는 말을 하기도 했다.[22]

민청련 결성

김대중-김영삼 8 · 15공동선언 이후 고조된 민주화 열기는 83년 9월

---

21) 리영희, 〈일본인 망언규탄 전에 국민 총반성이 필요하다〉, 『말』, 1994년 6월.
22) 이 발언에 대해 5 · 18 유관단체들은 '사과요구서'에서 다음과 같이 말했다. "말과 붓으로는 표현할 길이 없도록 숱한 인명이 살상되고 피와 눈물, 서러움과 압제로 점철된 역사의 아픔을 이 나라의 어떤 개인이 무슨 자격으로 왈가왈부할 수 있다는 것인가? 그것도 엄청난 비극의 와중에서 그 아픔을 구체적으로 경험하지도 않은 사람이 마치 사건의 중심인물인 것처럼 행동하고 발언할 수 있단 말인가? …… 김영삼씨! …… 도대체 무슨 의도로 감히 광주의거를 정치적 흥정의 제물로 삼는 그 따위 망언을 내뱉을 수 있다는 말인가? 죽음, 부상, 투옥, 노예적 압박 등 얼룩진 상처를 아물게 할 하등의 방책도 없는 상태라면, 광주의거의

과거 학생운동을 했던 청년운동가들의 결집체인 민주화운동청년연합(민청련)의 결성으로 이어졌다. 이날 창립선언문에서 이들은 민청련이 광주민주화운동으로부터 정치적 세례를 받고 탄생했음을 공식적으로 밝혔다.

"오늘의 이 모임은 지난 20년간에 걸친 반독재 민주화투쟁을 통해 성장, 발전해온 운동역량의 값진 결실이며, 특히 저 80년 5월 피맺힌 민중항쟁에서 솟아오르는 운동역량의 결단이다."[23]

이 결성으로 인해 김근태, 박우섭, 연성만, 최열, 장영달, 강구철, 황인성, 문국주, 연성수 등이 연행되었다.

민청련은 84년 4월 17일 여성부를 발족시켜 83년에 탄생한 여성평우회[24]와 더불어 여성운동에도 관심을 기울였다. 민청련 여성부는 민청련의 위상에 따라 여성운동에서의 공개적인 정치투쟁과 여성민중투쟁 지원을 주요 역할로 상정하였다. 민청련 여성부는 발족 이후 버스안내양 자살사건, 여성노동자인권, 기생관광반대, 여대생추행사건 등의 문제를 정치쟁점화하기 위해 노력하였다.[25]

엄연한 사실을 적당히 넘어가려는 정치적 언동은 일체 용서될 수 없다는 것을 죽은 자들을 대신하여 우리는 분명히 밝히는 바이다." 최정운, 『오월의 사회과학』(풀빛, 1999), 76~77쪽에서 재인용.

23) 〈민주화운동청년연합 창립선언: 민주, 민중, 민족통일을 우리 모두에게(1983년 9월 30일)〉, 동아일보사 편, 『선언으로 본 80년대 민족·민주운동』(신동아 1990년 1월호 별책부록), 28쪽.

24) 여성평우회는 (1) 남녀를 차별하는 가부장제적 성차별문화 개혁을 위해, (2) 남녀 모두가 인간다운 삶을 살 수 있는 사회건설을 위해, (3) 민주·통일 사회의 건설을 위해 일한다는 목표를 내세웠다. 그리고 발기취지문에서 "여성을 억압하는 본질은 사회전체에 내재한 불합리와 불가분의 관계를 맺고 있기 때문에 여성운동은 모든 비인간적 요소를 그 대상으로 삼고 남녀차별만의 문제해결이 아닌 사회개혁운동으로 나가며, 통일을 향한 민주의지를 토대로 삼고 여성으로서의 정치적·사회적·경제적 불평등을 타파하기 위해" 운동하여야 한다고 역설하였다. 이승희, 〈인간해방·여성해방을 향한 80년대 여성운동〉, 조희연 엮음, 『한국사회운동사』(한울, 1990), 290쪽.

25) 1984년 11월 경희대 여학생 3명이 시위도중 청량리경찰서에 연행되어 성폭행당한 사건이 발생하자, 민청련 여성부가 중심이 되어 여성평우회, 여성의 전화, NCC 여성위원회 등 10개 여성단체 등을 규합하여 '여대생추행대책위원회'를 꾸리고 이 사건을 여성문제와 정치문제가 맞물린 사건으로 쟁점화를 시도하였다. 이 '여대생추행대책위원회'는 최초의 여성운동 연대구조를 탄생시킨 성과였다. 이승희, 위의 책, 292~293쪽.

KAL기 실종과 '땡전뉴스'

미국의 정치적 이용

240명의 승객과 29명의 승무원 등 모두 269명(미국인 51명, 일본인 28명 포함)을 태우고 뉴욕에서 김포로 오던 대한항공(KAL) 정기여객기 007편은 중간 귀착지인 앵커리지 공항을 8월 31일 밤 9시 58분에 이륙한 직후부터 조금씩 우측(북쪽)으로 항로를 이탈하기 시작했다. KAL 007기는 소련영공을 침범해 세 시간 가까이 비행하다 소련 미사일에 의해 격추되었다.

KAL 007기가 격추되었다는 사실을 처음 알아낸 곳은 워싱턴이었다. 일본에 있던 미국 첩보기관은 무선교신 감청을 통해 일본북부에서 항로를 이탈해 소련영공으로 들어간 뒤, 행방이 묘연했던 KAL 007기가 소련의 대공부대에 의해 격추되었다고 발표했다. 이런 사실은 소련전투기 조종사가 "목표물 격추"라는 보고를 하는 것을 감청하는데 성공함으로써 밝혀졌다.[26]

애초 소련정부는 KAL기 격추 사실을 부인했지만, KAL기가 미국과 남한의 사주를 받아 첩보활동을 하기 위해 소련영공을 침범했기 때문에 격추시켰다며, 사실상 KAL기 격추 사실을 인정했다. 이 사건은 수많은 음모론을 양산해내면서 전세계를 떠들썩하게 만들었다.[27]

이 사건은 미국에선 어떻게 받아들여졌던가? 놀랍게도 이 사건은 미국 대통령 로널드 레이건에겐 엄청난 행운으로 작용했다. 레이건이 자신의 인기를 만회하기 위해 강조한 바 있는 국가안보상의 '위기'가 현실로 입증된 듯이 보였기 때문이었다.

레이건은 KAL기 격추에 관한 모든 정보를 알았으면서도 자신의 호전적인 군사정책을 정당화시키기 위해 소련을 비난하고 사실을 왜곡한 것으로 판명되었다. 소련전투기 조종사가 환한 달빛 아래서 영공침투 비행기가 민간항공기임을 분명히 알 수 있었다는 레이건의 주장은 소련전투기가 KAL기의 2천피트 아래 있었음을 미국무성이 나중에 시인함으로써 거짓으로 드러나고 말았다. 소련이 KAL기를 격추시키기 전 경고를 하지 않았다는 레이건의 비난 역시, KAL기가 소련의 경고에도 불구하고 아무런 응답도 하지 않은 채 블라디보스톡 쪽으로 계속 비행을 했다는 것을 미국무성이 나중에 시인함으로써 거짓으로 밝혀지고 말았다.[28]

레이건은 이 사건을 자신의 정치적 목적에 철저히 이용했다.[29] KAL

---

26) 돈 오버도퍼, 이종길 역, 『두 개의 한국』(길산, 2002), 220쪽에서 재인용.

27) 소비에트 연방이 해체되고 난 후인 93년 1월 러시아정부에 의해 KAL기 블랙박스와 KAL기를 격추시킨 전투기 조종사의 교신내용이 공개됨으로써 KAL기 격추사건의 진상은 밝혀졌다. 이 기록에 따르면 당시 KAL기는 단순한 운항 미숙으로 예정항로를 이탈해 소련영공으로 들어간 것으로 드러났다. 그런데 이런 사실을 미처 알지 못했던 소련의 대공부대 사령관이 KAL기가 첩보비행을 수행한다고 판단을 내리고 공대공 미사일을 발사해 KAL기를 격추시키라고 명령했다는 것이다. 또 93년 6월 국제민간항공기구는 조종사가 나침반 비행을 한 것이 사고의 원인이었으며 소련이 민항기 식별의무를 게을리했다고 발표했다. 돈 오버도퍼, 위의 책, 221쪽.

28) Lloyd Demouse, 『Reagan's America』(New York : Creative Roots, 1984).

29) Edward S. Herman, 〈Gatekeeper versus Propaganda Models : A Critical American

기가 격추된 지 몇시간 후 슐츠(George Shultze) 국무장관을 비롯한 레이건의 각료와 보좌관들은, 이 사건을 퍼싱미사일(MGM-31)의 유럽배치에 대한 국내외의 반대를 누를 수 있는 정치선전용으로 거론하였다.[30]

이러한 목적을 위해 레이건은 이 사건을 '소련의 대량학살'이라고 규정짓고, 그러한 '야만적 행위'는 미국이나 한국에 대한 공격일 뿐만 아니라 자유와 평화를 사랑하는 전세계에 대한 공격이라고 선언하였다. 레이건의 성명, 그리고 국무성의 공식발표 이외의 다른 정보에는 접할 수 없는 미 언론은 맹목적으로 레이건의 대소공격에 가담하기 시작했다.

『올랜도 센티널(*Orlando Sentinel*)』지는 〈소련의 편집광적 행위〉, 『뉴욕포스트(*New York Post*)』지는 〈모스크바의 피 묻은 손〉이라는 기사 제목을 달았으며, 『시카고 트리뷴(*Chicago Tribune*)』지는 KAL기 격추를 〈미리 계획된 살인행위〉, 『뉴욕타임스』지는 〈냉혈한적 학살행위〉로 보도했다.[31]

우주에 떠 있는 우주조종사조차도 텔레비전을 통해 소련 비난성명에 가담하는 등, 레이건의 정치적 목적달성을 위해 온갖 통신기술이 다 동원되었다.[32]

전미국에 걸쳐 반소감정이 요원의 불길처럼 타올랐다. 뉴욕의 UN본부에서는 소련기가 불에 탔으며, 소련제 보드카 불매운동과 판금령이 전국적으로 확대되었고, 소련의 안드로포프를 사살하는 전자오락마저 등장하였다.[33]

Perspective〉, in Peter Golding, Graham Murdock, & Philip Schlesinger, eds. 『Communicating Politics : Mass Communications and the Political Process』(Holmes & Meier, N. Y. : Leicester Press, 1986), pp. 171~195.

30) David E. Pearson, 『KAL 007 : The Cover-Up』(New York : Summit Books, 1987).

31) Lloyd Demouse, 『Reagan's America』(New York : Creative Roots, 1984).

32) R. W. Johnson, 『Shootdown : The Verdict on KAL 007』(London : Chatto & Windus, 1986)

33) David E. Pearson, 위의 책.

KAL기 격추사건의 진상은폐

KAL기 격추사건은 대소 선전전에서 레이건에게 '열광적인 승리'를 안겨다주었다. KAL기 격추 이전 MX미사일과 빅아이(BIGEYE)라고 하는 독가스 무기의 생산에 대한 미의회의 견해는 매우 부정적이었다. 그러나 KAL기 격추사건은 미의회의 반대를 무력하게 만들었고, 핵무기 감축마저도 제동이 걸리고 말았다.[34]

레이건은 KAL기 격추사건을 이용하여 미의회로부터 거의 모든 것을 다 얻어내는 데 성공하였다. 미의회는 MX미사일 48억달러, 퍼싱II미사일 4억 3천만달러, 레이저무기연구개발자금 3억 4천만달러, 화학무기 1억 4460만달러를 포함한 1875억달러의 국방예산을 통과시켜주었다. 니카라과정부군에 대항하는 콘트라(Contra), 즉 반군게릴라 지원에 골몰해 있던 CIA국장 케이시는 KAL기 격추사건을 이용하여 2400만달러의 콘트라 지원금을 얻어내는 데 성공하였다. 레이건은 또한 KAL기 격추사건을 이용하여 미해병대 1천6백명의 레바논 파견도 의회로부터 승인을 얻어냈다. 또한 '미국의 소리'(VOA), '라디오 프리 유럽'(Radio Free Europe), '라디오 리버티'(Radio Liberty) 등 대소선전방송을 강화하기 위해 애쓰던 레이건은 1983년 9월 의회연설을 통해 '진실만이 보다 나은 세상을 만들기 위한 인류최대의 희망'임을 강조하고, 소련인에게 '진실'을 알리는 미국의 대소방송예산을 대폭 증액해줄 것을 요청했다. KAL기 격추사건의 영향은 컸다. 미의회는 순순히 대소방송의 설비확장을 위해 13억달러를 할당해주었다.[35]

미언론도 KAL기 격추사건이 레이건에게 커다란 정치적 승리를 안겨

---

34) David E. Pearson, 「KAL 007 : The Cover-Up」(New York : Summit Books, 1987).
35) David E. Pearson, 위의 책.

주었다는 데에 이의를 제기하지 않았다. 『뉴욕타임스』지는 KAL기 격추 사건이 레이건행정부의 니카라과정책에 대한 반대를 무력하게 만들었으며 서독, 영국, 이탈리아 등에 미핵무기 배치를 용이하게 해주었다고 보도했다. 『시카고 트리뷴』지는 KAL기 격추사건이 레이건에게 '정치적 보너스'이며 '정치선전의 승리'라고 논평하였다.[36] 레이건의 한 보좌관은 『뉴욕타임스』지 기자에게 "소련의 KAL기 격추가 우리를 도와주었다"고 시인했으며, 『월스트리트저널(Wall Street Journal)』지는 "레이건이 KAL기 격추로 정치적인 이득을 보았으며 미국 핵미사일의 유럽배치를 반대하는 사람들의 목소리를 잠재웠다"고 평했다.[37]

KAL기 격추 5주만인 1983년 10월 7일 『뉴욕타임스』지는 제1면에 미 정보전문가들의 말을 인용하여, 소련이 KAL기 격추 당시 그 비행기가 민간항공기인지 알지 못했었다고 처음으로 대서특필했다. 그러나 레이건행정부의 억압적인 정보통제정책 때문에 미국의 엘리트언론도 그 이상의 진실을 밝힐 수 없었다. 1983년 10월 21일자 『워싱턴포스트(The Washington Post)』지는 "KAL기 격추사건에 대해 양심적으로 솔직히 이야기할 수 있는 사람이 레이건행정부 안에는 아무도 없단 말인가?"라고 개탄하였다.[38]

전두환의 조기청소가 KAL기 실종을 압도하다

이 비극적인 사건은 엉뚱하게도 5공치하에서 방송이 얼마나 권력의 주구로 유린됐는지를 웅변해주는 계기가 되기도 했다. 자국민 수백명이 억울하게 죽은 사건인데도 그게 톱뉴스가 되지 않았다는 걸 어떻게 이해

---

36) Lloyd Demouse, 『Reagan's America』(New York : Creative Roots, 1984).
37) David E. Pearson, 『KAL 007 : The Cover-Up』(New York : Summit Books, 1987).
38) David E. Pearson, 위의 책.

해야 할까.

5공치하에서 신문과 방송은 5공정권 홍보와 미화를 위해 치열한 경쟁을 벌였다. 그런 일에 신문에게 선두자리를 양보하지 않겠다는 방송사들의 맹활약은 이른바 '땡전 뉴스'(또는 '뚜뚜전 뉴스')로 나타났다.

"전두환씨의 이미지 메이킹을 위해 방송은 유린되다시피 했다. 방송이 더욱 참담했던 것은 신문보다 TV를 선호했던 전씨의 개인적 성향과 이를 부추긴 주위의 영향이 컸다. 때마침 5공화국부터는 컬러TV방송이 시작돼 TV의 영향력이 차원을 높이고 있었다. 이에 착안한 청와대 측근들은 전씨 이미지 메이킹에 주로 TV를 동원키로 하고 방송담당 비서관이란 직책까지 신설했다. 그 첫 담당자가 김기도씨(전 MBC 정치부장)였다. 그는 최초로 대통령 동정보도 때 육성을 넣어 효과를 살리는 공을 세우기도 했다. 여기에서 당시 KBS 이원홍 사장과 MBC 이진희 사장의 충성경쟁이 가열돼 신문에 이어 TV에도 로열박스가 생겨났다. TV의 로열박스는 뉴스순서 중 항상 첫번째 자리, 즉 톱 뉴스였다. 뚜뚜… 하는 9시 뉴스의 신호음이 나간 뒤 '오늘 전두환 대통령은 ……' 하고 시작하는 뉴스 때문에 전씨의 아호가 '뚜뚜전', '오늘전'으로 회자됐고, 전씨 동정이 끝나면 곧이어 '또한 이순자 여사는 ……'이 시작돼 이씨는 '또한'이라는 별명을 얻었다. 유린된 방송을 상징하는 사건 중의 하나가 83년 KAL기 실종 뉴스와 대통령 동정 중 어느 것을 톱 뉴스로 처리할 것인가를 두고 고민에 빠졌다. 결국 한 방송사에서는 뚜뚜… 하는 신호음에 뒤이어 '오늘 전두환 대통령은 ……' 하고 뉴스를 시작하고 말았다. 그 TV 화면에 전씨가 서울 어느 거리에서 빗자루를 들고 환히 웃으며 조기 청소를 하는 모습이 비쳤다. 뉴스시간에 뉴스는 뒤로 밀리고 권력이 판을 치는 상징적인 사건이었다."[39]

---

39) 『조선일보』, 1998년 12월 6일. 당시 상황에 대한 요약이 잘돼 있어 인용하긴 했지만, 『조선일보』가 이런

전두환이 원한 '땡전 뉴스'

'땡전뉴스'는 그야말로 목불인견(目不忍見)의 수준이었다. 이 땡전뉴스는 심한 경우 총 뉴스시간 45분 가운데 30분을 차지하는 경우도 있었으며, 방송사끼리 누가 오래 대통령 동정을 다루느냐를 놓고 경쟁을 벌이는 해프닝까지 벌어지곤 했었다.[40] 방송사들의 이런 과잉 충성경쟁은 후일 본격적인 KBS 시청료 거부운동을 낳게 했다.

전두환도 처음엔 그런 과잉 충성경쟁의 문제를 알긴 했지만 권력에 중독되어가면서 그걸 당연하게 생각했다. 80년 청와대 공보수석을 지낸 뒤 82년 5월 이진희가 승진해 문화공보부장관으로 가자 그 뒤를 이어 MBC 사장이 된 이웅희의 말이다.

"청와대에서 MBC로 자리를 옮기면서 전두환 대통령에게 TV뉴스의 맨 앞에 항상 대통령이 나가는 것은 바람직하지 않다는 점을 설득했다. 전대통령도 그 말에 수긍해 MBC에서는 한동안 이른바 '9시 땡뉴스'가 나가지 않았다. 그러나 1년쯤 지난 뒤 청와대로 불려가 이 같은 보도태도에 대해 질책을 받았다. 전대통령은 대뜸 '당신 지금 신문기자 기질로 일하는 거요?'라며 호되게 야단을 쳤다. 아마 전대통령은 참모들의 얘기를 듣고 생각이 바뀐 듯했다."[41]

식으로 방송을 비판하는 건 적반하장(賊反荷杖)이라는 점은 지적해둘 필요가 있겠다. 이 책이 그걸 잘 증명해줄 것이다.
40) 최창봉·강현두, 〈컬러방송시대의 개막〉, 『우리방송 100년』(현암사, 2001), 298~299쪽.
41) 한국일보 정치부, 『빼앗긴 서울의 봄』(한국문원, 1994), 280~281쪽에서 재인용.

아웅산 암살폭발사건

17명의 사망자를 낳은 테러

1983년 10월 대통령 전두환은 동남아와 대양주 6개국 순방길에 올라 미얀먀(버마)를 제일 먼저 방문했다. 10월 9일 전두환 일행은 미얀마 독립전쟁의 아버지인 아웅산 장군의 묘소를 방문할 예정이었다. 전두환의 도착 직전인 오전 10시 28분 아웅산 묘소에서 폭발사건이 발생했다. 이 폭발사건으로 전두환의 묘소 참배에 배석하기 위해 도열중이던 공식·비공식 수행원 가운데 부총리 서석준을 비롯한 16명이 사망하고, 15명이 중경상을 입었다. 전두환은 나머지 일정을 중단하고 10일 새벽 급히 귀국하였다.

11일 사망자 16인의 유해가 고국으로 돌아왔으며, 13일에는 치료를 받던 재무차관 이기욱이 사망해 사망자는 17명으로 늘어났다. 13일 장례는 국민장으로 치뤄졌으며, 모두 국립묘지에 안장되었다. 사망자 명단은 다음과 같다.

서석준 부총리, 이범석 외무부장관, 김동휘 상공부장관, 서상철 동자부장관, 함병춘 대통령비서실장, 이계철 주미얀마대사, 김재익 경제수석비서관, 하동선 기획단장, 이기욱 재무차관, 강인희 농수산차관, 김용한 과기처차관, 심상우 의원, 민병석 주치의, 이재관 비서관, 이중현 동아일보 기자, 한경희 경호원, 정태진 경호원.

미얀마당국은 사건이 일어난 후 한 달이 가까운 11월 4일 최종 수사결과를 발표하면서 "아웅산 묘소 폭파사건은 북한 군부에 의해 저질러졌으며, 랭군에 있는 북한대사관이 이 사건에 직접 개입했다"고 밝혔다. 미얀마정부는 북한과의 외교관계를 단절하고 미얀마 주재 북한대사관 요원들에 대해 48시간 내에 출국하도록 명령했다.[42]

미얀마당국의 발표에 따르면 이 사건의 범인은 개성에 있는 북한군 정찰국 특공대 소속의 진 아무개 소좌와 강민철 상위, 신기철 상위 등 3명으로 밝혀졌다. 이들은 9월 9일 북한 서해안 옹진항에서 북한 선박에 탑승해 22~23일경 랭군에 도착했다. 이들은 미얀마 주재 북한대사관 정무 담당 참사관 전창휘의 집에 은거하여 암약하면서 전두환 대통령 일행이 미얀마에 도착하기 하루 전인 10월 7일 새벽 23시에 아웅산 묘소로 잠입하여 지붕에 2개의 폭탄을 설치한 것으로 밝혀졌다.[43]

전두환은 비서실장인 함병춘이 대머리인 덕분에 살아났다는 견해도 있다. 당시 수행인사 가운데 한 생존자의 증언이다.

"원래 경호의 절차에서 보면 함병춘 비서실장은 언제나 전두환 대통령과 함께 도착하는 것이 관례였다. 그러나 그날은 참배할 묘지의 행사장이 좁다는 이유로 장세동 경호실장의 요청에 의해 함병춘 비서실장이 먼저 현장에 도착하는 과정에서 북한측은 대머리인 이계철 미얀마대사

---

42) 이 사건은 북한외교에 상당히 부정적인 영향을 미쳐 미얀마 이외에도 코스타리카 등 3개국이 북한과 단교하였다. 김학준, 『북한 50년사: 우리가 떠안아야 할 반쪽의 우리 역사』(동아출판사, 1995), 354~355쪽.
43) 정운현, 〈미얀마 아웅산테러사건〉, 『호외, 백년의 기억들』(삼인, 1997), 223~224쪽.

또는 함병춘 실장을 전두환 대통령으로 잘못 봤든지 아니면 관례처럼 비서실장이 도착하니 대통령도 당연히 도착한다고 생각되어 폭탄테러를 감행하게 되었다고 한다. 그리고 당시 전두환 대통령은 북한과 미얀마가 협조하여 폭탄테러를 감행한 것으로 간주하였다. 그러나 네윈(Ne Win) 원수의 방문을 받고 오해는 풀렸다."[44]

북한 폭격론과 북한의 두 얼굴

한국군부에서는 격분하여 "북한에 본때를 보여주어야 한다"는 강경론까지 나오기도 했다.[45] 전두환의 증언이다.

"그때 우리 군에서는 육군, 해군, 공군 할 것 없이 북한을 때리려고 해서 세네월드 UN군 사령관이 얼굴이 새하얗게 됐어요. 내가 미얀마에서 돌아와보니 군에서 전부 때릴 준비가 다 되어 있었어요. 위에서 승인을 안해도 들어가겠다는 거야. 당하고 있을 수만은 없지 않느냐고. 그래서 내가 그 보고를 받고 바쁜 가운데에서도 전방을 돌고 군 지휘관들을 만나서…… 진정을 시켰습니다."[46]

미국도 걱정이 됐는지, 미대사 리처드 워커는 전두환을 내방해 미국은 테러행위의 배후가 북한이라는 사실을 확신하지만 보복공격에는 절대 반대한다는 의사를 표시했다. 이에 전두환은 다음과 같이 대답했다.

"우리 정부와 군은 본인이 완전히 통제하고 있다는 사실을 귀국의 대통령에게 확실히 해두고 싶다. 우리는 귀국 정부와 충분하게 의견을 조율하기 전에 섣부른 조치를 취할 생각이 없다."[47]

---

44) 함성득, 『대통령 비서실장론』(나남, 2002), 151쪽에서 재인용.
45) 김창훈, 『한국외교 어제와 오늘』(다락원, 2002), 167쪽
46) 김성익, 『전두환 육성증언』(조선일보사, 1992), 128쪽.
47) 돈 오버도퍼, 이종길 역, 『두 개의 한국』(길산, 2002), 226쪽에서 재인용.

북한도 이중적인 태도를 취했는데, 이에 대해 돈 오버도퍼는 이렇게 말한다.

"이해하기 힘든 일이지만 북한은 양곤(랭군) 폭탄테러를 은밀히 진행하는 동시에 10여 년 만에 처음으로 남한을 향한 적극적인 외교공세를 펼쳤다. 폭탄테러가 발생하기 바로 전날인 83년 10월 8일 워싱턴정부는 중국 외교관들을 통해 북한으로부터의 놀라운 메시지를 전달받았다. 북한이 사상 처음으로 미국측의 제안을 받아들여 한반도에서의 평화정착을 위한 남북한ㆍ미국의 '3자 회담'을 제의해온 것이다. 이는 남한을 대화 상대로 수용했다는 점에서 북한정부로서는 오랫동안 견지해온 기존의 대외정책을 포기하고 새로운 외교정책을 마련하는 중요한 계기가 됐다. …… 북한정부가 평화공세와 테러를 동시에 도모한 이유는 아직까지도 풀리지 않는 수수께끼다. …… 가장 그럴 듯한 설명은 대남 외교공세와 전대통령 암살 지령이 각각 다른 경로를 통해 추진됐으며 북한정부는 두 가지 정책이 완전히 상반된 노선임에도 불구하고 한 쪽 정책이 다른 한 쪽에 미치는 영향에 대해서 개의치 않았다는 것이다. 이후 몇가지 사례에서도 북한이 외교공세를 취한 다음에는 곧이어 양보를 경계하는 공식 성명이 뒤따랐다는 사실은 강경노선 탈피문제가 북한 지도부 내에서 논란을 불러일으키고 있음을 나타낸다고 볼 수 있다."[48]

"전두환은 '네윈'을 꿈꿨다"

그런데 이후 많은 사람들이 궁금하게 생각한 건 전두환이 왜 미얀마를 방문할 생각을 했느냐 하는 것이었다. 그의 미얀마 방문은 여러 가지 면에서 석연치 않은 대목이 있었기 때문에 이는 결코 한가로운 의문이

---

48) 돈 오버도퍼, 이종길 역, 『두 개의 한국』(길산, 2002), 227~229쪽.

아니었다.

애초에 17박 18일로 계획되었던 전두환의 서남아 및 대양주 순방길에는 인도와 호주, 뉴질랜드 등 3개국만이 포함되어 있었다. 그런데 막판에 미얀마가 추가되었다. 나중에 밝혀진 바에 의하면 미얀마 방문은 외무부가 아닌 다른 정부기관의 지시에 의해 추가되고 준비되었다. 당시의 상황으로 보면 미얀마는 여러모로 남한의 대통령이 방문할 만한 나라는 아니었다. 비록 남북한 동시수교를 하고 있었지만, 남한과는 별다른 거래가 없었을 뿐만 아니라 북한 쪽에 편향된 사회주의 국가였기 때문이다.[49]

미얀마 순방계획에 관여했던 한 관계자는 당시 5공의 핵심부가 미얀마의 통치체제에 상당한 매력을 느꼈었다고 증언했다. 그 통치체제란 바로 『정권교체준비연구』에 나타난 섭정식 영구집권체제를 말하는 것이었는데, 이게 가장 근접해 있는 것이 바로 미얀마체제였던 것이다.

1962년 3월 우누정권을 쿠데타로 타도하고 혁명위원회를 수립, 정권을 장악한 네윈 장군은 1983년 당시 20년이 넘도록 미얀마를 이끌어온 최고실력자로 군림하고 있었다. 그는 쿠데타 직후 미얀마사회주의계획당(BSPP)을 결성하고 의장에 취임한 이래 일당독재국가를 수립, 이른바 미얀마식 사회주의 노선을 주도했다. 네윈은 1974년 총선거로 대통령에 취임하여 1981년 11월 대통령직을 측근인 우산유에게 물려주었으나 당의장직은 고수하여 국정전반에 대한 절대권한을 행사하고 있었다. 자신이 의장인 미얀마사회주의계획당의 부의장은 대통령인 우산유였는데 이런 서열관계는 『88년 정권교체준비연구』 문서가 꾀하고 있는 권력구도와 똑같은 것이었다.[50]

---

49) 이상우, 〈전두환은 '네윈'을 꿈꿨다〉, 『신동아』, 1992년 6월, 223쪽.
50) 이상우, 위의 글, 224쪽.

박보균은 다음과 같이 말한다.

"미얀마행의 진짜 숨은 의도가 네윈식 통치체제를 관찰해보려는 것이었다는 지적이 만만치 않다. 미얀마가 뒤늦게 순방 대상국에 포함된 데는 허문도 문공차관의 아이디어를 전대통령이 수용한 결과라는 것이다. 허차관은 전대통령을 비밀리 독대, 네윈식 통치의 노하우와 퇴임 후의 독특한 영향력 행사방법 등을 현장경험하는 것이 국가관리에 도움이 될 것이라며 미얀마 순방을 건의했다고 한다. 이런 대목을 전씨 측근이나 허씨 등은 부인하고 있지만 당시 권부에 있었던 많은 사람들은 사실이라고 믿고 있다."[51]

이후의 역사는 그게 사실일 가능성을 더욱 높여주었다.

---

51) 박보균, 『청와대 비서실 3』(중앙일보, 1994), 316쪽.

프로야구와 호남의 한(恨)

'전라도의 전라도화' 심화

프로야구가 출범할 당시, 프로야구에는 '5공의 사생아'라는 별명이 따라붙었다. 프로야구가 국민들을 우민화하기 위한 정책의 대표적인 사례로 인식되었기 때문이었다. 이렇듯 프로야구는 국민들을 탈정치화시키기 위해 만들어졌다. 그러나 그 탈정치화는 묘한 방향으로 이루어졌다.

프로야구의 지역연고제는 야구를 정치의 연장선으로 만들었다. 적어도 호남인들에겐 그랬다. 프로야구를 통한 전라도 지역의 결집력은 타지역에 비해 더욱 끈끈했다. 한(恨)의 유일한 발산 통로였는지도 모를 일이었다. 최영진은 이렇게 말한다.

"해태팀이 구성되자마자 해태는 광주 대표팀이라기보다는 전라도 대표팀으로서의 성격이 강했다. 초기 부산의 롯데나 대구의 삼성의 경우 선수 구성에서 해당 대도시의 범위를 크게 넘어서지 않았고 그러다 보니 선수들의 지역대표성도 약했다. 그러나 해태의 경우, 선수구성에서부터 전라남·북도를 포괄했기 때문에 전라도 대표팀이란 성격을 강하게 띠었다. 전라도 지역에는 이전부터 전통 있는 고교야구팀이 많았기에 선수 충원에서부터 지역연고성을 살려 나갈 수 있었고, 자연히 지역주민들의 야구에 대한 관심도 다른 지역보다 높았다. 이런 점에서 프로야구는 전라도 주민들의 지역의식을 전라도라는 광역개념으로 더욱 밀착시켰다. 해태의 승리는 광주의 승리일 뿐만 아니라 군산, 이리, 전주 등 전남·북 대부분의 도시의 자랑이 되었다. 이를 통해 '전라도의 전라도화'는 더욱 심화되었다."[52]

해태 팬들의 놀라운 열기

광주학살과 뒤이어 계속된 호남에 대한 무자비한 탄압으로 깊이 내면화될 수밖에 없었던 호남의 한(恨)은 83년 해태가 처음으로 한국시리즈에 진출해 우승을 다투면서 놀라운 열기로 전환되었다. 『광주일보』 83년 10월 21일자의 기사는, 한국시리즈 마지막 경기가 있었던 서울의 잠실구장에는 무려 1만여 명의 해태 팬들이 집결해 해태가 잠실구장을 홈구장으로 사용하고 있는 듯한 분위기마저 연출됐다고 기록하고 있다.[53]

그런 놀라운 열기는 비단 한국시리즈에서만 나타난 게 아니라 사실 평상적인 것이었다. 야구해설가 하일성은 이렇게 증언한다.

"83년인가 광주에서 5월 17일, 18일날 해태와 삼성이 2연전을 벌이게 된 거예요. 그때 돌아가신 서영무 선배가 삼성감독이었는데 기권하면 어떻겠냐고 KBO에 정식으로 문의를 할 정도로 분위기가 살벌했습니다.

52) 최영진, 『한국 지역주의와 정체성의 정치』(오름, 1999), 162~163쪽.
53) 최영진, 위의 책, 292쪽에서 재인용.

KBS는 무조건 중계를 해야 하는 거예요. 관심을 좀 다른 데로 돌려놓기 위해서 총대 메고 중계하는 거죠. 광주에 내려가기 전에 방송국 고위관계자가 캐스터와 저를 부르더니 '내가 책임질 테니까 가능하면 해태 편을 많이 드시오' 하는 거예요. 1차전에서 김봉연이가 홈런을 쳤는데 그때 아나운서가 누군지는 말 안하겠는데 천지가 개벽하듯이 '홈런, 홈런' 하고 흥분해서 떠들었어요. 그런데 이만수가 홈런을 치니까 그냥 '홈런'이라고만 하고 딱 아무 말도 안한 거예요. 나는 역할상 많이 표가 나지 않아 덜 당했는데 그 캐스터는 한 달 동안 대구 가서 중계를 못했어요. 확인되지는 않았지만 그 다음에 이건희 회장 부인이 KBS에 공식으로 항의를 했답니다. 그럴 정도였으니 어떻게 된 줄 아시겠죠.'[54]

'목포의 눈물'을 부르는 이유

광주사람들의 프로야구에 대한 사랑은 남달랐다. 광주의 성인 남자들은 홈팀인 해태를 응원하기 위해 연간 1인당 평균 4번이나 야구장을 찾았다.[55] 프로야구에 대한 전라도 사람들의 이런 특별한 사랑에 대해 최영진은 이렇게 말한다.

"전라도 사람들에게 경기장에서의 응원은 보다 중요한 의미를 담고 있다. 광주경기에서건 서울경기에서건 혹은 거리의 텔레비전에서건 술집의 대화에서건 해태를 응원한다는 것은 자신이 전라도 사람임을 밝히는 행위와 큰 차이를 가지지 않는다. 경상도 사람들은 의당 롯데편으로 간주되었고, 삼성을 응원하면 대구사람으로 인식되었다. 마찬가지로 해태를 응원하는 사람들은 의당 전라도 사람으로 간주되는 것이다. 이런

---

54) 김덕한, 〈야구해설가 하일성: 지금도 혼자 야구장에 가서 녹음기 틀어놓고 연습합니다〉, 『월간조선』, 1996년 12월. 544쪽.
55) 최영진, 『한국 지역주의와 정체성의 정치』(오름, 1999), 164~166쪽.

행동은 경상도 사람들이 롯데를 응원하는 것이나 서울 사람들이 청룡팀을 환호하는 것과 다르다. 전라도 사람들에 대한 사회적 편견이 우리 사회에 존재하는 이상 자신이 전라도 사람이라는 것을 표출하는 것은 해태팀을 응원함으로써 심리적으로나 현실적으로 부담이 많이 되는 일이었다. 그럼에도 불구하고, 익명성과 집단성이 보장되는 야구장에서 이러한 표출은 쉽게 이루어질 수 있었다. 서울 등 타지에서 고향 사투리 한번 제대로 내지르지 못하고 살아온 전라도 사람들은, 고향사람들끼리 모여 고향 사투리를 마음껏 쓰고 고향의 영상이 담긴 노래를 목청껏 부를 수 있다는 것만으로도 엄청난 카타르시스와 환희를 느낄 수 있었을 것이다. 그렇기 때문에 전라도 사람들이 경기장에서 해태팀을 응원하면서 〈목포의 눈물〉을 부르며 느끼는 심정은 다른 팀 응원단들과 같을 수 없다."[56]

---

56) 최영진, 『한국 지역주의와 정체성의 정치』(오름, 1999), 167쪽.

레이건의 한국 방문

1983년 11월 11일 한국을 방문한 미국 대통령 로널드 레이건은 전두환정권에 대한 지지를 재확인하였다. 레이건은 미국 대통령으로서는 처음으로 직접 휴전선 시찰을 나서는 등 한국에 대한 방위공약을 확고히 했다.[a]

미국의 한 정치평론가는 레이건이 84년 대선에서 압승을 거두고 재선된 데에는 한국을 방문해서 휴전선을 바라보며 주한미군에게 연설하는 레이건의 강인한 이미지가 적잖은 기여를 했다고 평했다.[b]

북한의 『로동신문』은 83년 11월 11일자에서 레이건의 방한을 50년 6월 17일부터 22일까지 있었던 미국 국무부 고문 덜레스의 방한에 비유하면서, 덜레스의 방한이 한국전쟁 발발준비의 최종 점검이었듯이 레이건의 방한 역시 '제2의 조선전쟁'을 음모하기 위한 것이라고 주장했다. 그러나 북한은 그렇게 주장하면서도 미국에 대해 공식관계를 수립할 용의가 있다는 신호를 계속해서 보냈다.[c]

레이건이 단지 안보문제로 방한한 건 아니었다. 레이건의 방한을 계기로 미국의 농축산물 수입개방 압력이 크게 강화되었다.[d] 당시 재무장관 김만제와 미국의 재무장관 리건 간의 한미경제회담에서 미국측은 화장품, 소형컴퓨터, 면도날, 아몬드 등 432개 품목에 대한 시장개방을 요구했으며, 83년말까지 미국이 개방을 요구한 품목의 총수는 274건이나

a) 김인걸 외, 〈1980년대 한국사회〉, 『한국현대사 강의』(돌베개, 1998), 380~381쪽.
b) Gerald M. Pomper, 〈Presidential Election〉, in Gerald M. Pomper et al., 『The Election of 1984 : Reports and Interpretations』(Chatham, N. J. : Chantham House, 1985), pp. 60~90.
c) 김학준, 『북한 50년사: 우리가 떠안아야 할 반쪽의 우리 역사』(동아출판사, 1995), 349~350쪽.
d) 최진섭, 『한국언론의 미국관』(살림터, 2000), 244쪽.

되었다. 이 품목 수는 매년 늘어나 88년에는 379건이나 되었다.[e]

e) 문창극, 『한미 갈등의 해부』(나남, 1994), 203쪽.

학원자율화 조치

1983년 12월 21일 전두환정권은 학원자율화 조치를 발표하였다. 이른바 유화(宥和)정책이었다. 피를 뿌릴 만큼 뿌리고 집권한 이후 이젠 안정기에 접어들었다고 판단했던 걸까? 아니면 84년 5월로 예정돼 있던 교황방문과 86년 아시안게임을 앞둔 시점에서 국제적으로 '살인마 정권'이라는 이미지를 개선할 필요가 있었던 걸까? 아니면 국내적으로 85년 2·12 총선을 염두에 두었던 걸까?

학생시위에 대한 강경 일변도의 대응이 효력을 발휘하지 못했다는 자체판단과 미국 레이건행정부의 권고에 따른 것이었다는 시각도 있긴 하지만,[57] 전두환 정권이 나름대로 용단을 내린 건 분명한 사실이었다.

학원자율화 조치는 우선 당장 학원에 상주하던 경찰병력이 철수하는 가시적인 변화를 보여주는 동시에 100명 가까운 해직교수와 1천3백여 명의 시국관련 제적생을 복직, 복학시켜줌으로써 사람들을 적지않이 헷

---

57) 한배호, 『한국정치변동론』(법문사, 1994), 418쪽.

갈리게 했다. 대학생들 사이에서도 '이제 공부나 열심히 하자' 며 돌아선 학생들이 나오기 시작했다.[58]

전정권의 준비도 제법 치밀했다. 전정권의 지시를 받은 대학은 학생 선도위원회와 홍보위원회를 설치하여 학생시위에 대처키로 했다. 학생 선도위원회는 "대학의 발전과 면학분위기를 저해하는 각종 학생시위 및 이에 준하는 사태가 발생했을 때, 관련된 학생에 대한 학사 및 사법적 처리와 선도에 관한 사항을 심의"하는 기구였으며, 홍보위원회는 "대학문화의 육성, 면학분위기 조성 및 학원사태 등 대학문제를 학생과 학부모 및 일반국민에게 신속정확하게 홍보함으로써 대학문제 해결의 협조"를 구하기 위해 만들어졌다.

학교당국은 시위가담자를 '적극가담자' 와 '소극가담자' 로 분류, 각각 다른 경고장을 학부모 앞으로 발송키로 했고, 아울러 지도대상 학생을 '시위주동 · 가담학생 및 의식화 관련학생' 과 '재입학생' 의 두 부류로 나누어 가정방문지도, 수시지도, 각 단과대학별 집단지도 등의 구체적인 방안을 마련했다. 또한 시위주동학생을 처벌하는 통일된 학생징계처분의 양형(量形)을 마련하였으며, '이념지도위원회' 도 구성해 학생운동의 주도급 학생들을 지도한다는 만반의 준비를 갖추었다.[59]

그러나 모든 게 전정권의 뜻대로 돌아가진 않았다. 한배호는 전정권이 '판도라의 상자' *를 여는 결과를 초래했다며 다음과 같이 말한다.

"그 조치로 학원으로 복귀한 제적생이 전국적인 학생조직을 결성하였고, 지하운동조직은 민주노조의 재건에 나서면서 노조 사이의 연대조직

---

58) 강준만, 『한국의 언론인 1』(인물과사상사, 1999), 84쪽.
59) 전재호, 〈한국민주주의와 학생운동〉, 조희연 편, 『국가폭력, 민주주의 투쟁, 그리고 희생』(함께읽는책, 2002), 198~199쪽.
*) 문제의 근원을 의미하는 뜻으로, 프로메테우스가 인류를 괴롭히는 모든 고통과 악을 봉해 넣은 상자를 판도라가 열자 그 안에서 악이 빠져나오고 상자 안에는 희망만 남게 되었다는 그리스신화에서 나온 말이다.

을 강화하게 된 것이다. 전정권이 시민사회의 자율적 조직능력을 과소평가하는 오류를 범했다고 할 수 있다. 그리하여 전정권이 통제할 수 없을 정도의 속도와 규모로 학생, 노동단체, 지식인을 중심으로 한 재야단체들의 확산이 전개되었으며 그들이 제도권 야당과 제휴하면서 전정권을 크게 위협하는 세력으로 등장하였다. 그러면서 정권세력과 반대세력(정통 야당을 포함한) 사이의 대결 구도가 과거 어느 때보다 예리하고 선명하게 부각되기에 이르렀다."[60]

시위 활성화의 '급기의 제도화'

84년 대학에 자율적인 학생회가 부활하면서 광주문제가 수면으로 떠오르기 시작했다. 그 전까지만 하더라도 광주문제는 지하유인물 형식이나, 구전형식으로만 전해졌었다. 그러다가 84년 학생회가 부활하면서 보다 체계적이고 시각적인 방법을 동원하여 광주민주화운동 알리기에 나선 것이다.

시위양상도 크게 달라지기 시작했다. 한경수의 증언이다.

"83년 전에는 집회라는 것이 존재하질 않았지. 다 유리창 깨고 나오고 스크럼(Scrum, 여럿이 팔을 꽉 끼고 뭉치는 일)을 짜는 방식이었어. 그건 학내 저항세력의 존재를 알리는 것이었고, 그 투쟁의 주동은 어김없이 '희생' 되었지. 그러나 84년 이후에는 소위 적들과 대치선, 전선을 형성하면서 조직적으로 싸웠고 주로 육탄전이나 돌 등을 가지고 싸웠지."[61]

물론 학생들을 시위에서 멀어지게 만들고자 하는 정권의 공세는 치열하게 전개되었다. 그러나 학생들은 이에 완강히 저항했다. 김원은 다음

---

60) 한배호, 『한국정치변동론』(법문사, 1994), 419쪽.
61) 김원, 『잊혀진 것들에 대한 기억: 1980년대 한국 대학생들의 하위문화와 대중정치』(이후, 1999), 30쪽에서 재인용.

과 같이 말한다.

"70년대 통키타 문화나 장발이 유행했듯이, 80년대에도 그러한 문화의 여지는 존재했다. 그러나 80년대라는 조건, 학내에 전투경찰과 사복경찰이 상주하는 군부독재의 쇠사슬이 삶의 곳곳에 매복된 대학에서, 즐기기를 위한 여가를 향유하는 것은 쉬운 일이 아니었다. 정권은 각 대학에 쌍쌍파티나 축제를 통해 이들의 머리를 마비시키려고 했지만, 그럴수록 우리들의 반항은 깊어만 갔다. 바로 이것이 대학 내 지배적인 하위문화인 운동문화가 발명된 조건일 것이다. 시간이 갈수록 우리들에게는 해서는 안될, 가서는 안되는, 있어서는 안될 공간이 존재하게 되었다. 이것을 '금기의 제도화' 아니 '내면화'라고 불러도 타당할까?"[62]

학생운동권에서 통용되던 '금기의 제도화'엔 어떤 것들이 있었을까? 한경수는 당시의 운동권 문화를 이렇게 그린다.

"우선 검소한 생활을 했고 95%가 당구를 치지 않고 설사 칠 줄 알아도 스스로 잊어버리는 …… 하기는 프로야구도 보면 작살났으니까. 또 운동권 중 튀는 몇몇은 고무신을 신고 다녔고 …… 한마디로 운동권 문화는 '막집' 문화라고 할 수 있지. 사실 돈도 없고 맥주는 한 달에 한번 마실까 말까였지."[63]

노가바

80년대에 불려진 수많은 저항가요도 바로 그런 '금기의 제도화'와 관련을 맺고 있었다. 운동권 학생이 일반 대중가요를 부를 수는 없는 일이었기 때문이다. 80년대 저항가요의 대명사격이라 할 〈임을 위한 행진곡〉

---

62) 김원, 『잊혀진 것들에 대한 기억: 1980년대 한국 대학생들의 하위문화와 대중정치』(이후, 1999), 39쪽.
63) 김원, 위의 책, 137쪽에서 재인용.

은 82년 2월, 광주항쟁 때 시민투쟁위원회의 대변인을 맡았던 윤상원과 당시 노동현장에서 사망했던 박기순의 영혼결혼식을 계기로 만들어졌다.[64]

저항가요와 맥을 같이하여 83년부터는 대학가를 중심으로 대중가요의 노랫말을 바꿔 부르는 이른바 '노가바'가 등장하였다. 노사분규를 빗대어 개작한 것들이 많았다.

예컨대, 남궁옥분의 〈사랑사랑 누가 말했나〉는 "때로는 임금인상에 잠 못 이룬 적도 있었지. 오르지 않는 월급봉투 보며 타는 가슴 애를 몰래 태웠지"로, 이선희의 〈J에게〉는 "사장 오늘은 월급날, 사장 석 달째 밀렸네. 난 그래도 애타게 월급을 기다리는데 사장 어젯밤 꿈속에 사장"으로 바꿔 불려졌다.[65]

1985년에 나온 조용필의 〈킬리만자로의 표범〉은 안치환이 전두환을 풍자한 〈군림한자로의 고독〉으로 개사해 불러 대학가와 소극장에서 화제가 되기도 했다.[66]

---

64) 선성원, 『8군쇼에서 랩까지』(아름출판사, 1993), 164쪽.
65) 선성원, 위의 책, 159~160쪽.
66) 조용필 · 강헌, 〈인터뷰/가왕(歌王) 조용필: 피와 땀이 빚어낸 뜨거운 연대〉, 『리뷰』, 제12호(1997년 가을), 115쪽.

1984년

제5장
저항의 불꽃은 타오르고

'위장취업' 노동운동과 블랙리스트

학생운동출신의 위장취업자

5공의 노동관계법은 박정희정권 시절과 마찬가지로 친자본적인 기조 위에서 노동3권을 강하게 제한하였다. 1980년에 이루어진 기업별 노조의 강제, 제3자 개입금지, 노사협의회법의 제정 등은 이후 노동운동의 주된 공격목표가 되었다.[1]

1984년부터 발생한 노동자 투쟁은 80년대 초에 비해 조직적인 성격을 보이기 시작했는데, 이는 80년 5·17 계엄확대 이후 제적당한 학생들이 83년 학원자율화 조치 이전까지 공장에 '위장' 취업하는 경우가 많았기 때문이었다. 80년대 상반기 수도권에 위치한 공단지역에 노동자로 위장취업한 학생운동출신의 노동운동가들은 약 3천~4천명에 이르렀

---

1) 김인재, 〈반민주적 법률의 개폐와 사법민주화〉, 학술단체협의회, 『6월민주항쟁과 한국사회 10년 II: 6월민주항쟁 10주년 기념 학술대토론회 자료집』(당대, 1997), 53~54쪽.

다.[2]

특히 경인지역의 공장지대에 학생출신 노동자들이 많았는데, 김승경의 증언이다.

"나는 위장취업자로 인천에 있는 종업원 140명의 소규모 전자공장에 일하러 갔다. 그런데 무슨 일이 일어났는지 짐작이나 하겠는가? 140명 가운데 10명의 위장취업자가 있었다. 즉각 나는 누가 활동가인지 알아볼 수 있었다. 그 작은 공장이 활동가들로 넘쳐흘렀다."[3]

이들이 현장노동자들에게 사회의 모순을 알려나가고 이를 통해 노동자들이 의식화되면서 노동자들의 투쟁이 조직적으로 변모하기 시작했던 것이다.

'우리는 고대 노예입니까'

당시 노동자들의 생활상은 어떠했던가? 1984년 도서출판 풀빛에서 출간된 『공장 옥상에 올라』의 한 대목만 인용해보자.

"콩나물국에 말아 한 그릇을 훌훌 비우고, 얼마 남지 않은 식사대열의 꼬리를 다시 따라간다. 혼자가 아니다. 여기저기에서 빈 식기를 들고 '야 야, 더 먹어둬', '작업량이 빡빡하다구' 옆자리의 친구까지 부추기면서 잇따라 일어서고 있는 것이다. 갓 들어온 신참들은 처음엔 쑥스러워서 식기를 내던지고 식당문을 나서지만, 며칠이 지나고 분위기에 익숙해지면 헤헤거리며 식사창구에 빈 식기를 내밀게 된다. 빈 식기에는 그러나 김치나 나물 등 반찬은 담겨지지 않는다. 밥 한 덩이와 국물뿐이다.

---

2) 김영수, 〈계급주체 형성과정으로서의 1980년대 노동운동〉, 이해영 편, 『1980년대 혁명의 시대』(새로운세상, 1999), 253쪽.
3) 구해근·신광영 옮김, 『한국 노동계급의 형성』(창작과비평사, 2002), 161쪽에서 재인용.

'아줌마, 김치 좀 얹어 주쇼', '떨어졌네'"[4]

한 여성노동자는 겨울에도 "버스 토큰까지 아끼려고 한 시간씩을 걸어다녔으며, 얼굴이 터도 로션을 몰랐다."[5]

또다른 여성노동자의 말을 들어보자.

"1984년 1월 4일 모 일간지의 문화면에 우리 회사가 소개되었다. 그곳에는 〈신정휴가를 반납한 구로공단의 여공들〉이란 제목하에 '일당 4500원, 떡국으로 새해 축하, 사장이 위로하며 구정에는 특별 보너스를 약속했다'는 내용의 기사가 실려 있었고, 커다란 맥주컵을 들고 활짝 웃는 동료들 모습이 담긴 커다란 사진과 대문짝만하게 회사가 소개되어 있었다. 그러나 그 사진은 미싱을 한쪽에 밀어놓고 빈 병을 나눠주면서 맥주를 마시는 것 같은 축제 분위기를 조작하고 H이사가 앞에서 억지로 웃겨 찍은 것이고, 노동자들은 신정휴가에 강제출근했으며, 당시 일당 3000원 이상을 받은 노동자는 없었다."[6]

한 남성노동자의 말이다.

"하루 종일 고되게 일하고 지친 몸이 쉴 곳이라곤 몇푼의 돈을 절약하기 위해서 서너 명이 함께 얻은 비좁은 자취방뿐이다. 3, 4명이 한방에서 여유 없이 찡겨 자는 우리들은 눈뜨자마자 현장으로 달려가야 하고 급히 살다 보니 조각구름 쳐다볼 여유조차 없었다. 한강 위에 유람선을 타고 살쪄 고민하는 어르신네들, 좋은 세상 온다고 격려하던 어르신네들은 한강 개발한다고 물고기님들을 위해 집을 짓고 있는데 우리는 고대 노예입니까, 중세 농노입니까?"[7]

4) 박영근, 〈휴식시간 1〉, 『공장 옥상에 올라』(풀빛, 1984), 25쪽.
5) 이상수, 『나는 충무경찰서 유치장 초대가수였습니다』(청동거울, 2002), 203쪽에서 재인용.
6) 이상수, 위의 책, 206쪽.
7) 이상수, 위의 책, 206쪽에서 재인용.

5공정권의 노동운동 탄압

전두환정권은 노동자들의 비참한 노동조건을 개선해보려고 애쓰기는
커녕 오히려 대학출신의 노동자 및 민주노조 운동의 경력이 있는 운동가
들을 노동현장에서 쫓아낸다는 목적 아래 84년부터 이른바 '블랙리스
트'를 만들어 각 단위사업장에 배포했다. 이 '블랙리스트'는 정부는 물
론이고 기업, 노동부, 국가정보기관이 힘을 합해 작성한 것으로서, 125개
사업장의 해고자 681명, 복직자 60명, 재취업자 57명에 대한 신상명세
를 한눈에 파악할 수 있게 조사, 정리한 것이었다.[8]

후일(87년 10월 27일) 전국 목회자 정의평화실천협의회와 인천지역
해고노동자협의회가 공개한 또다른 '블랙리스트'에는 78년의 동일방직
해고노동자 124명과 태창섬유, YH무역 등에서 해고된 노동자 1662명의
이름이 올라 있었다.[9] 이 '블랙리스트'로 인해 학생운동과 노동운동 경
력이 있는 사람들은 원천적으로 취업할 수 없었으며, 사업장에서는 불법
적인 해고가 자행되었다.

1980년 이후 일터에서 쫓겨났던 민주노조출신의 해고노동자들은 자
신들의 재취업을 원천적으로 봉쇄한 블랙리스트 철폐운동을 벌이다가
점차 노동운동 탄압에 깊숙이 개입한 5공정권의 반노동자적 성격을 폭
로하고 법제도 개선을 요구하는 정치적 성격의 투쟁으로 나아가게 되었
다. 이들은 과거의 기업별 민주노조운동의 한계를 극복하고, 현장 내 곤
란한 운동조건을 보완하기 위한 단일외곽 지원단체의 필요성을 절감하
게 되었는데, 그리하여 탄생한 것이 1984년 3월 10일에 설립된 '한국노
동자복지협의회'였다.[10]

---

8) 강수돌, 〈1980년대 한국의 경제성장과 노사관계〉, 이해영 편, 『1980년대 혁명의 시대』(새로운세상, 1999),
   128쪽.
9) 김영수, 〈계급주체 형성 과정으로서의 1980년대 노동운동〉, 이해영 편, 위의 책, 264쪽.

노동운동의 대응

해고자들에 의해 서서히 불붙기 시작한 노동운동은, 노동현장 내에서의 노동대중투쟁의 활성화로 이어졌다. 생존에 대한 위협은 더욱 커진 데에 비해, 정치적 억압은 유화국면을 맞았기 때문이었다.

1984년 4월 23일에 부산 태화고무 노동자의 직장폐쇄 항의농성, 5월 1일 청계피복노조 합법성 쟁취 공개토론회 등에 이어 5월말부터는 전국에 걸쳐 택시기사들이 게릴라식 파업투쟁을 벌였다. 대구에서 시작된 택시기사투쟁은 뛰어난 기동성을 이용하여 기습적으로 이루어졌으며, 전국 각지로 확산되어갔다.[11]

택시운수노동자들의 격렬한 저항에 놀란 전두환정권은 이들 노동자들의 투쟁을 합법적 테두리 안에 가두려는 유화정책의 일환으로 노동조합의 설립을 상대적으로 허용하는 양보방침을 취할 수밖에 없었다. 이러한 상황을 이용하여 1984년 한 해에만 택시업체 1백여 개를 비롯한 2백여 개의 신규노조들이 결성되었다. 여성노동자들도 정부의 탄압에 강력하게 대응하였다. 특히 노조결성을 이유로 해서 무더기로 부당해고된 협진, 유니전 여성노동자들은 금속노련 사무실과 민한당사에서 단식농성을 벌여 협진과 유니전의 노조탄압을 사회문제화시켰다.[12]

생존권 확보와 노조결성을 지향하는 대중적 투쟁열기가 높아지면서, 또다른 노동운동의 축에서는 대중적인 노동운동에 '조직성'과 '계획성'

---

10) 엄주웅, 〈변혁적 노동운동의 대중화와 계급적 지평의 확대〉, 조희연 엮음, 『한국사회운동사』(한울, 1990), 151~153쪽.
11) 엄주웅, 위의 글, 153쪽. 1984년 5월 25일, 대구에서 1천여 명의 택시 운전기사들이 사납금 인하, 노조결성 방해중지 등의 요구를 내걸고 총파업에 돌입했는데, 파업은 곧 부산, 대전, 마산, 강릉 등지로 파급되었다. 이 대단위 파업은 부분적인 월급제 실시 등의 가시적인 성과 외에도 단기간 내에 150여 개의 택시노동조합을 탄생시키는 계기가 됨으로써 노동운동에 커다란 파급효과를 미쳤다.
12) 이승희, 〈인간해방·여성해방을 향한 80년대 여성운동〉, 조희연 엮음, 『한국사회운동사』(한울, 1990), 293~294쪽.

을 부가하려는 적극적인 움직임이 일기 시작했다. 1980년대 후반기 노동운동에까지 큰 영향을 미치게 되는 대표적인 투쟁은 1984년 6월 이후에 구로지역을 중심으로 결성된 민주노조들(대표적으로는 대우어패럴, 효성물산, 가리봉전자, 롬코리아 등)의 활동과 인천 대우자동차 노조민주화운동이었다. 구로지역의 민주노조들의 경우 상대적으로 긴 시간의 준비와 사전단계의 대중조직화 사업을 기초로 하여 결성되었으며, 그 과정속에서 현장투신한 지식인출신의 노동자들이 리더로서 활동한 대표적인경우였다.[13] 노동자들은 85년 1월 19일 민주노동자 블랙리스트 철폐대책위원회를 결성하여 블랙리스트 철폐투쟁을 본격적으로 전개하기 시작했다.

민중문화운동협의회의 발족

노동운동은 학생출신 노동자뿐만 아니라 점차 활성화되기 시작한 민중문화운동 진영으로부터도 지원을 받게 되었다.

1984년 4월 18일, 1970년대 이래 문화예술 각 분야에서 활동을 전개해오던 대학문화운동 출신들이 주축이 되어 '민중문화운동협의회'(민문협)가 서울에서 발족되었다. 공동대표는 송기숙, 황석영, 김종철 등을 포함한 5명이 맡았다. 민문협은 각종 문화행사 기획이나 자료집 발간, 그리고 회보 『민중문화』 발간 등을 통하여 공개적 활동을 전개해나갔다.

남한 최초의 진보적 문화운동단체라 할 수 있는 민문협은 처음에는전국적 조직의 형태로 출범하였으나, 점차 각 지역에서도 공개 문예운동단체가 발족되자 자연스럽게 서울지역의 문예운동단체로 자리잡아나가

---

13) 소설가 이문열은 후일 『구로 아리랑』을 통하여 이들 현장투신 지식인들을 조롱하였다.

게 되었다. 민문협 이후 출범한 각 지역의 문예운동단체로는 광주의 민중문화연구회(1984년 12월에 발족)와 대구의 우리문화연구회(1985년 2월에 발족) 등을 들 수 있다.

초기의 민문협은 문예, 교육, 언론, 출판 등 문화의 전 분야에 있어서 진보적 활동을 해오던 작가, 예술인, 언론인, 교수, 출판인들이 전국적 규모로 결집하여 하나의 '사회문화운동'을 추구하고자 하는 문화운동단체로서 활동을 전개하였다. 그러나 민문협이 창립된 지 1년 후인 1985년 4월에 있은 대우자동차 파업투쟁과 6월에 있었던 구로지역 동맹파업투쟁을 기점으로 민문협도 문화운동 차원에서의 정치투쟁을 병행해나가게 되었다.[14]

강제징집 철폐투쟁

한편 대학가에선 대학생 강제징집 철폐투쟁이 벌어졌다. 84년 4월 12일 기독교를 믿는 학생들을 중심으로 대학생들은 〈더이상 이 땅에 억울한 죽음이 있어서는 안됩니다〉라는 내용의 성명서를 발표했다.

이들은 "신성해야 할 국방의 의무가 이 나라의 진정한 민주주의를 구현하고자 노력했던 학생들에 대한 새로운 정치적 보복과 탄압의 수단으로 전락하였으며, 심지어 여러 사랑스러운 학생들의 계속적인 죽음을 초래하기까지에 이르렀음을 보면서 놀라움과 두려움을 그리고, 분노를 금할 수 없다"면서 "군생활 도중 자살 또는 의문의 죽음을 당한 것으로 알려진, 한영현, 김두황, 정성희, 이윤성, 한희철, 최온순 등 여섯 학생들의 죽음은 그것이 자살이든 아니든 결국은 강제징집이 빚은 살인"이라고 말

---

14) 이 글은 박영정, 〈80년대 민중문예운동의 전개과정〉, 조희연 엮음, 『한국사회운동사』(한울, 1990), 325~328쪽의 내용을 간략히 요약한 것입니다.

했다.[15]

---

15) 〈대학생 강제징집 문제에 관한 공동성명: 더이상 이 땅에 억울한 죽음이 있었서는 안됩니다〉, 동아일보 편,
『선언으로 본 80년대 민족 · 민주 운동』(동아일보사, 1990), 242~243쪽.

민추협 출범

김영삼과 김대중의 합작

1983년 가을 김영삼은 김대중계의 동교동 인사들을 만나 민주화운동 연합전선을 펼 것을 제의했다. 당시 김영삼의 상도동계는 민주산악회를 중심으로 간헐적이나마 민주화운동을 벌여나가고 있었으나, 동교동계의 경우는 김대중의 부재로 인해 뿔뿔이 흩어진 상태였고, 한 달에 한 번 정도의 계모임 정도로 만나는 상황이었다.

84년 김대중이 미국에 머물고 있는 동안 동교동계의 핵심인사들은 연합전선의 구체적 방식이라 할 민추협(민주화추진협의회) 구성문제로 뜨거운 논란을 벌였다. 김상현, 예춘호, 김녹영, 박종률, 조연하 등은 "두 김씨의 신뢰회복과 결속만이 민주회복을 가져올 수 있고 영·호남간의 지역대립도 해소할 수 있다"고 밝히면서 참여를 주장한 반면, 박영록, 양순직, 박종태, 김종완 등은 "선장이 없는데 어떻게 남의 배를 타느냐"며 김대중의 귀국을 기다려 결정하자는 입장 차이를 보였다.[16]

반대론을 편 사람들은 79년 전당대회 이후 김영삼이 당직 배분 등 당초의 약속을 어겼다는 점을 문제삼았다. 반대론을 강력히 주장했던 김종완의 말이다.

"YS의 제안을 믿을 수 없다는 시각이 많았습니다. 결과적으로 다시 속아넘어가는 것이 아닌가 의심했지요. 게다가 당시 재야에서는 기성 정치인들을 신뢰하지 않는 분위기가 강했습니다. 특히 YS는 79년 이전까지만 해도 온건한 입장이었기 때문에 동교동 내에서는 그에 대한 거부감이 많았습니다. 미국에 있던 DJ가 민추협에 참여하라는 메시지를 보낸 뒤에도 분위기가 쉽게 바뀌지 않았지요. 끝내 동교동 내에서 합의가 이뤄지지 않았습니다."[17]

김상현은 "직접 지시를 받지 않았지만 김대중의 뜻은 양측이 합의하는 것이다. 그가 귀국하면 모든 책임은 내가 지겠다"며 강력한 참여론을 폈다.[18] 결국 양측은 박영록, 양순직, 박종태 등이 불참한 가운데 상도동계의 김영삼, 김동영, 최형우, 김명윤과 동교동계의 김상현, 김녹영, 조연하, 예춘호 등으로 '8인 위원회'를 구성했다. 그리고 김대중을 고문으로, 김영삼을 공동의장으로, 아울러 김대중이 귀국할 때까지 김상현을 공동의장 대행으로 하는 지도부를 구성하였다.

양김에 허 찔린 5공

민추협은 광주항쟁 4주년과 김영삼의 단식투쟁 1주년이 되는 1984년 5월 18일에 서울 외교구락부에서 발기인 모임을 갖고 민주화투쟁선언문을 낭독하면서 정식으로 출범을 선언하였다. 민추협은 이날 발표한 민주

---

16) 이영훈, 〈김영삼과 김대중의 파벌경쟁〉, 『파벌로 보는 한국야당사』(에디터, 2000), 167쪽.
17) 『한국일보』, 1995년 5월 8일.
18) 이영훈, 위의 책, 167쪽.

화투쟁선언을 통해 다음과 같이 말했다.

"전두환정권은 소수의 부패한 특권층만을 위해 절대다수 국민들을 핍박하고 수탈해오고 있다. 우리는 우리 국민의 긍지와 자존심을 회복시키고 국가의 존엄을 해치는 군부독재를 청산해서 국민이 자신의 정부를 선택할 수 있고 시민의 참여가 보장되는 민주정부의 수립을 위하여 민주화는 더이상 지체할 수 없다는 판단 아래 이를 위해 민추협을 발족한다."[19]

이 모임은 과거 신민당출신의 정치인들을 중심으로 하여 김영삼의 상도동계와 김대중의 동교동계 연합체 성격을 띠었지만, 공화당출신의 김창근, 박찬종, 김수, 그리고 유정회출신의 조홍래, 또한 김철 등과 같은 사회주의 정당관계자들도 일부 합류하였으며, 현역의원으로는 무소속의 황명수가 유일하게 가담하였다.

여권은 이들의 연합을 눈치채지 못했다. 83년 8월 15일 두 김씨의 공동선언이 나왔음에도 불구하고 민추협이라는 구체적인 행동이 이어지리라고는 예상하지 않았던 것이다. 당시 여권의 한 핵심인사의 증언이다.

"두 김씨가 연합할 가능성에 대해서는 그다지 걱정하지 않았습니다. 사실 두 사람은 물과 기름의 관계가 아닙니까. 구태여 두 김씨를 분리하는 작전을 쓰지 않더라도 두 사람이 합치는 것은 불가능하다고 보았지요. 그런 상황에서 두 김씨에 대한 대책을 연구할 사람이 어디 있겠습니까."[20]

신당창당을 위한 준비

민추협은 각 도별로 지부를 설치하여 지방조직을 확대하는 한편, 각

---

19) 이영훈, 〈김영삼과 김대중의 파벌경쟁〉, 『파벌로 보는 한국야당사』(에디터, 2000), 168~169쪽.
20) 『한국일보』, 1995년 5월 8일.

종 현실정치의 문제에 대한 성명서 발표, 기자회견 등의 방식으로 민주화운동을 전개해나갔지만, 당국의 철저한 방해공작으로 제대로 된 활동을 벌이기는 어려웠다. 따라서 변호사들로 구성된 인권옹호위원회가 무료변론을 통하여 우회적인 투쟁을 벌여나갈 수밖에 없었다. 박찬종, 김명윤, 홍영기, 김정두, 용남진, 윤철하, 신기하, 김수, 조승형 등 민추협 소속 변호사들은 대구 택시기사 시위사건, 대학생 민정당사점거사건, 서울대 가짜대학생 납치사건 관련자에 대한 무료변론을 맡았다.[21]

같은 해 11월 30일에는 정치규제 3차 해금으로 이철승, 신도환, 김재광, 정해영, 이민우, 조윤형, 이기택, 박한상, 송원영, 김녹영, 김동영 등 구 정치인들이 정치활동을 할 수 있게 되었다. 남은 규제대상 정치인 99명 가운데 84명이 해금되었으며, 김영삼, 김대중, 김상현, 김명윤, 김윤식, 김창근, 윤혁표, 박성철, 홍영기 등 15명은 제외되었다.

이 3차 해금을 전후해 민추협 주요 간부들과 비민추협 해금인사들 간의 신당창당을 위한 접촉이 빈번히 이루어졌다. 비민추협측에서는 이철승, 신도환, 이충환, 김재광, 이기택, 김수한 등이 중심이 되어 범야권통합야당을 추진하면서 민추협과의 제휴를 모색하였으며, 민추협측에서는 김상현, 김녹영, 조연하, 최형우, 김동영 등이 중심이 되어 민추협의 총선과 신당 참여문제에 대한 입장결정을 위해 의견조정에 나섰다.[22]

---

21) 이영훈, 〈김영삼과 김대중의 파벌경쟁〉, 『파벌로 보는 한국야당사』(에디터, 2000), 169쪽.
22) 이영훈, 위의 책, 169~170쪽.

정래혁 사건

정래혁사건은 5공화국의 대표적인 권력형 비리 가운데 하나로 지목되고 있다. 이 사건의 발단은 1984년 6월 13일 문형태의 투서에서 비롯되었다. 국방부장관출신인 정래혁과 선거구가 같았던 합참의장출신의 문형태는 청와대와 안기부, 민정당에 보내는 149쪽에 달하는 투서를 통하여 당시 민정당 대표였던 정래혁이 각종 투기로 모은 재산이 178억 원에 이를 정도로 부패한 정치인이라고 폭로하였다.

문형태는 고향인 화순·곡성에서 공화당 국회의원으로 활동하다 신군부의 정치활동규제에 묶였다가 84년 2월 2차 해금으로 정치활동을 재개하면서 당시 화순·곡성의 국회의원이었던 정래혁의 부정부패를 투서로 신고한 것이었다.[a]

투서에는 정래혁이 서울 강남지역과 과천, 소래 등에 빌딩 4개를 소유하고 있고, 단독주택 5채, 아파트 1채, 심지어, 유치원과 목장 등까지 소유하고 있다고 적혀 있었다. 투서내용을 기반으로 한 조사에서 이들 재산은 모두 부인과 아들, 그리고 사위의 이름으로 되어 있는 것으로 나타났는데, 정래혁의 재산으로 투서에 나타나지 않은 토지 2필지와 서울 강남구의 대지 등도 더 드러났다.[b]

애초 검찰은 투서를 한 문형태를 명예훼손죄로 처벌하려 했었다. 정래혁은 5공화국의 국회의장과 민정당의 대표위원까지 지낼 만큼 권력의 중심부에 있던 인물이었기 때문이다. 그러나 투서내용이 사실로 드러나

---

a) 이경재, 〈민중의 승리: 5·17에서 6·29까지〉, 『신동아』, 1987년 8월, 185쪽.
b) 이경재, 위의 글, 184쪽.

자, 5공은 정래혁과 문형태 두 사람 모두를 처벌하는 기이한 행동을 보였는데, 이것은 사건의 본질을 흐리고 파장을 최소화하기 위한 것이었다.

이 사건으로 정래혁은 민정당 대표위원직을 물러났고 의원직 사퇴와 함께 민정당을 탈당했으며, 축재한 재산을 사회에 환원하기로 약속했다. 문형태 또한 공개사과문을 통해 정치를 재개하지 않겠다고 밝혔다.[c]

이 투서로 인해 정래혁은 민정당 대표위원을 비롯한 모든 공직으로부터 물러나게 되었지만, 이 사건은 '민주정의당' 이 정의(正義)와는 전혀 무관할 뿐만 아니라 상층부터 썩은 정당이라는 걸 잘 드러내준 사건이었다.[d]

정래혁의 축재조사가 한창 진행중일 때 일어난 이정식사건도 그 점을 부각시켰다. 국보위 입법위원을 지냈고, 평화통일정책자문위 부의장인 이정식이 공무상 기밀을 이용해 부동산 투기를 하고 탈세를 한 사건이었다.[e]

이정식은 실업계 대표로 입법의원에 임명되는 등 신군부하에서 두각을 나타낸 인물이었다. 대지종합기술공사 대표로 제주도 서귀포시 도시계획에 참여했던 이정식은 도시계획구역 내의 7천2백평을 산 것 이외에도 남제주군 일대에 11만평의 땅을 더 사두었는데, 이러한 사실이 내무부 감사반에 의해 밝혀지면서 사건은 시작되었다. 그러나 이 사건은 검찰이 특수부에 배당하지 않고 일반 형사부에 배당하는 한편 탈세부문 비밀누설죄 부문 등을 적용하지 않는 등 사건을 축소수사하면서 이정식이 집권층과 인척관계가 아닌가 하는 소문을 낳기도 했다.[f]

---

c) 이경재, 〈민중의 승리: 5·17에서 6·29까지〉, 「신동아」, 1987년 8월, 185쪽.
d) 임영태, 〈제5공화국〉, 「대한민국 50년사 2」(들녘, 1998), 206쪽.
e) KBS노동조합, 「5공하 KBS 방송기록: 80~87년 KBS 특집에 나타난 권언유착의 실상」(KBS 노동조합, 1989), 14쪽.
f) 이경재, 위의 글, 185쪽.

'환상적으로 강요된 애국심'

'미국제일주의'의 광기

재선을 노리는 미국 대통령 로널드 레이건의 선거전략인 '미국 제일주의'는 1984년 7월 28일에 개막된 로스엔젤레스올림픽에서 그 클라이맥스를 장식하였다. LA올림픽 중계를 맡은 ABC-TV가 미3대 텔레비전 방송사 가운데 보수적 성향이 가장 강하다는 사실도 레이건의 선거전략과 맞아떨어지는 행운으로 작용했다.

ABC는 미국의 라이벌 소련이 불참했기 때문에 LA올림픽을 '미국의 축제'로 몰고가는 것이 시청률을 올리는 데에 가장 유리할 것이라는 결론을 내리고, 중계방송을 미국용과 외국용의 두 가지로 나누어 미국시청자들을 대상으로 한 국내용 중계방송은 노골적으로 '광신적 애국주의'라는 테마로 몰고가도록 지시했다. 물론 이것은 레이건의 선거운동을 대신해준 결과를 가져왔다.

ABC-TV 중계방송을 지켜본 호주의 육상선수 데비드 스미드가 '마치 이번 올림픽이 미국과 미국을 제외한 전세계와의 싸움 같은 인상을 준다'라고 불평한 것은 전혀 과장된 것이 아니었다.[23] ABC-TV는 미국 선수가 출전하여 상위권에 입상한 경기에 중계방송을 편중시켰으며 타 국선수에 관해서는 거의 언급하지 않았다.[24] ABC-TV 스포츠 아나운서 들은 중계할 때 미국선수를 '우리편'이라고 부르고, 미국선수가 승리할 때는 환호를 올리고 미국선수가 패배할 때는 노골적으로 안타까움을 표 시함으로써, 텔레비전 시청자들을 흥분의 도가니로 유인하였다.[25] 미국 관중들은 성조기를 흔들며 미친 듯이 '미국' '미국'을 외쳐댔으며, 이는 제2차 세계대전 이후 가장 격렬한 승리감의 표현이라고 묘사되었다.[26]

'LA올림픽개선 국민축제'

LA올림픽은 미국만의 축제가 아니라 한국의 축제이기도 했다. 8월 13일에 폐막된 LA올림픽에서 금메달 6, 은메달 6, 동메달 7개로 종합 10위에 오르는 대기록을 세웠기 때문이었다. 16일간의 올림픽 기간 중 모두 11회의 호외를 발행한 『조선일보』를 필두로 하여 언론매체들은 '올 림픽 열기'를 달구는 데에 앞장섰다.

LA올림픽이 끝난 후에도 올림픽 찬가는 계속해서 울려 퍼졌다. LA올 림픽에서 메달을 딴 선수들의 출신학교는 물론이고 본적지와 거주지에 이르기까지 대대적인 환영대회가 개최되었고, 방송은 이를 중계하느라

23) ⟨ABC Weather Charges of Biased Olympiad Coverage⟩, 『Broadcasting』, 13 August, 1984, pp. 52~53.
24) William A. Henry III, ⟨A Made-for-TV Extravaganza⟩, 『Time』, 13 August, 1984, pp. 68~69.
25) Bain George, ⟨A Commitment to Sports over News⟩, 『MacLean's』, 20 August, 1984, p. 47; Harry F. Waters, ⟨Red, White and Blue TV : ABC's Coverage Scores High Despite a Touch of Jingoism⟩, 『Newsweek』, 13 August, 1984, pp.32~33.
26) Alvin P. Sanoff et al., ⟨Olympic Fever!⟩, 『U. S. News & World Report』, 13 August, 1984, pp. 20~22.

바빴다. 이런 올림픽 찬가의 하이라이트는 LA올림픽 선수들의 개선을 환영하는 국민축제였다.

8월 25일 MBC와 KBS가 여의도 광장에서 공동으로 주최한 'LA올림픽개선 국민축제'가 성대하게 열렸는데, 이날 행사는 초호화판 대형쇼였다. 이날 행사에 소요된 경비는 총 1억2천만 원으로 행사의 모든 비용은 정부가 아니라 MBC와 KBS의 주머니에서 나왔다. 두 방송사는 공동으로 6천만 원씩 투자했다.[27]

'환상적으로 강요된 애국심'

'LA올림픽개선 국민축제'에 대해 김남일은 다음과 같이 말했다.

"2천 명의 대형합창단과 조용필, 이주일 등의 인기 연예인이 출연한 이 대형쇼는 이미 가라앉은 올림픽 열기를 억지로 다시 부추기려는 의도만 앞섰기 때문에, '정리되지 않은 어수선한 분위기' 속에서 사회자의 말과 화면이 맞지 않는 미숙한 진행과 불필요한 감탄사로 범벅이 되어 있었다. 마치 '황국식민서사'를 외는 듯한 올림픽 찬양밖에 모르는 출연자들의 유치한 말솜씨는 토요일 저녁을 TV로 즐기려던 시청자들을 일방적으로 괴롭혔다. 불필요하게 폭죽을 터뜨리는 등 TV가 고질적으로 지닌 물질주의 · 물량주의적 병폐가 이번에도 어김없이 드러난 이 프로그램은 시간 · 등장인원 · 경비면에서 TV시청자들에게 제공되는 엄청난 대중문화 공세를 통해서 제5공화국의 정치문화 수준을 단적으로 보여주었다. 세 시간의 지루한 생방송 이외에도 KBS와 MBC가 이 프로그램의 준비상황까지도 사전에 광고방송한 '과잉친절'은 이 대형쇼가 어떤 의도 아래에서 계획된 것임을 증명하고도 남는다. 쓸데없이 많은 돈을 들여

---

27) 고광헌, 『스포츠와 정치』(푸른나무, 1988), 151~152쪽.

(이 돈은 시청자들이 낸 시청료와 TV광고를 보고 시청자가 소비하는 상품의 가격 일부이다) 이렇듯 유치하고 겉만 번지르한 대형쇼들, 그리고 그것도 한참 지난 올림픽 분위기와 결부시켜 제작하고 방영하는 그 '의도'는 무엇일까."[28]

고광헌은 다음과 같이 개탄했다.

"우리의 인기연예인들이 전부 동원되어 주로 〈아! 대한민국〉 같은 소위 건전가요를 부르고, 코미디언들의 식상한 연기가 국민대중을 사로잡은 밤이었다. 특히 충격적인 것은 즉석에서 환상적으로 강요되었던 애국심이었다. 무척 성스럽고 장엄하게 말하려고 애쓰는 아나운서의 진행에 따라 몇번씩 애국가를 부르고, 태극기는 대형 애드벌룬에 매달려 초가을 여의도 상공에 쓸쓸히 휘날렸다. 다같이 애국가를 반복해서 부를 때 휘황찬란하던 조명과 네온싸인이 일제히 꺼지고 완벽한 어둠과 정적 속에서 태극기에만 스포트라이트를 비추게 하였다. 태극기는 환상적으로 아름다웠다. 그러나 이 순간 여의도에 모인 사람들과 전국의 모든 시청자들은 집단최면에 빠져들어가고 있었다. 그들은 비이성적 방법으로 말초적인 감정에 의탁한 애국심을 강요했다. 과연 지구상 어느 나라에서 이렇게 기상천외한 일이 벌어질 수 있을까? 우리의 정치·문화적 수준이 겨우 이 정도라고 생각하니 참으로 답답하고 안타까웠다."[29]

---

28) 『민중문화』 3호에 기고한 글; 고광헌, 『스포츠와 정치』(푸른나무, 1998), 112쪽에서 재인용.
29) 고광헌, 위의 책, 151~152쪽.

함평 · 부안 농민대회

양파 · 고구마 파동

80년대 들어 농민운동은 신군부의 음모를 간파하지 못한 채 민주화가 순차적으로 진행될 것이라는 낙관주의에 젖어 '민주농정실현 전국농민대회'(1980년 4월 11일)와 '헌법 및 농림법령 공청회'(1980년 4월 17일) 등을 개최하는 등 단순히 농업관련 법률의 개정을 요청하는 수준에 머물러 있었다.[30]

그러나 광주민주화항쟁은 그들의 낙관주의에 큰 타격을 주었다. 이후 농민운동은 70년대 농민운동의 한계를 절감하면서 '대중적' 조직화로 나아가게 되었다. 그 한계 가운데 가장 중요한 게 이념의 허약성이었다. 교회라는 배경과 공동체적 동질성에 의존해서 문제해결을 하고자 했다는 것이다. 그로 인해 농민들 자체 내의 집단적 응집력이 떨어지고 현장

---

30) 박세길, 『다시 쓰는 한국현대사 3』(돌베개, 1992), 154쪽.

으로부터 고립되는 문제가 나타났다. 이런 문제를 극복하고 대중적 조직화로의 방향전환이 잘 나타난 것이 84년 9월 2일 함평·무안 농민대회였다.[31]

이른바 '개방 농정'이라는 이름하에 진행된 농축산물 수입개방의 확대와 하·추곡 수매가 동결로 인해 농촌의 사정은 최악의 상태에 이르러 84년 농가부채는 호당 3백만 원을 넘어섰다.[32] 함평·무안 농민대회는 이 지역의 주요 소득원인 양파와 고구마에 대한 정부의 부당한 정책에서 기인하였다.

양파를 경작한 농민들은 그동안 부당한 농지세제에 따라서 실제 소득액보다 훨씬 높은 세금을 내왔었다. 1983년에는 양파를 밭에서 갈아엎을 만큼 양파시세가 똥값이 되었지만 정부에서 아무런 보상 한 푼도 없다가, 그 이듬해인 1984년에 양파시세가 다시 좋아지자 이번엔 을류농지세를 과중하게 부과했던 것이다.

고구마는 정부의 수매중지라는 파국을 맞게 되었다. 그동안 정부당국에서 매년 생고구마를 수매해왔는데, 농축산물 수입의 확대로 인해 고구마 대체용인 당밀을 수입하게 되자 1984년부터 생고구마 수매를 중지하겠다고 선언했던 것이다.

정치구호까지 나온 농민대회

이와 같은 주먹구구식의 농업정책은 그동안 외국 농축산물 수입, 농협의 독단적 운영, 하·추곡 수매가 동결, 농가부채 급증 등으로 누적되었던 함평·무안 농민들의 분노를 일시에 터뜨리게 하는 계기가 되었다.

---

31) 윤수종·김종채, 〈80년대 한국 농촌사회구조와 농민운동〉, 한국사회학회 편, 『한국사회의 비판적 인식: 80년대 한국사회의 분석』(나남, 1990), 357쪽.
32) 박세길, 〈다시 일어서는 민중〉, 『다시 쓰는 한국현대사 3』(돌베개, 1992), 154~155쪽.

84년 9월 2일 함평·무안 농민대회는 이 지역의 주요 소득원인 양파와 고구마에 대한 정부의 부당한 정책에서 비롯되었다. 이 대회는 자주적 농민조직 결성의 계기가 되었으며 전북지역 농민들의 TV시청료 거부운동과 함께 농민들의 분노가 표출된 대표적 사건이었다. 사진은 86년 9월 여의도에서의 농민시위.

이에 그동안 꾸준히 활동해오던 가톨릭농민회, 기독교농민회 등의 농민회 회원들은 조직적인 저항이 필요하다는 인식에 다다르고, 이에 따라 3개월에 걸친 준비 끝에 장날인 9월 2일에 함평읍에서 농민대회를 개최하기로 결정하였다.

경찰의 원천봉쇄를 피하기 위하여 비공개적으로 조직을 동원한다는 계획이었지만 정보가 누설되어 지도부가 사전검거되고, 당일에는 경찰의 원천봉쇄 조치가 취해졌다. 그런 악조건에도 불구하고 함평·무안 농민대회는 원래의 계획대로 9월 2일에 강행되었다. 농민대회 장소로 몰려드는 농민들을 경찰이 강제로 귀가조치시키는 과정에서 농민 60여 명을 연행하였지만, 그래도 2백여 명의 농민들이 경찰의 삼엄한 경계망을 뚫고 농민대회를 열었다. 4백여 명의 정사복 경찰들이 달려들어 시위를 진압하려 했으나 농민들은 격렬하게 저항하면서 '양파에 부과된 을류농지세 철회' '생고구마 전량수매' '함평지역 농지개량조합 특별조합비 부과 철회' '지방자치세 실시' 등의 구호 등을 끊임없이 외쳤다.[33] 이 대회에선 10여 개의 생존권적 요구와 함께 "전두환 방일반대"라는 정치구호까지 등장하였는데, 이는 농민운동에선 최초의 정치구호로 기록되었다.[34]

농민들의 격렬한 저항은 큰 성과를 거두었다. 을류농지세가 철회되었고 고구마 전량수매가 이루어졌다. 그리고 4억 원으로 예정되었던 수세가 1억 원으로 줄어들었다. 이러한 성과로 자신감을 얻은 농민들은 자신들의 지속적인 활동을 보장하기 위해 1985년 4월 1일에 '함평농우회'를 결성하게 되었는데, 이는 휴전 이후 최초로 만들어진 자주적 농민조직이었다.[35]

'TV시청료는 민정당과 정부만 내라'

이런 본격적인 농민운동과 더불어 TV의 농촌 왜곡보도에 항의하는 움직임도 상승세를 타고 있었다.

---

33) 박세길, 『다시 쓰는 한국현대사 3』(돌베개, 1992), 155~156쪽.
34) 윤수종·김종채, 〈80년대 한국 농촌사회 구조와 농민운동〉, 한국사회학회 편, 『한국사회의 비판적 인식: 80년대 한국사회의 분석』(나남, 1990), 357쪽.
35) 박세길, 위의 책, 156~157쪽.

1984년 4월 28일, 천주교 전주교구 고산천주교회와 한국가톨릭농민회 전주교구연합회 완주협의회는 "정의복지사회란 땀흘려 일하는 사람에게 그 정당한 대가가 실현되는 사회임에도 불구하고 구호와는 달리 소수 가진 자들만이 판을 치는 세상이 되었으며, 선진조국 복지농촌을 떠들어대면 댈수록 우리 농민의 삶은 더욱 어려워지고만 있다"며, 그러한 위선과 기만의 도가 가장 높은 TV를 겨냥하여 "TV시청료는 민정당과 정부만 내라"는 성명서를 발표했다.[36]

　1985년 중반부터는 재야운동단체들이 농민들의 시청료거부운동에 호응함으로써, 시청료거부운동은 전국적 운동으로 확산되기 시작했다.

---

36) 윤재걸, 〈KBS의 편파성을 해부한다〉, 「신동아」, 1986년 5월, 212~242쪽.

전두환의 일본 방문

83년 1월, 나카소네는 총리로서는 일본 역사상 최초로 한국을 방문했다. 84년 9월, 전두환은 이에 대한 답방으로 한국 대통령으로서는 처음으로 일본을 '국빈 방문' 했다. 방일 때 일본 총리와 악수하는 정주영.

한일관계는 10·26사건으로 박정희가 사망하자, 그동안 친일적이었던 박정희 덕으로 유지될 수 있었던 한일관계의 인맥들이 모두 끊겨 애매한 상태에 놓여 있었다. 전두환은 일본에게는 아주 생소한 인물이었으며, 전두환 역시 일본에 대해 무슨 특별한 생각을 갖고 있던 건 아니었다.

이러한 상황에서, 일본은 1981년 2월의 전두환·레이건 회담과 1981년 5월의 레이건·스즈키(당시 일본총리) 회담에 뒤이어, 일본이 미국을 통해 한국에 경제협력을 할 의사가 있음을 알려왔다. 이에 전두환정권은

'한·일 외무회담'을 통하여 "한국이 공산세력의 침략으로부터 일본을 방어하는 방파제 역할을 하고 있다"는 이른바 '일본의 안보 무임승차론'과 "국교수립 후 늘어나는 '대일 무역적자'에 비해 한국에 제공된 공공차관이 지나치게 적다"는 두 가지 논리를 내세워, 한국의 '경제개발5개년계획' 추진을 위해 60억달러의 차관을 요청했으나, 스즈키 내각은 이 요청에 난색을 표했다.[a]

1982년 말, 스즈키 총리가 사임하고 뒤를 이은 나카소네 야스히로 총리는 동아시아에서의 일본의 역할을 강조하면서, 그 연장선상에서 미국과의 유대강화와 한국과의 새로운 관계 정립에 매우 강한 의욕을 내보였다. 특히 한국과의 관계에서는 차관의 액수문제로 협상이 결렬되었던 한·일 간의 대화통로 재개를 위해 한국정부와 협상을 벌이기로 한 것이다.

나카소네는 "한일관계를 좀더 차원 높은 관계로 하기 위해 상호협력하고 싶다"며 83년 1월 11일 전격적으로 방한했다. 나카소네는 일본 역사상 최초로 한국을 방문한 일본의 수상이었다. 나카소네는 총 40억달러 규모의 일본 정부개발원조(ODA) 공여를 주내용으로 하는 합의서에 서명하였다.[b]

이후 한·일 관계는 눈에 띄게 호전되었다. 전두환은 나카소네 총리의 방한에 대한 답방 형식으로 새로운 한·일 관계정립을 위해, 1984년 9월 6일 한국 대통령으로서는 처음으로 일본을 '국빈방문'하여 상호이

a) 김창훈, 〈전두환정부의 외교〉, 『한국외교 어제와 오늘』(다락원, 2002), 149~150쪽.
b) 최미정, 〈한미일 군사일체화와 한반도 군사훈련〉, 장상환 외, 『한미관계의 재인식2』(두리, 1991), 165쪽.

익과 한반도 문제에 관해 정상회담을 갖고 한·일 간의 영원한 선린우호 협력관계를 명시하는 공동성명을 채택하였다. 또 전두환의 일왕 예방 때, 일본의 제125대 왕인 히로히토는 다음과 같은 사과의 뜻을 처음으로 표명하였다.

"금세기의 한세기에 양국 간에 불행한 과거가 있었던 것은 진심으로 유감이며, 다시 되풀이되어서는 안된다."[c]

---

c) 김창훈, 〈전두환 정부의 외교〉, 『한국 외교 어제와 오늘』(다락원, 2002), 152쪽.

『노동의 새벽』과 『영웅시대』

얼굴 없는 노동자 시인 박노해 *

얼굴 없는 노동자 시인 박노해는 83년 황지우, 김정환, 김사인 등이 꾸려가고 있던 동인지 『시와 경제』 2호에 〈시다의 꿈〉, 〈하늘〉, 〈그리움〉 등 총 6편의 시를 발표하며 문단에 데뷔했다. 박노해의 등장에 대해 최재봉은 이렇게 말한다.

"박노해의 노동시들은 특히 민중문학 진영에 큰 충격을 주었다. 그의 시를 접한 많은 지식인 문인들은 어쩔 수 없는 위축감을 맛보았다. 그것은 무엇보다도 체험의 직접성이 가져온 충격이자 위축이었다. 채광석을 중심으로 한 일단의 민중주의자들은 자신의 출신성분을 저주하면서 노동자계급에의 복무를 선언하기에 이른다. 반드시 그들과 같은 견해를 지

---

*) '박해받는 노동자의 해방'이라는 뜻에서 박노해라 불렸던 그는 본명 박기평으로 88년 1월 실천문학사에서 제정한 제1회 「노동문학상」을 수상했으며, 91년 사노맹(남한사회주의노동자동맹) 사건으로 구속·수감되어 98년 8·15특사로 사면되었다.

니지 않은 이들일지라도 지식인문학의 한계와 위선에 대한 반성은 시대의 유행과도 같았다."[37]

『시와 경제』, 그리고 박노해에 대해 장석주는 이렇게 말한다.

"『시와 경제』의 등장은 문단의 '충격'이고 '사건'이었다. 이들은 급진적 현실변혁 이념을 당당하게 드러낸 1980년대 문학의 '전위'이자 현실의 '최전선'이었다. 무엇보다 『시와 경제』가 거둔 가장 큰 성과는 노동해방이라는 이념을 시 속에 담아내며, 참혹한 노동현장의 비인간적인 삶의 실상을 고발한 박노해라는 뛰어난 노동자 시인을 발굴한 데 있다. 오랫동안 '얼굴 없는 시인'으로 불린 박노해는 시집 『노동의 새벽』을 내놓아 1980년대 최고의 문제 시인으로 떠오른다."[38]

84년 9월에 나온 『노동의 새벽』엔 모두 42편의 시가 실렸다. 이 가운데 〈손 무덤〉을 감상해보자.

손 무덤

올 어린이날만은
안사람과 아들놈 손목 잡고
어린이 대공원에라도 가야겠다며
은하수를 빨며 웃던 정형의
손목이 날아갔다

작업복을 입었다고
사장님 그라나다 승용차도

---

37) 최재봉, 〈문학으로 만나는 역사: 37. 박노해 '노동의 새벽'〉, 『한겨레』, 1996년 11월 12일, 14면.
38) 장석주, 『20세기 한국 문학의 탐험 4』(시공사, 2000), 408쪽.

공장장님 로얄살롱도
부장님 스텔라도 태워주지 않아
한참 피를 흘린 후에
타이탄 짐칸에 앉아 병원을 갔다

기계 사이에 끼어 아직 팔딱거리는 손을
기름 먹은 장갑 속에서 꺼내어
36년 한 많은 노동자의 손을 보며 말을 잊는다
비닐봉지에 싼 손을 품에 넣고
봉천동 산동네 정형 집을 찾아
서글한 눈매의 그의 아내와 초롱한 아들놈을 보며
차마 손만은 꺼내주질 못하였다

훤한 대낮에 산동네 구멍가게 주저앉아 쇠주병을 비우고
정형이 부탁한 산재관계 책을 찾아
종로의 크다는 책방을 둘러봐도
엠병할, 산데미 같은 책들 중에
노동자가 읽을 책은 두 눈 까뒤집어도 없고

화창한 봄날 오후의 종로거리엔
세련된 남녀들이 화사한 봄빛으로 흘러가고
영화에서 본 미국상가처럼
외국상표 찍힌 왼갖 좋은 것들이 휘황하여
작업화를 신은 내가
마치 탈출한 죄수처럼 쫄드만

고층 사우나빌딩 앞엔 자가용이 즐비하고
고급 요정 살롱 앞에도 승용차가 가득하고
거대한 백화점이 넘쳐흐르고
프로야구장엔 함성이 일고
노동자들이 칼처럼 곤두세워 좆빠져라 일할 시간에
느긋하게 즐기는 년놈들이 왜 이리 많은지
- 원하는 것은 무엇이든 얻을 수 있고
    바라는 것은 무엇이든 이룰 수 있는 -
선진조국의 종로거리를
나는 ET가 되어
얼나간 미친 놈처럼 헤매이다
일당 4,800원짜리 노동자로 돌아와
연장노동 도장을 찍는다

내 품속의 정형 손은
싸늘히 식어 푸르뎅뎅하고
우리는 손을 소주에 씻어 들고
양지바른 공장 담벼락 밑에 묻는다
노동자의 피땀 위에서
번영의 조국을 향락하는 누런 착취의 손들을
일 안하고 놀고 먹는 하얀 손들을
묻는다
프레스로 싹둑싹둑 짓짤라
원한의 눈물로 묻는다
일하는 손들이
기쁨의 손짓으로 살아날 때까지

박노해의 노동시들은 민중문학 진영에 큰 충격을 주었다. 참혹한 노동현장의 비인간적인 삶의 실상을 고발한 박노해는 84년 9월에 시집 『노동의 새벽』을 발표했는데, 그 한 달 후인 10월엔 이문열이 '선진조국'과 '번영의 조국'을 승인할 것을 요구한 소설 『영웅시대』를 냈다.

묻고 또 묻는다[39]

---

39) 박노해, 『노동의 새벽』(풀빛, 1984), 85~88쪽.

극우권력의 요람에서 키워진 이문열 문학

박노해의 『노동의 새벽』이 나온 지 한 달 후인 84년 10월엔 이문열의 『영웅시대』가 나왔다. 이 두 작품은 양극을 달린다고 해도 좋을 정도로 대조적이었다. 박노해는 노동자들의 한을 토로했던 반면, 이문열은 '선진조국'과 '번영의 조국'을 승인할 것을 요구하였다.

1979년 초에 데뷔한 이문열의 소설은 그의 본의와는 관계없이 5공을 정당화해주는 기능을 충실히 수행하였고, 그런 이유 때문인지 언론도 '이문열 띄우기'에 열을 올렸다. 이문열의 『영웅시대』가 나왔을 때에 문학평론가 백낙청은 그런 "황당한 이데올로기 소설이 문제작이고 분단문학의 걸작이라고 평가받는 요즘의 풍토"에 개탄했지만, '각주'(脚註)를 통해 자신의 개탄 대상이 이문열이라기보다는 언론의 무분별한 '띄워주기'임을 다음과 같이 밝히고 있다.

"『영웅시대』를 예로 든 것은 이 작품이 절대적으로 가장 황당해서가 아니라 그것에 쏟아진 온갖 찬사와 흥분된 논의에 비해 상대적으로 그렇다는 뜻에서다. '이데올로기 소설'이라고 한 것은 저자 자신의 것으로밖에 볼 수 없는 관념들의 포로가 주인공 및 주변인물들의 입을 빌어 거듭거듭 나오기 때문인데, 이 경우 그러한 관념에 독자가 동의하느냐 않느냐는 문제 이전에 도대체 '형상화'가 안되었음을 문제삼아야 할 것이다."[40]

백낙청의 이문열 비판과 관련, 출판인 김언호의 85년 3월 25일자 「출판일기」는 다음과 같이 기록하고 있다.

"지난번 자유실천문인협의회의 '민족문학의 밤'에서 행한 백낙청 교수의 강연이 설왕설래가 되고 있다고 한다. 그날 백교수는 이문열씨의 『영웅시대』등이 시원찮은 작품이라고 비판했는데, 이문열, 김원일씨 등

---

40) 백낙청, 『민족문학과 세계문학 II: 백낙청 평론집』(창작과비평사, 1985, 제8쇄 1995), 346쪽.

이 항의하는 서명을 하고 신문에 알리고 했다는 것이다."[41]

후일 문학평론가 임우기는 이문열 소설의 이데올로기에 대해 다음과 같이 말했다.

"(이문열)씨의 그간의 엄청난 대중적 인기는, 그의 작품으로 보자면, 당시 독재권력하에 엄혹했던 민중들의 현실을 적당히 건드리면서 사실상 관념적인 낭만주의 세계로 80년대 준열한 사회의식을 희석시키거나 호도시켰던 것이다. 맹목적에 가까운 낭만주의와 대학생 철학도의 의식 세계를 연상시키는, 다분히 상식적이면서도 관념적이고 사변적인 내용, 그리고 개념 취향적이고 의고적(擬古的)인 그의 문체는 80년대, 90년대의 이념과 관행에 의해 무차별 세례를 받았던 학생 및 대중의식의 불안한 허기(虛氣)를 적당히 충족하며 그 시대에 주도면밀하게 상응했고, 이와 더불어 언론과 지배권력과의 밀월여행이 사실상 이문열 문학의 '대성공' 배경이었던 것이다. 적어도 의도했건 안했건 이문열 문학은 80년대 극우적 권력의 요람에서 키워졌다는 점은 부인키 힘들다."[42]

5공 교육정책과 교양주의

이문열이 누린 대중적 인기의 또다른 한 축은 이른바 '서구적 교양주의'였다. 이는 문학시장 상황과 부합되는 것이었다. 마광수는 이문열의 성공을 가능케 한 '환경'에 대해 다음과 같이 말한다.

"나는 그 근본적 원인을 우리나라 독자들의 '교양주의 선호' 현상에서 찾아볼 수 있다고 본다. 특히 1980년대 초부터 문교부에서 대학의 정원을 대폭 늘임에 따라 대학생 숫자가 엄청나게 불어났다. 그래서 그들

---

41) 김언호, 『책의 탄생 (I): 격동기 한 출판인의 출판일기 1985~1987』(한길사, 1997), 50~51쪽.
42) 임우기, 〈문인과 문학을 생각한다〉, 『문예중앙』, 제91호(2000년 가을), 304~305쪽.

은 고등학교 때 미처 못 배웠던 여러 가지 교양적 지식들에 대하여 게걸스럽게 탐식하는 쪽으로 나아갔는데, 아무래도 딱딱한 이론서적보다는 소설을 통해 교양을 습득하는 것이 더 재미있기 때문에 교양주의 소설이 많이 읽히지 않았나 싶다. 이문열뿐이 아니라 우리나라의 많은 작가들이 본능적 표출욕구에서보다는 교사적 지식인의 사명감으로 교양주의 소설을 많이 생산해내고 있다."[43]

김명인도 이문열의 교양주의에 대해 다음과 같이 말한다.

"그의 작품들이 낙양의 지가를 올리는 데에는 물론 그의 탁월한 솜씨가 절대적인 기여를 하지만 결국 이념혐오로 귀일됨에도 불구하고 그의 허무주의, 낭만주의, 교양 취미, 귀족주의 등의 다양한 변주가 주는 매력도 무시할 수가 없다. 보수문학, 상업주의 문학의 반지성성과 저급성에도, 민중문학의 윤리적 강박에도 쉬이 친밀감을 갖지 못하는 대중독자들에게 그의 작품들은 재미와 적당한 교양을 제공함으로써 호소력을 지닌다. 하지만 거기에 함정이 있다. 이문열의 숲에 들어서는 독자들은 그가 가꾸어놓은 보기 좋은 나무와 꽃들을 바라보는 데 취하여 그 숲 전체가 내뿜는 이념혐오의, 아니 탈현실의 독기를 눈치채지 못하게 된다."[44]

중산층의 부상과 교양주의

이문열의 '교양주의'는 대학생 수가 늘어난 것 못지않게 '교양'을 찾게 된 중산층의 부상으로 더 큰 힘을 발휘할 수 있었을 것이다. 그것도 서구적 교양을 원하는 중산층 말이다. 물론 이문열의 교양주의는 서구적 교양주의이며, 이는 한국사회의 문화적 사대주의와도 잘 맞아떨어졌다.

---

43) 마광수, 『왜 나는 순수한 민주주의에 몰두하지 못할까』(민족과 문학사, 1991), 340~341쪽.
44) 김명인, 〈한 허무주의자의 길 찾기〉, 류철균 편, 『이문열』(살림, 1993), 207~208쪽.

이 점은 이동하가 이미 1982년에 발표한 글에서 다음과 같이 지적하였다.

"어쩌면 「그해 겨울」과 『사람의 아들』은 모두 서구적 교양에 깊이 물든 관념의 세계에서 창출된 것이며 그렇기에 그와 꼭 마찬가지로 서구적 교양에 깊이 물든 채 관념의 왕국에서 살고 있는 고급 지식인계층의 독자들을 매혹할 수 있었던 것이라고 설명하는 것이 가능할지도 모른다. 우리는 서구적 교양이라든가 관념 편향을 그 자체로서 거부할 의사는 추호도 없다. 사실 그것들은 이미 우리 삶의 작지 않은 일부분을 형성하고 있는 터이며 우리의 문화를 일정한 수준으로 끌어올리는 데 귀중한 역할을 담당해온 것도 사실이다. 그러므로 그것을 문학의 세계 속에 끌어들인다는 것은 우리의 생활 속에서 움직이고 있는 어떤 중요한 요소에다 형상의 옷을 입혀 정식화하는 작업으로서 분명히 소중한 의미를 지니기도 한다. 그러나 좀더 바람직한 것은 그 관념과 현실 사이에 심각한 거리가 존재한다는 사실을 진지하게 의식하고, 그 의미를 반성적으로 검토하여 극복의 길을 열려는 치열한 의욕이 그 작업에 수반되는 경우가 아닐까?"[45]

---

45) 이동하, 〈낭만적 상상력의 세계인식〉, 이태동 편, 『이문열』(서강대학교 출판부, 1996), 170쪽.

민정당사 점거농성사건

"1984년 11월 14일 오후 4시 30분경 서울 종로구 안국동. 겨울을 예고하는 싸늘한 늦가을 비가 부슬부슬 내리고 있는 가운데 고려대, 성균관대, 연세대생 264명이 민정당 중앙당사를 향해 돌진하는 사건이 벌어졌다. 학생들은 '왜 우리는 민정당사를 찾아왔는가' 라는 제하의 유인물을 살포하면서 건물 9층으로 올라가 안으로 철제문을 걸어잠그고서 창문에 기다랗게 '노동법 개정하라' '전면해금 실시하라' 는 플래카드를 내걸고 농성에 들어갔다."[a]

학생들은 민정당은 12·12와 5·17 이후 일당독재체제를 제도적으로 확보하고 567명에 이르는 정치인을 정치풍토쇄신법으로 묶어놓은 상태에서 군부세력을 중심으로 만든 군사정당일 뿐이며, 또 독자적인 정치역량과 정치사상 없이 물리력과 금력을 바탕으로 급조된 정당이라고 주장했다. 덧붙여 이들은 민정당은 대중성이 결여된 철새 정치인들의 집합소이자 소수 지배정당에 불과할 뿐더러 폭력정권의 합법적 외피로서 의회민주주의의 위장물이라고 강하게 비판하면서 민정당의 즉각적인 해체를 주장했다.[b]

학생들은 또한 총학생회 인정, 노동자 권익옹호, 노동악법 철폐, 전면해금 실시, 집시법, 언론기본법 폐지 등의 요구조건을 내걸고 민정당 대표 권익현과의 면담을 요구했지만, 권익현은 "폭도와는 타협 없다. 당장 투항하라"라고 대응하면서 경찰에 무력진압을 요청했다. 그리고 다음날

---

a) 박세길, 〈다시 일어서는 민중〉, 『다시 쓰는 한국현대사 3』(돌베개, 1992), 136쪽 재인용.
b) 장석주, 『20세기 한국 문학의 탐험 4』(시공사, 2000), 431쪽; 김삼웅 편저, 『사료로 보는 20세기 한국사』(가람기획, 2001), 378쪽.

새벽 4시 30분 쇠파이프로 중무장한 수백명의 경찰이 당사의 벽을 부수고 최루탄을 난사하며 무력진압을 감행했고, 이로부터 20여분 만에 점거농성에 참여했던 학생들은 모두 체포되었다. 이 중 180명이 구류를 살고, 19명은 구속·수감되었다.[c]

13시간 동안 이루어진 민정당 중앙당사 점거농성은 10여일 전인 11월 3일 연세대에서 전국 42개 대학 2천여 명이 참여한 가운데 '학생의 날 기념식 및 군사독재퇴진 궐기대회'를 개최하면서 결성한 학생운동조직인 '민주화투쟁학생연합'이 주도한 것이었다. 학생들의 민정당사 점거농성 사실이 알려지자, 대학생들은 이를 지지하는 성명서들을 발표하는 한편, 지원농성을 전개했다.

11월 20일에는 고려대에서 '전국대학생대표자회의'의 성과를 기초로 '전국학생총연맹'을 구성하여 53년 이후 최초로 전국적 학생운동을 건설하기에 이르렀다. 학생들은 2·12 총선을 염두에 두고 85년 1월 14일 '민주총선쟁취학생연합'을 결성하고 1월 28일, 2월 5일, 2월 8일 "민정당 독재 결사반대"를 외치며 가두투쟁에 나섰다.[d]

---

c) 박세길, 〈다시 일어서는 민중〉, 『다시 쓰는 한국현대사 3』(돌베개, 1992), 136쪽.
d) 김민호, 〈80년대 학생운동의 전개과정〉, 『역사비평』, 창간호(1988년 여름), 104~105쪽.

제6장

탄압과 고문의 광기 속에서

김대중의 귀국과 2·12 총선

민추협의 '선거투쟁' 선언

1984년 12월 7일 민추협은 김영삼, 김상현, 김명윤, 김창근, 김윤식, 윤혁표, 박성철, 홍영기, 김덕용 등 미해금자들까지 참석한 가운데 전체 운영회의를 열었다. 이 자리에서 선거참여 여부를 놓고 열띤 토론이 벌어졌다. 김영삼과 김상현 등은 "오늘날과 같은 언론상황 아래서는 효과적인 선거거부운동은 불가능하며 총선을 거부하더라도 선언적 의미밖에 없다"는 견해를 피력하며 총선참여를 강력하게 주장하였다.

그러나 이날 회의에서는 총선참여 여부에 대한 결론을 얻지 못하고 그 결정을 김영삼 공동의장과 김상현 공동의장대행에게 위임하였다. 민추협의 진로문제를 위임받은 김영삼은 12월 8일 비민추협을 대표하는 이철승과 만나 "두 사람은 국민이 원하는 참신한 야당을 창당해 민주거점의 구축을 위해 뒷받침해야 한다는 데 인식을 같이 했다"는 공동발표문을 내놓았다. 이에 따라 민추협은 12월 11일에 김대중 고문, 김영삼 공동의장, 김상현 공동의장대행 등 3인의 이름으로 다음과 같은 기자회견 문을 통해 '선거투쟁전개'를 선언하였다.

"우리는 민주화운동의 기구로서 민추협의 조직을 계속 유지확대 강화하면서 범국민적 민주화 추진의 일환으로 선거투쟁을 전개하기로 하였다. 우리의 선거투쟁은 민정당에 대한 반대투쟁을 그 핵심으로 한다. 이러한 관점에서 민추협은 이번 선거투쟁에 적극적으로 대처할 것을 선언하며 민주화투쟁에 대한 결연한 의지를 내걸고 국민의 적극적 호응을 호소한다. 민추협은 민주화 추진을 위하여 국민이 납득할 수 있는 민주적인 자생정당이 창당된다면 전폭적인 지지와 성원을 보낼 것이다."[1]

이미 84년 11월 30일에 이루어진 3차 해금으로 구신민당출신 전직의원들의 정치활동이 가능케 되자 민추협은 기존의 관제야당의 한계를 극복한 신당창당을 시도했다. 이 신선한 바람은 관제야당 민한당 의원들을 동요케 하였다.

84년 12월 19일 김현규, 홍사덕, 서석재, 박관용, 김찬우, 최수환, 손정혁, 김형래, 이정빈 등 10명의 의원과 김한수, 유제연, 심봉섭 등 전직의원 3명이 집단탈당하여 신당에 가담키로 하였다. 이어서 부총재 신상우를 비롯한 다수 의원들이 추가탈당 움직임을 가시화하였다.

전두환정권은 민한당 의원들의 신당참여를 막기 위하여 외압을 시도했다. 신당참여를 선언했던 김현규와 홍사덕이 갑자기 모기관에 연행되었으며, 두 사람 가운데 김현규가 신당참여를 포기하였다. 그러나 이러한 외압에도 불구하고 신당은 본격적인 창당준비 작업에 들어가 이민우, 김녹영, 조연하, 최형우, 김동영, 박종률 등 민추협 6명과 신도환, 이기택, 송원영, 김수한, 노승환, 박용만 등 비민추협 6명 등 총 12명으로 실무대표기구를 구성하였다.

---

1) 이영훈, 〈김영삼과 김대중의 파벌경쟁〉, 『파벌로 보는 한국야당사』(에디터, 2000), 170쪽.

신민당 창당

신당의 이름은 신민당(신한민주당)이었다. 신민당은 12월 20일 발기인 115명이 참석한 가운데 창당발기인대회를 열고 창당준비위원장에 이민우, 부위원장에 김녹영, 조연하, 이기택, 김수한, 노승환, 박용만을 선출하였다. 이어 신민당은 2·12 총선을 불과 20여일 앞둔 1985년 1월 18일 서울 앰배서더호텔에서 대의원 532명이 참석한 가운데 창당대회를 열고 총재에 이민우, 부총재에 김녹영, 조연하, 이기택, 김수한, 노승환 등 5명을 선출하고 정식으로 출범하게 되었다. 이민우는 사실상 "총재라기보다 '양김씨'가 합의한 대리인 또는 관리자"였다.[2]

이날 대회는 '집단'과 '단일'을 절충한 지도체제를 바탕으로 당운영을 총재단합의제로 하기로 하고 총선 후 6개월 내에 정기전당대회를 열어 당의 체제를 개편하기로 하는 당헌을 채택하였다. 신민당은 총재단을 상도동계 1명 동교동계 2명 비민추협 3명으로 안배해 민추협과 비민추협이 5 대 5로 균형을 이루게 한 가운데, 총재단을 제외한 14명의 정무위원도 철저하게 5 대 5의 안배방식을 택해 박종률, 황명수, 최형우, 김동영, 손주항, 조순형, 서석재 등 민추협 7명과 이철승, 신도환, 김재광, 한건수, 송원영, 김옥선, 이택돈 등 비민추협 7명으로 똑같이 나누었다.

일반 당직은 총선이 임박하였기 때문에 따로 임명하지 않고 임시기구로 선거대책본부를 구성하여 당무를 집행하게 되었다. 선거대책본부장에는 김재광, 본부차장에는 김수한, 박종률이 임명되었으며, 총무위원장에는 황명수, 조직위원장에는 노승환, 인권위원장에는 김옥선, 재정위원장에는 박종률, 정책위원장에는 이택희가 기용되었다.[3]

---

2) 이기택, 『호랑이는 굶주려도 풀을 먹지 않는다』(새로운사람들, 1997), 166쪽.
3) 이영훈, 〈김영삼과 김대중의 파벌경쟁〉, 『파벌로 보는 한국야당사』(에디터, 2000), 171~172쪽.

김대중의 귀국

신민당 창당은 2월 12일로 예정된 제12대 총선을 대비한 것이었다. 선거일 4일 전인 2월 8일에는 미국에 사실상 망명중이던 김대중이 전두환정권의 강한 압력과 협박에도 불구하고 2년여 만에 귀국하여 신민당에 큰 힘을 실어주었다. 김옥두는 김대중이 귀국하던 날 김포공항의 풍경을 다음과 같이 묘사했다.

"'김대중! 김대중!! 김대중!!!' 공항 안은 물론이고 공항 밖에도 인산인해의 물결을 이루고 있어서 청사 안으로 들어갈 틈이 없었다. 이날 약 1만여 명에 이르는 경찰병력은 아침부터 공항으로 통하는 모든 도로를 봉쇄하고, 공항 길목마다 임시 검문소를 설치하는 등 별별 수단을 다 동원했지만, 전국 각지에서 자발적으로 모여든 수백, 수천, 수만, 수십만명의 환영객들이 부르짖는 '공항으로 가자! 공항으로 가자' 하는 행진을 막을 수가 없었던 것이다. 그리고 김대중선생의 신변을 보호하기 위하여 미국의 정계지도자와 인권운동가 등 20여 명이 자발적으로 수행하였고, 게다가 수십명의 기자단이 동행하였다. 귀국을 앞두고 전세계 뉴스의 초점이 김포공항 청사에 쏠려 있었다. 하지만 김대중선생이 김포공항에 도착하자 안기부와 경찰은 김대중선생과 함께 동행한 사람들을 강제로 제압하고, 그들을 떼어놓기 위해 폭력을 행사하는 등 아수라장 끝에 김대중선생 가족을 강제로 흰색 마이크로 버스에 태워 동교동으로 빼돌렸다. 그러나 환영나온 30만 인파는 이를 모르고 김대중선생이 입국장에서 나오기만을 손꼽아 기다리고 있었다."[4]

언론은 김대중의 귀국을 어떻게 보도했던가? 『동아일보』는 이렇게 말한다.

---

4) 김옥두, 『고난의 한길에도 희망은 있다』(인동, 1999), 292~293쪽.

"당국은 김씨의 귀국기사를 2단으로 취급하도록 지침을 내렸다. 본보는 그러나 이를 지키면서도 교묘하게 편집기술을 발휘했다. 제목을 크게 뽑고 1면 중간톱자리에 놓은 것이다. 이 기사는 사실상 이날 기사 중 가장 눈에 띄는 기사였다."[5]

김대중의 귀국 효과에 대해 이경재는 이렇게 말한다.

"총선을 불과 4일 앞둔 그의 귀국은 신민당의 바람에 열기를 더해주었다. 각 후보들은 유세장에서 연설이나 팸플릿을 통해 김대중씨의 귀국을 붐 조성에 연결했던 것이다."[6]

'양김' 이라는 간판으로 이긴 선거

신민당은 '대통령직선제 개헌' '국정감사권 부활' '지방자치제 전면 실시' '언론기본법 폐지 및 노동관계법 개폐' 등의 선거공약을 확정하고 창당 25일 만에 총선에 뛰어들었다. 이 선거에 대해 임혁백은 다음과 같이 말한다.

"2월 12일의 총선은 사회운동세력들의 전략적 선택이 옳았음을 증명하였다. 일단 선거유세가 시작되자마자 유세장은 정권에 의해서 금기되어왔던 언어가 분출하는 공간으로 화하였다. 집권자의 광주학살 관련, 영부인의 금융스캔들 관련사실이 공개적으로 신당후보의 입에서 튀어나왔고, 기존의 충성스런 야당들은 '1중대, 2중대, 3중대'라는 언어로 비하되었다. 선거공간은 반대세력의 언술의 경계를 넓혀주었고, 2·12 총선을 개별 국회의원을 뽑는 것이 아니라 민주화에 대한 국민투표로 변모시켰다."[7]

---

5) 송영언, 〈80년대 이후 민주화대장정 동아가 헤쳐온 정론 험한 길: 신군부 압제에 저항 직필 저항 문민시대 이끌었다〉, 『동아일보』, 1994년 4월 1일, 44면.
6) 이경재, 〈민중의 승리: 5·17에서 6·29까지〉, 『신동아』, 1987년 8월, 183쪽.
7) 임혁백, 『시장·국가·민주주의: 한국민주화와 정치경제이론』(나남, 1994), 274쪽.

임광순은 2 · 12 총선 당시의 상황에 대해 이렇게 말한다.

"뾰족한 선거무기가 없었던 신민당은 당 기관지를 통한 홍보에 진력하기로 전략을 세우고 『신민주전선』이란 제호의 당보를 발간, 임광순을 초대주간으로 임명했다. 창간호에서 당보의 제호 왼쪽에는 '행동하지 않는 양심은 악의 편이다. 김대중 전신민당 대통령 후보', 오른쪽엔 '나는 잠시 살기 위해 죽는 것 같지만 영원히 살 길을 선택할 것이다. 김영삼 전 신민당 총재'라는 양김의 어록을 실어 신민당이 그들에 의해서 주도된 정당임을 상징적으로 내세웠다."[8]

그랬다. '양김'이라는 간판 하나로 족했다. 2 · 12 총선은 11대 때의 78.4%를 훨씬 상회하는 84.2%의 높은 투표율을 보이면서 "5 · 16 이후 최대 투표율"이라는 기록을 남긴 가운데 신민당의 승리로 귀결되었다.

지역구 당선의석은 민정당 87석, 신민당 50석, 민한당 26석, 국민당 15석이었으며, 전국구는 민정당 61석, 신민당 17석, 민한당 9석, 국민당 5석으로 배분되었다. 득표율을 보면 민정당은 35.25%, 신민당 29.26%, 민한당 19.68%, 국민당 9.16%로, 비록 관제야당의 것까지 포함한 것일망정 야권의 총득표율이 58.1%나 되어 민정당을 크게 압도한 것으로 나타났다. 특히 서울과 부산 등과 같은 대도시에서는 여당보다 높은 지지를 얻어 '여촌야도'라는 말을 실감나게 했다(신민당은 서울에서 43.2%의 득표율을 올렸다).

신민당이 관제야당 민한당을 제치고 제1야당으로 부상함으로써 민한당 의원들은 대거 신민당에 입당하게 되었고, 그 결과 신민당은 5월 9일 민한당 부총재 이태구의 입당으로 헌정 이후 최대 의석인 103석을 확보하여 거대 야당으로 발돋움하게 되었다.[9]

---

8) 임광순, 〈이야기로 풀어가는 정치야사 11: 흩어진 야당결집 정당재건 초석놓아〉, 『전북중앙』, 2002년 12월 12일, 7면.
9) 정운현, 〈신민당, 제1야당으로〉, 『호외, 백년의 기억들』(삼인, 1997), 230~232쪽.

파랗게 질린 민정당

반면 여당인 민정당은 파랗게 질렸다. 전두환의 증언이다.

"2·12 총선 후 우리 당의 많은 의원이 사기가 죽고 의욕을 상실하고 패잔병같이 해서 사기가 땅에 떨어졌어요."[10]

민정당만 사기가 땅에 떨어진 게 아니었다. 더 큰 충격을 받은 건 신군부 중심세력이었다. 보안사령관 안필준은 감찰실장인 대령 한용원에게 친위 쿠데타 계획을 수립케 할 정도였다. 친위 쿠데타에 대한 신군부 내부의 논란 끝에 안기부가 적극적인 정치공작을 추진키로 하였고, 이는 2·18 개각에 반영돼 경호실장 장세동이 안기부장을 맡게 되었다.[11]

5공 실세들의 그런 살벌한 분위기는 대학에까지 영향을 미쳤다. 2·12 총선 다음날인 2월 13일 청와대 교문수석 손제석과 문교장관 권이혁은 민정당사 점거농성 관련학생들의 처벌에 소극적인 태도를 보인 고려대 총장 김준엽을 사퇴하도록 압력을 가했다. 김준엽이 그 압력을 거부하자 개각으로 교체된 교문수석 신극범과 문교장관 손제석팀은 고려대에 대해 감사를 실시하여 교직원 자녀의 입학특혜를 문제삼아 김준엽을 3월 8일 사퇴토록 하였다. 총장 파면에 항의하여 학생들이 시위를 일으키자 김준엽은 학교 출입이 금지되었고 외유를 떠나도록 강요당했다.[12]

그러나 이미 대세는 민주화로 기울고 있었다. 2·12 총선 후 그간 '민중민주운동협의회'와 '민주통일국민회의'로 갈라져 있던 사회운동의 통합이 급진전되어 3월 29일 '민주통일민중운동연합'(민통련)이 결성되었으며, 1985년 하반기부터 민통련과 신민당은 광범위한 국민 대중의 지지와 참여 속에서 대통령 직선제를 위한 개헌투쟁에 임하게 되었다.[13]

---

10) 김성익, 『전두환 육성증언』(조선일보사, 1992), 147쪽.
11) 한용원, 『한국의 군부정치』(대왕사, 1993), 418~419쪽.
12) 한용원, 위의 책, 419쪽.

김동길의 '낚시론'

이 시기엔 김준엽과 같은 지식인이 있었던가 하면 다른 한편엔 김동길 같은 지식인도 있었다. 2·12 총선의 결과, 다수 국민이 새로운 민주화 열기에 고무돼 있던 85년 4월 연세대 교수 김동길은 이른바 '낚시론'을 제기하였다.

김동길은 『한국일보』 칼럼을 통해 '3김 퇴진'을 주장했다. 80년초 3김이 서로 대통령이 되려고 다투는 바람에 '서울의 봄'을 허망하게 흘려보냈다고 단죄하면서 3김에게 낙향해서 "산 좋고 물 좋은 곳에 가 낚시나 하라"고 몰아붙인 것이다. 그는 "40대가 앞으로 이 나라 민주주의의 기수가 되어야 한다"고 주장했다. 이에 대해 후일 장윤환은 다음과 같이 말했다.

"당시 의식 있는 국민들은 김동길씨의 주장에 황당함마저 느꼈다. 80년 '안개 정국'에서 세 김씨가 뭉쳤더라면 12·12쿠데타로 이미 손에 피를 묻혔고 '광주학살'까지도 서슴지 않았던 신군부가 '민간정부'를 구경만하고 있었겠는가? 그리고 그 글이 발표된 시점도 이상했다. 두 김씨가 주도한 '신민당'이 2·12 12대 총선에서 관제야당인 민한당을 누르고 제1야당으로 힘있게 떠올라 5공의 폭압에 신음하던 국민들에게 민주화의 희망을 안겨주던 그런 국면이었다. 김동길씨가 민주주의 신봉자라면 마땅히 5공 독재를 규탄하고 제1야당을 고무했어야 옳았던 것이다."[14]

---

13) 류청하, 〈1985년 2·12 총선: 위협당한 5공군부독재〉, 『역사비평』, 제16호(1992년 봄), 68~74쪽.
14) 장윤환, 〈'낚시론'과 '깃발론'〉, 『한겨레신문』, 1991년 11월 30일, 1면.

5 · 18 유가족에 대한 탄압

80년대 중반 사람들은 점점 광주학살을 망각해가고 있었지만, 다른 한쪽에선 5공 정권에 의해 5 · 18 참가자들에 대한 극심한 탄압이 자행되고 있었다. 늘 경찰의 사찰을 받아야 했고 무슨 일이든 할 수가 없었다. 그런 탄압은 5 · 18 유가족에 대해서도 저질러지고 있었다. 당시 널리 알려지진 않았지만, 85년 1월 5 · 18 유가족은 다음과 같은 호소문을 발표했다.

시민 여러분!

저들의 유가족에 대한 탄압은 더욱 폭력적이고 교묘하게 계속되고 있는 것 또한 현실입니다. 오늘 선거를 앞둔 이 시점에서 현정부와 민정당이 얼마나 유가족에 대한 교활한 보복조치를 계속하고 있는가를 광주학살의 산 증인인 광주시민 앞에 낱낱이 폭로하고, 이에 즉각적인 중단을 요구하면서 광주시민 여러분에게 호소합니다.

1. 유가족 왕계린(22세)양은 1983년 7월 여군 하사관에 응시하여 1차시험, 2차시험, 신체검사, 면접까지 모두 합격하였으나 지금까지 아무런 통지도 없어 방황하고 있으며,

2. 유가족 정태영(28세)씨는 1984년 11월 27일부터 12월 11일까지 3차에 걸쳐 주식회사 럭키에서 모집하는 해외파견 시험에 응시하여 합격한 후 예방접종, 소양교육까지 마치고 출국 여권수속까지 끝냈으나, 신원조회 결과 검토가 필요하다는 미명 아래 아직까지 통보가 없어 취업을 포기하고 울분을 삼키고 있습니다.

이래도 되는 것입니까? 이토록 잔인하게 광주 유가족의 생존권을 유린하고 취업마저 포기하도록 치사한 조치를 취할 수 있어도 되는 것입니까? 누가 살인자를 대통령으로 인정합니까? 광주학살의 진상조차 규명하지 못하는 정권이 무슨 자격으로 국민 앞에 나서는 것입니까? 김대중씨 등 영향력 있는 정치인을 계속 해금시키지 않으면서 민정당에만 유리한 선거법으로 무슨 민주선거를 할 수 있겠습니까? [a]

---

a) 한국기독교협의회 인권위원회, 〈광주민중항쟁 이후〉, 『1980년대 민주화운동 (1)』(한국기독교협의회 인권위원회, 1987), 375~376쪽 재인용.

자세히 읽기

2·12 총선 홍보용 드라마

2·12 총선을 앞두고 KBS는 소위 선거홍보용 드라마를 15편이나 제작해 방영했는데, 이 드라마의 대부분은 야당을 일방적으로 비난하는 내용이었다. 물론 늘 전두환을 향한 일편단심을 보여드리고 싶어 안달했던 KBS 사장 이원홍의 작품이었다. 99년 KBS노동조합이 펴낸 『5공하 KBS 방송기록』은 다음과 같이 적고 있다.

사장인 이원홍의 지시로 예능국 김현직 국장과 안국정씨가 제작했다. 그 당시 인기 있었던 고발프로인 추적 60분 프로의 형식을 본따 사회자가 진행하면서 모니터로 드라마를 꾸며나가는 형식이 채택됐다.

당시 송재호씨는 이 같은 일방적인 여권옹호성 편파방송을 맡을 수 없다고 항의했으나 묵살됐고 당시 분위기로 더이상 거절할 수 없었다. 이에 송씨는 그렇다면 여·야 공정한 비판을 하는 관심 있는 드라마를 제작하자고 건의했으나 김국장은 국가를 위한 일이니 맡으라고 부탁했다 한다.

녹화가 진행되는 동안 당시 KBS 사장이었던 이원홍씨는 수시로 녹화장소에 찾아와 지켜서서 즉석에서 맘에 안드는 대목을 고치라고 지시하는 등 반민주적 작태를 행했으며 수시로 전화를 걸어 녹화 진전상황을 점검하기도 하였다.

송씨는 이 프로그램으로 인해 국민들로부터 거센 항의와 협박을 받고 심지어 방송국에서도 한 1년간 출연에 심한 불이익을 보았다고 주장한다.

효성빌라에 산다는 한 주부는 송씨에게 "당신은 그같은 방송을 하느냐. 돈이 없어서라면 내가 돈을 줄 테니 그따위 방송을 하지 말아라"는 전화를 했는가 하면 무수한 편지를 통해 강력한 항의를 받았다고 한다.

방송국에서도 한 1년 동안 저 친구가 나오면 시청률 떨어진다며 배역 주기를 거부했으므로 자신도 2·12 총선에서의 KBS 편파왜곡 선거방송의 피해자라고 주장한다.

부산 영도에 사는 한 시민은 송씨에게 "당신 똥 먹어 봤느냐? 나는 똥은 먹어도 당신의 방송은 못 듣겠다"고 항의, 이에 견디다 못한 송씨는 "대한민국의 수준이 당신 같으면 이 KBS에서 아무리 친여성 편파방송해도 야당이 승리할 것이다"라고 항의했다 한다.

송씨는 지금도 이 일로 인해 늘 억울하고 죄스런 마음을 가지고 있다 하며, 그 당시 이 프로그램에 참여하였던 탤런트들도 역시 항상 부끄러움을 떨처버리지 못하며 이 같은 프로그램을 제작한 간부들을 맹렬히 비난했다.[a]

---

a) KBS 노동조합, 『5공하 KBS 방송기록: 80~87년 KBS특집에 나타난 권언유착의 실상』(KBS 노동조합, 1989), 99쪽

깃발논쟁과 CNP논쟁

대학생의 선거참여와 전학련의 결성

2·12 총선에서 분 신민당 바람엔 학생들의 적극적인 총선참여도 크게 기여하였다. 대학가에선 한동안 총선 보이콧론이 지배적이었지만 신민당이 태동하면서 서서히 바람을 일으키자 학생들도 총선참여 쪽으로 기울기 시작하더니만, 방학중에도 '민주총선쟁취학생연합' 대회가 개최되기까지 했다. 학생들의 활약에 대해 이경재는 다음과 같이 언급한다.

"유세장마다 젊은층들이 대거 몰려들었다. 듣기만 하는 게 아니라 적극적으로 호응했다. 서울고 운동장에서 열린 종로·중구 유세장에서 수많은 학생들이 떼지어 환호하거나 야유하는 찬반의사를 분명히 했다. 이민우 후보에 대해서 '이민우' '이민우'를 연호하며 분위기를 돋우었다. 적극적으로 선거운동에 나서는 학생들도 많았다. 서울대 4학년에 복학했다가 자퇴하고 정치에 입문한 지 15일 만에 서울 성북구에서 당선한 신민당의 이철 후보에게 수백명의 대학생이 자원봉사자로 나서 도시락을 싸들고 나와 선거운동을 했다. 서울 동작구에서 신민당으로 나선 박실 후보도 아무 연고 없는 곳에서 당선된 것은 자원봉사자로 나선 대학생들의 공이 컸다. 이 과정에서 대학생들이 선거유세장에서 연설중인 민정당의 허청일 후보에게 암모니아 세례를 퍼붓기도 했다."[15]

대학생들은 2·12 총선에 영향을 미친 동시에 역으로 2·12 총선결과에 영향을 받게 되었다. 2·12 총선 후 대학가엔 총학생회 부활을 위한 선거열풍이 몰아쳤는데, 이에 대해 이경재는 다음과 같이 말한다.

"총학생회 구성의 하이라이트는 후보자들의 합동유세였다. 후보들은 '강력한 민주투쟁'과 '학내문제의 우선해결'로 정견이 갈라졌으나 대체로 강력한 민주투쟁론자들이 당선되었다. 그것은 학원의 민주화투쟁이 격렬해지는 것을 예고하는 것이었다. 학생세력의 연합도 모색되었다. 4월 17일 고려대에서 전학련(전국학생총연합)이 결성, 의장에 김민석(서울대 총학생회장), 부의장에 오수진(성균관대학교 총학생회장) 등 4명이 선출됐다. 결성식이 끝나자 학생들은 대통령의 방미성토대회를 갖고 '현정권에 보내는 경고장'을 채택하며 '매국방미 결사반대' '수입개방 결사반대' '경제종속 결사반대' '군부독재 퇴진하라'는 등 구호를 외치며 횃불시위를 벌였다. 이날의 전학련 결성은 이틀 후인 4월 19일 5천여 명이 참가한 수유리 4·19 묘소시위와 광주사태를 이슈로 한 이른바 '5월투쟁'으로 이어지는 시발점이 되었다."[16]

깃발논쟁

2·12 총선은 이미 그 이전에 학생운동권 진영내 이론투쟁의 양상을

15) 이경재, 〈민중의 승리: 5·17에서 6·29까지〉, 『신동아』, 1987년 8월, 189쪽.
16) 이경재, 위의 글, 189쪽.

드러나게 해준 사건이기도 했다. 2·12 총선을 앞두고 84년 10월에 구성돼 기관지 『깃발』을 통해 이론을 전개해온 '민주화추진위원회'(민추위) 그룹(또는 깃발그룹)은 야당과의 제휴투쟁 방침하에 "야당 정치운동을 포함한 모든 부문운동간의 연대를 구축하면서 대중적 관점에 맞는 슬로건을 내걸고 대중의 정치의식을 고양시키고 장기집권 음모를 분쇄"해야 한다는 목표를 내세웠다. 반면 반깃발그룹은 "제휴투쟁이 국민들에게 야당에 대한 환상을 심어줄 뿐이고 지금 우리에게 주어진 과제는 우선적으로 주체역량·민중역량을 강화하는 것"이라면서 선거 거부론의 성향을 보였다.[17]

깃발그룹은 선도적 정치투쟁이라는 노선을 견지하였는데, 이 개념이 학생운동 내에서 지지와 지도력을 얻으면서 일어난 사건이 84년 11월 민정당 중앙당사 점거농성투쟁, 85년 4월 서울 미문화원 점거농성사건이었다. 깃발그룹은 선도적 정치투쟁을 중심축으로 보면서 민중지원과 연대투쟁을 보조축으로 이해하였다.[18]

이에 반해 당시 서울대 학생운동의 주류라 할 수 있었던 반깃발그룹은 투쟁위원회보다는 학생회를 중심에 두는 사고에 근거한 '대중투쟁론'을 내세우면서 대중활동과 대중지도를 방기한 선도투쟁은 학생운동을 극소수 활동가의 음모투쟁으로 변질시켜버린다고 보았다. 또 반깃발그룹은 학생들의 소시민적 성격과 노동운동의 주체적 역량의 저열성을 들어 지원·연대투쟁을 위한 항상적인 조직구축과 투쟁전개의 전망은 오류라고 비판하였다.[19]

85년 10월 민추위의 주요 간부들이 대거 체포됨으로써 깃발논쟁은 일

---

17) 안병용, 〈깃발 논쟁〉, 중앙일보사 편, 『80년대 한국사회 대논쟁집』(중앙일보, 1990), 246쪽.
18) 안병용, 위의 책, 245~246쪽.
19) 안병용, 위의 책, 245~246쪽; 김민호, 〈80년대 학생운동의 전개과정〉, 『역사비평』, 창간호(1988년 여름), 104쪽.

단락되었지만, 이후 선도투쟁과 대중투쟁의 결합은 늘 학생지도부의 실천적 고민이 되었다.[20]

CNP논쟁

깃발논쟁은 민주화운동청년연합(민청련)을 중심으로 84년에서 85년 봄에 걸쳐 전개되던 이른바 'CNP논쟁' (또는 민주변혁논쟁)과 결합되면서 한국사회 변혁노선에 대한 논쟁으로 확대되었다.

CNP란 각각 시민민주혁명(CDR: Civil Democratic Revolution), 민족민주혁명(NDR: National Democratic Revolution), 민중민주혁명(PDR: People's Democratic Revolution)을 일컫는 것인데, 이 중 소시민적 운동노선인 CDR과 '일상투쟁에서 정치투쟁으로' 라는 단계적 투쟁론이 비판되고 민추위그룹이 주창한 NDR론과 목적의식적인 변혁운동 · 조직운동의 필요성이 광범위하게 받아들여졌다. 그리하여 학생운동 진영은 85년부터 NDR론을 보다 실천적으로 구체화한 '민족 · 민주 · 민중' 이라는 삼민이념으로 통일되었고, 4월 17일 삼민투(민족통일 · 민주쟁취 · 민중해방투쟁위원회)를 결성하여 미문화원 점거농성과 같은 선도적인 정치투쟁을 벌여나가게 된 것이었다.[21]

당시 민추위 위원장이었던 문용식은 CNP논쟁은 '논쟁' 이라기보다는 '의제(擬制)논쟁' 이기 때문에 '도식' 이나 '논의' 로 고쳐 쓰는 것이 타당하다고 말한다. 민청련이 자신의 입장인 NDR의 정당성을 주장하기 위해 전략전술적으로 좌우편향이라고 생각하는 입장을 각각 PDR, CDR로

20) 안병용, 〈깃발 논쟁〉, 중앙일보사 편, 『80년대 한국사회 대논쟁집』(중앙일보, 1990), 246쪽.
21) 이용기, 〈6월항쟁시기 NL-CA 논쟁〉, 『역사비평』 편집위원회, 『논쟁으로 본 한국사회 100년』(역사비평사, 2000), 361쪽.

범주화하여 '희생양'으로 삼은 것에 지나지 않는다는 것이다.[22]

---

22) 문용식, 〈CNP 논쟁〉, 중앙일보사 편, 『80년대 한국사회 대논쟁집』(중앙일보, 1990), 285~286쪽.

'괘씸죄'에 걸린 국제그룹의 해체

부실기업정리 비리

전두환정권은 81년 12월 대통령령으로 부실기업 처리를 위한 비상설 기구로서 산업정책심의회를 설치하고 부실기업정리에 나섰다. 중화학공업 투자조정 및 산업합리화 정책의 이름 아래 85년 5월부터 88년 2월까지 모두 6차례에 걸쳐 부실기업정리가 단행되었는데, 해운업, 조선, 합판, 섬유, 제지, 종합상사 등 광범위한 업종에 걸쳐 이루어졌다. 이런 식으로 88년까지 모두 78개의 기업이 합리화 대상으로 지정되거나 3자 인수방식으로 정리되었다.[23]

부실기업을 인수하는 기업에 대해서는 각종 특혜가 주어졌다. 이들 기업들은 대출원리금 상환을 유예받았고 이자지급과 조세를 감면받았다. 뿐만 아니라 종자돈으로 불리는 '시드머니'(Seed money)를 비롯한

---

23) 이은숙, 〈1980년대 한국경제의 구조〉, 이해영 편, 『1980년대 혁명의 시대』(새로운세상, 1999), 197쪽.

금융과 세제상의 특혜까지 주어졌는데, 이를 통해 가장 재미를 본 것은 대부분 재벌그룹이었다. 이은숙은 당시 30대 재벌에 의해 인수된 기업이 부실기업 대상 중에서 절반 이상이었다면서 이렇게 말한다.

"80년대에 정리된 부실기업의 부채는 모두 6조 8천억 원이 넘었는데, 기존 대출원리금 상환유예액은 4조 2천억 원에 달하는 엄청난 규모였고, 조세감면액은 총 2조 1천억 원에 달하였다. 시드머니는, 대출원금의 상환유예나 이자감면으로도 정리가 곤란한 업체에 대해 10년 거치 10년 분할상환의 특별장기저리 융자로서 총 4608억 원이 대출되었고, 시드머니에 대한 특혜시비가 일자 은행대출금 자체를 대손처리하여 원금을 탕감시켜주는 편법을 썼는데, 그 규모도 9863억 원이나 되었다. 이와 같은 부실기업 처리과정이 은행의 부실채권과 대손처리로 인한 은행부실 가능성으로 부각되자 한은특융을 통하여 지원하였는데, 그 규모는 1조 7200억 원에 달하였다."[24]

'새우가 고래를 먹었다'

1985년 2월 21일 오전 10시에 발표된 국내 제6위의 재벌 '국제그룹'의 해체방침은 겉으론 부실기업정리라는 외피를 썼지만 실제로는 정치보복의 성격이 강한 것이었다.

당시 국제그룹의 주거래 은행이었던 제일은행 행장 이필선은 그날 오전 10시 30분 기자회견을 자청해놓고 재무부에서 작성된 '국제그룹 정상화대책'이란 제목이 붙은 유인물을 마치 제일은행에서 작성한 것인 양 열심히 낭독했다.

그 내용은 국제그룹을 공중분해하여 한일합섬, 극동건설, 동국제강

---

24) 이은숙, 〈1980년대 한국경제의 구조〉, 이해영 편, 『1980년대 혁명의 시대』(새로운세상, 1999), 198쪽.

등 3개사로 찢어발겨 나눠준다는 것이었다.[25]

재계 순위 7위를 달렸던 그룹이 해체되자 사회적으로 커다란 충격을 낳았다. 무엇보다도 인수기업들의 면면이 큰 논란거리였다. 기업의 규모 면에서 이들 기업은 국제그룹에 견줄 수 없을 만큼 작은 규모에 불과했기 때문이다. 국제그룹의 주력기업들을 인수한 한일합섬의 재계 순위는 16위에 지나지 않았다. 당연히 국제그룹 인수과정에 어떤 흑막이 있는 것 아니냐는 의심의 눈초리가 쏠렸다.[26]

한일합섬은 국제그룹의 신발무역을 인수하는 대가로 남주개발, 신남개발, 원효개발 등을 끼워받았는데, 이 회사들은 용산의 매머드 사옥, 해운대 하이야트, 제주 하이야트 호텔, 통도사 골프장 등을 소유한 부동산 회사들이었다. 동국제강은 당시 연간 50억~60억의 순이익을 내던 국제그룹의 연합철강을 인수해 '새우가 고래를 먹었다' 라는 말이 나돌 정도였고, 극동건설은 국제상사 건설부문을 인수하는 대가로 당시 '황금알을 낳는 거위' 라 불리던 동서증권을 인수해 다른 기업들의 부러움을 샀다.[27]

언론과 재계의 반응

사정이 그와 같았으니 어찌 의심을 하지 않을 수 있었으랴. 더욱 놀라운 건 언론의 반응이었다. '국제그룹' 의 해체라는 결정만큼이나 어이없었다. 후일 『경향신문』은 다음과 같이 말했다.

"언론은 국제그룹의 해체에 대해 지극히 냉담한 반응을 보였다. 5공의 언론정책 당국이 국제해체 관련보도에 강압적인 지침을 내려보낸 것이 그 이유다. '1면 머리는 불가. 박스(해설) 기사는 작게 할 것. 재벌의

---

25) 특별취재반, 〈국제그룹의 비극: 보도지침 "족벌경영 부각시켜라"〉, 『경향신문』, 1991년 7월 6일, 19면.
26) 이승구, 〈부실기업정리 논쟁〉, 중앙일보사 편, 『80년대 한국사회 대논쟁집』(중앙일보, 1990), 358쪽.
27) 신준영, 〈전두환과 국제인수 3사의 검은 뒷거래〉, 월간 『말』, 1993년 10월, 48쪽.

부도덕한 경영, 족벌경영을 부각시킬 것' 문공부 홍보실과 청와대에 축소보도를 요청한 김만제 재무장관은 '우리 경제의 대외신인도를 유지하기 위해 가능한 한 작게 다루어줄 것'을 각 보도기관에 따로 부탁하기도 했다."[28]

그러나 한국경제의 대외신인도를 생각하면 애초부터 저지르지 말았어야 할 일이었다. 외국언론과 기업들은 '선인수방식 전면해체'라는 걸 전혀 이해하지 못했고 그걸 사실상의 파산으로 받아들였기 때문이다. 오히려 반(反)경제적인 정책을 집행한 5공정권이 한국경제의 대외신인도를 추락시켰던 것이다.[29]

그렇다면 재계의 반응은 어떠했던가? 『경향신문』은 이렇게 말한다.

> 각 경제단체에도 일체의 논평을 삼가라는 재무부의 엄포가 하달됐다. 양정모씨(국제그룹 회장)가 부회장으로 있던 대한상공회의소도, 많은 회비를 받아가던 대기업의 모임 전경련도 꿀 먹은 벙어리기는 마찬가지였다. 재계의 국제그룹 해체에 대한 공개적인 논평은 공중분해 3년이 넘은 88년 5월 11일, 정주영 현대그룹 명예회장으로부터 나왔다. 그는 능률협회가 주최한 최고경영자 세미나에서 국제그룹 해체를 정면으로 비판했다.
>
> "부실기업정리는 있을 수 있는 정책이다. 그러나 적법한 절차와 합리적인 판단이 갖추어져야 한다. 그런 점에서 5공화국의 부실기업정리는 완전한 실패작이다. 국제그룹의 경우처럼 기업인이 각고의 노력을 통해 일군 기업군을 일거에 분해시켜버린 것은 참으로 유감스러운 일이었다. 국제그룹 20여 개의 업종 가운데 창

---

28) 특별취재반, 〈국제그룹의 비극: 보도지침 "족벌경영 부각시켜라"〉, 『경향신문』, 1991년 7월 6일, 19면.
29) 특별취재반, 위의 글.

업자에 의해 살릴 것이 없었다는 판단은 도저히 납득할 수 없는 일이다. 그 정도 규모의 기업군을 부실기업으로 판정하려면 보다 객관적인 분석이 있어야 할 것이고 최소 1년은 걸려야 할 것이다. 경제정책가들은 그런 일을 다시는 해서는 안될 것이고 경제계도 다시 그렇게 당해서는 안된다."[30]

양정모 일가의 비극

국제그룹 회장 양정모는 그룹해체 사실을 발표 30분 전에야 통고받았다. 당시 양정모의 부인은 녹내장으로 눈이 멀어가고 있었는데 국내 의술로는 치료가 불가능하여 미국의 병원에 수술예약을 해놓은 상태였다. 수술시기를 놓치면 영영 시력을 잃게 되는 상황이었으나 5공정부는 출국을 시켜주지 않았으며, 양정모의 사위들, 국제그룹의 전문경영인들도 출국금지로 묶였다. 또 임직원들이 연대보증을 선 것도 해제해주지 않아 그들의 집이 넘어갈 판이었다.[31]

완강히 버티던 양정모는 마침내 이런 문제들을 포함한 몇가지 문제를 해결해주겠다는 합의 각서 아래 각종 경영권 양도 문서, 주식매매계약서들에 도장을 찍고 말았다. 이때의 상황을 양정모의 아들 양희원은 "그들은 부친을 도장 찍는 기계처럼 여겼다"고 표현했다. 순식간에 알거지가 된 양정모 일가는 친구와 친지들의 남모르는 도움으로 연명해야만 했다.[32]

어디 하소연 할 데도 없었다. 2년 6개월간 죽지 못해 사는 삶을 연명하던 양정모에겐 87년 6월항쟁이 희망의 빛이었다. 양정모는 87년 9월

30) 특별취재반, 〈국제그룹의 비극: 보도지침 "족벌경영 부각시켜라"〉, 『경향신문』, 1991년 7월 6일, 19면.
31) 신준영, 〈전두환과 국제 인수 3사의 검은 뒷거래〉, 『말』, 1993년 10월, 45쪽.
32) 신준영, 위의 글, 46쪽.

'국제그룹복권추진위원회'를 결성해 그룹 복원운동에 나섰다. 88년 4월 국제측은 서울민사지법에 국제그룹 해체는 정치적 동기에 의해서 비롯되었다면서 주식반환청구소송을 냈는데, 『경향신문』은 이렇게 보도했다.

"첫째, 국제그룹의 총수였던 양정모씨가 각종 명목의 '준조세', 즉 성금의 납부에 소극적 또는 비협조적이었던 데 대한 감정적 보복과 징벌의 필요성, 둘째 2·12 총선 당시 양씨가 상공회의소회장으로 있던 부산지역의 선거결과에 대한 불쾌감, 셋째 국제그룹 계열사 처분과정에서 인수업체들에 제공하는 특혜에 따른 반대급부 등 이권개입의 소지, 넷째 재계 전체에 대한 일벌백계의 효과 등이라고 주장했다."[33]

그로부터 5년 후인 93년 7월 29일 양정모는 마침내 헌법재판소로부터 '공권력의 국제그룹 해체는 위헌'이라는 판결을 받아냈다. 그룹해체 후 8년 동안 양복 한 벌 해 입지 않고 2300원짜리 도시락으로 점심을 때우며 싸워 얻은 결과였다.[34]

3개월짜리 어음으로 낸 새마을성금 10억 원

후일, 국제그룹은 전두환에게 정치자금을 적게 냈기 때문에 '괘씸죄'에 걸려 해체당했다는 게 거의 정설로 통용되었다. 양정모는 국제그룹 해체 이유에 대해 다음과 같이 말했다.

"첫째는 내가 미워서고, 둘째는 내 것 뺏어다가 주고 싶은 사람에게 나눠주려고 그랬겠지요."[35]

양정모가 전두환에게 '찍힌' 여러 가지 이유는 후일 청문회를 통해 널

---

33) 특별취재반, 〈국제그룹의 비극: "재벌순위 7위 「성금」 순위 30위"〉, 『경향신문』, 1991년 7월 13일, 19면.
34) 신준영, 〈전두환과 국제 인수 3사의 검은 뒷거래〉, 『말』, 1993년 10월, 46쪽.
35) 신준영, 위의 글, 47쪽.

리 알려졌지만, 그 중 하나는 각종 성금을 내지 않았다는 것이었다. 그가 성금을 내지 않은 이유는 무엇이었을까?

"다른 사람들은 대통령 부인을 찾아보고 여러 가지를 했는지 몰라도 저희 집사람은 한 10여년 병원생활을 하고 있어 출입이 안되었고 저도 예순이 넘은 사람이 여기 저기 머리를 숙이고 다닐 수도 없고, 당시 모금을 하던 심장재단이란 것도 돈이 그만큼이나 들어갔으면 혜택받았다는 사람이 꽤 신문에 나야 할 텐데 그런 것도 없고 해서 나는 그것을 안했지요. …… 나로서는 정상적인 생활을 한다고 했는데 사회가 그것이 아닌 모양입니다."[36]

실제로 양정모는 새세대육영회와 새마음심장재단이 2천5백여억 원을 걷는 동안 한 푼도 내지 않았고, 1984년 11월에는 청와대 비서실의 전화를 받고서야 새마을 성금 10억을 그것도 3개월짜리 어음으로 냈다.[37]

국제그룹 해체 원인으로 양정모가 밝히고 있는 또다른 이유는 전두환이 나눠주고 싶은 사람들이 있어서 자기 것을 뺏었다는 것이다. 국제그룹복원본부측은 이렇게 말했다.

"84년 당시 전두환 대통령은 위기에 몰려 있었다. 양김씨의 민추협은 바람을 타고 있었고 이 같은 상황에서 2·12 총선을 승리로 이끌기 위해서는 막대한 정치자금이 추가로 필요했다. 하지만 전반적인 불황 때문에 10대 재벌에서는 수금이 잘 안됐다. 이때 재벌순위가 저 아래인 재벌 중에서 회사 규모에 걸맞지 않는 거액의 정치자금을 제공하며 권력에 밀착한 재벌들이 있었다. 총선 때 이들에게 비자금을 받아 쓴 전두환은 이들에게 나눠줄 먹이가 필요했다. 그때 걸려든 것이 국제그룹이었다."[38]

84년 가을 어느날 청와대의 만찬

84년 10월 하순 전두환은 청와대에서 당시 10대 재벌그룹 회장과 부인들을 초청해 만찬을 열었는데, 『경향신문』은 이렇게 말한다.

> 84년 10월 하순 석양에 물들어 더욱 곱게 보이는 낙엽들이 만추임을 느끼게 하는 어느날 청와대의 저녁. 10대 재벌그룹 회장들이 동부인으로 내실에 마련된 만찬장에 속속 입장했다. …… 재벌 회장들이 결코 소홀히 할 수 없는, 어쩌면 가장 중요한 일이기도 한 대통령과의 만찬이었다. 국제그룹 양정모 회장은 착석한 후 잠시 주위를 둘러보았다. …… 무심코 가운데로 시선을 옮기는 순간 분명 10대 그룹에 속하지 않는 기업인 부부가 눈에 띄었다.
>
> "10대 그룹과의 만찬이란 연락을 사전에 받고 갔었지요. 그런데 전대통령 옆에는 장상태 동국제강회장이 앉아 있고 이순자씨 옆에는 장회장의 부인이 앉아 있어 의아하게 생각했습니다. 이윽고 전대통령이 말을 꺼내더군요. '장회장은 회사도 조그마한데 성금을 30억 원이나 내셨습니다. 참 훌륭한 기업인이라고 생각하고 있습니다.' 대통령의 말을 들은 총수들은 떨떠름한 표정을 지었고 분위기는 무거웠습니다."
>
> 당시 참석했던 양정모씨의 증언이다. 청와대 성금접수일지에는 '동국제강 새마음심장재단 20억 원, 새마을성금 10억 원'이 84년 10월 8일자로 기록돼 있다. 국제그룹은 그때까지 3억 원의 새마을 성금밖에 못 내고 있었다.
>
> 재벌과 기부금. …… 양정모씨가 이 기부금의 역할을 과소평가했는지 양씨의 권력감각이 둔했는지 당시 재벌그룹 서열 7위였던 국제그룹이 청와대성금납부실적 30위였다는 사실은 우리의 재계

풍토에서는 있을 수 없는 일이었다. 양씨는 뿐만 아니라 이해 초 일해재단모금차 방문한 최순달씨에게 모금액수가 너무 많다고 불평을 하거나 이해 여름 준공된 양산 통도사 골프장과 관련한 새마을성금을 10억 원 연수표로 지급, 권력층의 분노를 샀다. 이러한 권력에 의한 밉보임이 누적돼 국제그룹은 결국 해체의 운명을 맞았는지도 모른다.[39]

전두환의 만찬에 지각까지 하다니!

어디 그뿐인가. 84년 12월 22일 양정모는 청와대에서 열린 전두환과의 만찬에 지각까지 했다. 이에 대해 『경향신문』은 이렇게 기록하고 있다.

이날의 청와대 만찬은 전대통령이 재벌그룹총수들을 불러모아놓고 내년의 2·12 총선에 대한 재계의 협조를 요청하는 자리였다. 양회장은 이 만찬에 참석키 위해 부산에서 급거 상경했으나 때마침 내린 폭설로 비행기가 연착, 지각하고 말았다. 뒤늦게 헐레벌떡 뛰어들어온 양회장에게 전대통령은 "어디 외국이라도 갔다왔어요"라며 불쾌한 표정을 감추지 않았다. 그런데 양회장은 도리어 "부산지역 경기가 낙후해 민정당 지지기반이 취약하니 임해공단을 건설해달라"고 철없는(?) 말을 불쑥 꺼냈다. 눈치 없는 이 한마디가 국제를 돌이킬 수 없는 운명으로 몰고 갈 줄은 아무도 몰랐다.[40]

39) 특별취재반, 〈국제그룹의 비극: "재벌순위 7위 「성금」 순위 30위"〉, 『경향신문』, 1991년 7월 13일, 19면.
40) 특별취재반, 위의 글.

국제그룹은 이날로부터 불과 4일 후인 27일 1차 부도사태를 맞이하게 되었고, 결국 그룹 해체라는 비운을 당하게 되었다.

박정희정권의 개발독재하에서 10대 재벌까지 된 총수치고는 처세에 능하지 못했다고 볼 수 있는데, 양정모의 이러한 처신에 대해 89년 당시 그의 대리인으로서 헌법소원을 냈던 변호사 조영래는 이렇게 말했다.

"국제그룹의 성장과정에 대한 자료를 정리하면서 나는 양회장이 우리나라 대기업들의 일반적 성장과는 동떨어진 길을 걸은 기업인이라는 사실을 확인했다. 그는 정부의 도움을 전혀 받지 않고 부를 축적한 드문 기업인이었다. 중앙무대의 시류에 둔감했고 정치적 로비능력과 금융기관 교제술이 박약했다 하더라도 그것이 흠이 될 수는 없다."[41]

전두환의 '정치헌금' 정치

아닌게아니라 5공에서 20대 재벌의 정치헌금 액수 순위는 매출액 순위와 대체로 일치했는데, 매출액 순위 16위의 한일합섬은 130억 원을 내 헌금액 순위 6위를 기록했다.[42]

이에 대해 유인학은 다음과 같이 말한다.

"1983년 아웅산사건 이후 일해재단 설립을 계기로 일해성금과 새세대육영회 성금의 기부금 모금이 공공연하게 자행되었다. 심지어는 각종 기부금을 낸 기업인들에게 대통령이 감사의 뜻을 표시하기 위해 마련하는 청와대 만찬에서도 성금 액수별로 좌석배치를 할 정도였다고 한다. 그리고 특별히 기업의 인수를 전후해서는 기부금의 액수가 크게 늘어났다. 한일합섬은 국제의 주력기업들을 인수한 1986년에 전년보다 53%

---

41) 신준영, 〈전두환과 국제인수 3사의 검은 뒷거래〉, 『말』, 1993년 10월, 48쪽.
42) 유인학, 『한국 재벌의 해부』(풀빛, 1991), 169쪽.

증가한 46억 4400만 원의 기부금을 냈고, 진해화학을 인수한 1987년에는 다시 56% 늘어난 72억 5400만 원을 내 기부금 납부실적 1위를 기록했다."[43]

전두환은 정치헌금을 뻔뻔하게 받는 걸로 유명했는데, 국제그룹 해체 이후 재계에 공포 분위기가 감돌면서 정치헌금이 잘 걷혔다. 손광식의 말이다.

건설업계의 K회장이 '헌금' 통고를 받고 돈을 싸들고 청와대로 들어갔을 때 얘기야. 물론 독대로 대통령을 만났지. 의례적인 인사가 끝나자 대통령은 단도직입적으로 "얼마를 가져왔느냐"고 묻더라는 거야. 그래 '석 장'이라고 대답했데. 그랬더니 "채우시오" 하더라는 거야. 다시 물어볼 수도 없고 뭣 주고 뺨맞는 꼴이 되었어.

그래서 물러나는 길로 경호실장에게 "대통령이 이렇게 말씀하시는데……" 했지. 그랬더니 "회장님 사업 어렵다는 걸 저희들도 알고 있으니 그냥 다섯으로 채우십시오" 하더라는 거야. 세 개도 억지로 만들었는데 다섯 개로 채우라니 죽었구나 했지. 그러나 '양정모(국제그룹 회장)도 버티다가 망했는데……' 하는 생각이 들어 부랴부랴 청와대를 나와 두 개를 채워가지고 가까스로 접수(?)에 성공했다고 허허 웃어.

"큰 거 한 장으로 채우라고 하지 않는 것만도 다행"이라고 사족을 붙여. 석 장의 단위가 얼마냐구? 30억이지. 두 장 더 채우면 50억이구.[44]

---

43) 유인학, 『한국 재벌의 해부』(풀빛, 1991), 175쪽.
44) 손광식, 『한국의 이너서클: 대기자 취재파일』(중심, 2002), 228~229쪽.

5공은 '조폭정권'

그렇게 돈을 뜯긴 재벌들은 노동자들로부터 그 몫을 짜내야 했고 노동자들이 저항하면 그 때엔 돈 받은 정권이 나서서 해결해주었다. 5공은 '조폭정권'이었던 것이다.

전두환의 공격적인 정치자금 수금은 사실상 자신의 평생집권을 염두에 두었던 것으로 보인다. 1983년 10월 아웅산사건 때 희생된 유족들의 뒷바라지를 위해 추진된 일해재단이 전두환의 퇴임 후 위상과 관련된 연구소로 탈바꿈한 사실 자체가 그걸 잘 말해주는 것이었다.

연구소가 한창 건설되던 1985년부터 1986년 무렵 항간에는 "대통령의 비밀사저가 건설되고 있다""어떤 공격에도 끄떡없는 지하벙커가 있다""논스톱으로 미국까지 갈 수 있는 비행기가 바로 곁 K16 비행장에 24시간 대기중이다""연구소와 비행장 간에는 지하도로가 연결되어 있다" 등등 별의별 소문들이 다 나돌았다. 일해연구소 내 저택에서 사실상 국가서열 넘버원의 위상을 지니면서 내정과 외교에 입김을 불어넣으려 했던 전두환의 구상은 후일 전두환의 임기만료 전날인 제5공화국 마지막 국무회의에서 공포된 국가원로자문회의법으로 그 실체를 드러내게 되었다.[45]

국제그룹의 해체는 전두환의 그런 어이없는 야심의 희생물이었지만, 그 파급효과는 훨씬 더 의미심장한 것이었다. '조폭'과 '유흥업소'가 밀착하여 폭리를 취하는 식이었다고나 할까? 국제그룹 해체의 의미에 대해 김호진은 이렇게 분석한다.

"자본가계급은 이러한 전(全)정권의 강압정치로부터 살아남기 위해 정부정책에 순응하고 협조하지 않을 수 없었으며, 그것은 곧 재벌이 전

---

45) 이상우, 〈전두환은 '네윈'을 꿈꿨다〉, 『신동아』, 1992년 6월, 238~239쪽.

(全)정권과 지배연합을 형성하고 정경유착관계를 형성하게 된 것을 의미한다."[46]

---

46) 김호진, 『한국정치체제론』(박영사, 1997, 수정7판), 311쪽.

동아-조선의 민족지 논쟁

동아일보와 조선일보의 싸움

일제치하에서부터 치열한 경쟁관계였던 동아일보와 조선일보는 80년
대에 이르기까지 당시 창간 배경에 있어서 누가 더 민족적인 성격이 강
한 민족지였는지 그걸 따지는 싸움을 벌이곤 했는데, 가장 격렬한 싸움
이 85년에 터졌다.

『동아일보』 85년 4월 1일자 창간 65주년 기념호는 『동아일보』의 창간
과정에 대해 말하면서 『조선일보』를 친일(親日) 신문이라고 말했으며, 이
어 4월 12일자 기사에서도 그런 주장을 해, 두 신문 사이에 치열한 '민족
지 논쟁' 이 벌어지게 되었다.

『조선일보』는 4월 14일자를 통해 반격을 가했다. 논설고문 선우휘는
〈동아일보 사장에게 드린다〉는 제목의 글에서 『동아일보』의 친일적 성
격을 지적한 뒤 다음과 같이 주장했다.

"오히려 오늘날 우리가 주목해야 할 사실은, 창간 후 조선일보가 재빨

리 옳은 주장과 바른 기사를 써서 사흘이 멀다 하며 밥 먹듯이 압수와 정간을 당했다는 사실입니다. 이 점을 동아일보는 무엇이라고 설명하겠습니까."

선우휘는 이어 다음과 같은 '위협에 의한 달래기'를 시도하였다.

"김사장, 제정신으로 하시는 일입니까. 정말 어쩌려고 이러십니까. 지금 신문이 이런 일로 지면과 시간을 낭비할 때입니까. 조선일보의 젊은 사원들의 격앙된 감정을 어떻게 막아내실 생각입니까. 반일(反日)·친일(親日) 논쟁이 에스컬레이트하면 어디까지 갈 것인지 상상도 안하십니까. 논쟁이 격화되면 궁극적으로 인촌(김성수) 선생까지도 욕보이는 결과가 된다고 생각지 않으십니까. 그래서 두 신문사가 서로 상처를 입을 때, 이 사회에 이로운 것은 무엇일까요. …… 60년 이상을 살고 제가 뼈저리게 느낀 한 가지는, 세상에 자기만이 가장 옳다고 주장하는 자처럼 어리석은 인간은 달리 없다는 것입니다. 그런 성향의 인간들은 민족이고 민주고 뭐고 좋다는 것은 다 자기에게 끌어들여 독점하려 듭니다. …… 저는 이번 입원을 계기로 노병(老兵)은 죽지 않지만 말없이 물러가려고 작정했습니다. 그러나 '동아일보의 악의(惡意)'가 납득할 만큼 해결되지 않는 한 저는 물러가지 않고 독선, 아니 위선과 싸움을 계속할 생각입니다. …… 사회 어떤 분야에서도 '나만이 옳다'고 뽐내는 인간이나 집단과는 당당하게 싸우는 것이 언론을 천직으로 삼은 사람의 의무로 생각되어서입니다."[47]

그러나 선우휘의 마지막 말은 명백한 거짓말이었다. 앞서 지적된 바와 같이, 신군부에겐 사실상의 지지를 보냈던 선우휘가 "사회 어떤 분야에서도 '나만이 옳다'고 뽐내는 인간이나 집단과는 당당하게 싸우는 것이 언론을 천직으로 삼은 사람의 의무"라는 말을 한다는 것은 아무래도

---

47) 조선일보사, 『조선일보 칠십년사 제3권』(조선일보사, 1990), 1720~1721쪽에서 재인용.

낯간지러운 일이 아닐 수 없었다. '힘이 비슷할 경우에 한해서만' 당당하게 싸운다고 밝혔더라면 좋았을 것이다.

조선일보의 2중적 생존술

『동아일보』는 4월 17일자에 〈애독자 제현(諸賢)에게 알려드립니다〉라는 제목의 글을 통해 "조선일보가 친일(親日)신문으로 창간된 것은 사실(史實)기록에서 착오가 없는 것"이라고 주장했다.

그러자 『조선일보』는 4월 19일자에 조선일보사 명의로 〈우리의 입장: 동아일보의 본보 비방에 붙여〉라는 제목의 글에서 『동아일보』를 강하게 몰아붙였다. 조선일보는 동아일보 창간의 '반민족적 성격'에 대해 다음과 같이 주장하였다.

"이중에서도 일부 토착귀족, 지주세력은 일제의 토지조사사업을 계기로 형성된 식민통치의 가장 중추적인 동맹군이었습니다. 결국 귀족, 지주, 기성 친일언론인으로 혼성된 측에 허가된 것이 바로 동아일보였고, 상공인집단에 주어진 것이 조선일보였습니다. 동아일보가 총독부 기관지 매일신보의 편집장이었던 이상협에게 발행허가되었고 한일합방의 공로로 일본 후작의 작위를 받은 박영효가 초대사장이었다는 구성을 보더라도 동아일보가 과연 어떤 성격이었던가는 자명한 일입니다. 동아일보는 또 17일자 신문의 글에서 동아일보 창간호와 창간특집호에 등장한 국내외 인사의 면면을 들어 동아일보가 민족지인 양 호도했으나 바로 그 축사의 대열에 10여 명의 총독부 관리 및 친일인사가 들어 있는 사실은 어떻게 설명되어야 할런지 알 수 없습니다."[48]

이후 『동아일보』의 침묵으로 이 논쟁은 일단락되었지만, 제3자의 입

---

48) 『조선일보』, 1985년 4월 19일.

장에서 정확한 사실 규명은 해주는 게 좋겠다. 조선일보의 위와 같은 주장은 전혀 틀린 말은 아니나, 이는 조선일보의 동아일보에 대한 콤플렉스가 매우 뿌리깊은 것임을 말해주는 것으로 볼 수 있을 것이다. 일제치하에서 조선일보로선 '민족지'라는 타이틀이 이만저만 부러운 게 아니었다. 그걸 강조해야 독자들로부터 사랑을 받을 수 있었지만 그건 곧 일제의 탄압을 자초하는 길이기 때문에 적당히 민족지 냄새를 풍기면서 일제에 타협하는 길밖엔 없었다.

조선일보의 그런 이중적인 생존술에 대해 『미디어오늘』의 신문자본 연구팀은 다음과 같이 말하고 있다.

"1920년 9월 조선일보는 창간 직후 친일지로 지목돼 '민족지'를 표방하고 나선 동아일보의 위세에 눌리자 스스로 배일적인 신문임을 공언하는 내용의 사설들을 실어오다 총독부로부터 제2차 무기정간을 받았는데, 이때 필자도 아닌 최국현 등 3명의 기자를 해고했다. 한편으로 독자의 신망을 얻기 위해 배일적임을 자처하면서도 다른 한편으로는 총독부와 타협해 정간해제의 조건으로 기자를 해고하는 양면적인 행위를 보였던 것이다."[49]

기사 압수당하면 만세 부른 조선일보

일제치하에서 『조선일보』는 『동아일보』처럼 주식회사로서 주 모집을 시도하였으나 "친일단체의 기관지라는 까닭으로 동아일보와 같은 인기를 끌 수는 없었다. 그러므로 주 모집뿐만 아니라, 독자 획득에도 많은 고통을 겪고 그 출발점서부터 애로사항에 부딪혔다."[50]

---

49) 『미디어오늘』, 1995년 7월 12일, 10면.
50) 최준, 『한국신문사』(일조각, 1987), 205쪽.

『조선일보』는 『동아일보』와의 경쟁을 의식해 이미 1920년 8월 27일까지 총독부에 지면을 압수당하는 기록을 23회나 세우는 등 '비판의 상품화'를 위한 눈물겨운 노력을 보였다. 이 '비판의 상품화' 전략에 대해 최준은 다음과 같이 말한다.

"1920년부터 1925년대까지는 이러한 당국에 압수당하는 것을 오히려 장하게 여겼다. 이는 신문사측도 그랬거니와 독자인 민중 대중도 이를 크게 지지하였다. 그러므로 이 시대의 신문기자들은 경무국 도서과로부터 압수라는 통보가 오면 만세를 불렀으며 닷새만 압수가 없으면 오히려 기자들의 안색이 좋지 않았다. 그리고 하루 건너 한번씩 편집국장은 도서과장과 경무국장에 담판을 하러 갔었다. 그러나 1926년 이후로부터 1931년대에는 일본제국주의의 전진과 더불어 총독부 당국의 강경한 탄압정책으로 말미암아 …… 기개와 투지도 어느덧 둔하여져서 압수를 당하면 그저 침울한 침묵으로 따라갈 뿐이었다."[51]

기사를 압수당했다고 만세를 부를 정도였다면 앞서 선우휘가 동아일보에게 던졌던 다음과 같은 질문에 대한 답은 충분하다고 봐야 하지 않을까?

"오히려 오늘날 우리가 주목해야 할 사실은, 창간 후 조선일보가 재빨리 옳은 주장과 바른 기사를 써서 사흘이 멀다 하며 밥 먹듯이 압수와 정간을 당했다는 사실입니다. 이 점을 동아일보는 무엇이라고 설명하겠습니까."

조선일보의 대담성

어찌됐건 1920년대 초반 『조선일보』의 주된 생존전략은 '압수당하

---

51) 최준, 『한국신문사』(일조각, 1987), 277~278쪽.

기'였지만,[52] 그게 큰 효과를 낼 수는 없었다. 『조선일보』는 친일파 두목 송병준의 손에 넘어가 '친일'의 굴레를 벗어날 수 없었고 그 결과 경영은 계속 악화되어갔다. 결국 송병준이 손을 들고 1924년 9월 12일 『조선일보』를 신석우(1894~1953)에게 매도함으로써 『조선일보』는 큰 변화를 보이게 되었다.[53]

『조선일보』는 1924년 9월 민족주의자인 이상재(1850~1927)가 사장이 되면서 편집진 및 지면구성을 대폭 쇄신하여 민족지로서 뚜렷한 색채를 띠게 되었으며, 1925년부터는 사회주의 논조를 펴기 시작해서 사회주의 신문이라는 평을 받기까지 했다.[54]

그러나 조선일보의 운명은 1933년 3월 21일 조선일보를 방응모가 인수하면서부터 달라지기 시작했다. 방응모는 조선일보가 동아일보와 대등한 관계가 될 정도로 상업적 수완은 잘 발휘하였지만, 20년대와는 달리 조선일보를 철저한 친일신문으로 이끌었다.

물론 이는 당시의 정세변화와 일제의 통치전략의 변화에 따른 것이었기에 방응모만을 탓할 일은 아닐 것이나, 80년대 중반에 이르러서도 방씨 일가 소유의 조선일보가 그런 과거에 대해 부끄럽게 생각하고 사과하기는커녕 당당하게 큰소리친다는 건 참으로 낯뜨거운 일이 아닐 수 없었다. 하기야 워낙 그렇게 '대담'하기 때문에 5공에 대해서도 그렇게 낯뜨거운 찬양을 해댈 수 있었을 것이다.

---

52) 이와 같은 사정을 감안한다면, 오늘날 『조선일보』와 『동아일보』가 일제치하에서의 기사압수 건수를 증거로 내세우며 항일 민족지 행세를 하려드는 건 가소롭기 짝이 없는 일이라 하겠다.

53) 최준, 『한국신문사논고』(일조각, 1995), 341~342쪽.

54) 이상재와 조선일보에 대해선 유재천,〈민족언론과 월남 이상재: 조선일보와 민족주의〉『한국언론과 이데올로기』(문학과지성사, 1990), 137~171쪽을 참고할 것.

소몰이 싸움

개값보다 싼 송아지값

5공정권의 농정은 모순 또는 속임수의 연속이었다. 정부는 한동안 소 사육을 권장하기 위해 융자까지 해주는 적극성을 보여놓고도 83년과 84년에 걸쳐 미국 소를 과잉으로 들여와 소값이 폭락하게 만들었다. 당연히 소사육 농가는 막대한 피해를 입을 수밖에 없었다. 한 사례를 보자.

"소값이 떨어지자 이를 비관한 농부가 극약을 마시고 목숨을 잃는 사태가 벌어졌다. 충북 청원군 북일면 내수리 2구 서형석(35세)씨는, 지난 1983년 4월 초순 논을 팔아 320만 원을 주고 6개월 된 '샤로레' 암송아지 한 마리와 5개월 된 한우 암송아지 두 마리 등 모두 세 마리의 소를 사들였으나, 126만 원을 주고 산 '샤로레'는 어미소가 됐는데도 70만 원, 194만 원을 준 한우 두 마리는 160만 원도 안 나가, 그동안의 노력과 사료 구입비 등을 제쳐놓고도 90여만 원을 손해보자 이를 비관해왔었다."[55]

송아지값은 10만 원 이하로 뚝 떨어졌다. 이는 당시 개값 시세보다도 싼 것이었다. 정부의 부추김으로 소를 사육했던 농민들은 극도로 분노하였고, 이에 농민운동가들이 앞장 서서 즉각 행동에 돌입해 85년 한 해 동안 전국 20여개 군에서 경운기와 소를 앞세운 수만 농민들이 수입개방 반대운동을 벌이게 되었다.[56] 농민들은 쇠똥물, 죽창을 들고 경운기, 소 등을 앞세우는 식의 격렬한 투쟁방식을 새롭게 선보였다.

'소값 하락 피해보상 투쟁'

1985년 4월 22일부터 23일까지 서울에선 '미국의 농축산물 수입개방요구 규탄대회' 가 개최되었다. 대회가 끝난 후 농민 1백여 명이 미대사관 앞에서 "소값 피해 보상하라!" "미국은 농축산물 수입개방 압력을 철회하라!" 등의 구호를 외치며 미국과 한국 정부를 규탄하였다.

여름으로 접어들어 농사일에 한가해진 틈을 이용해 일명 '소몰이 싸움' 으로 불리우는 '소값 하락 피해보상 투쟁' 이 전국 각지로 확산되었다. 이 투쟁은 전국 20여개 군에서 총 2만여 명의 농민들이 참여했으며, 특히 전북 진안의 경우엔 1천여 명의 농민들이 대규모 투쟁을 전개하였다. 같은 해 9월 23일엔 전주에서 가톨릭농민회 주최 아래 '외국농축산물 수입반대 전국농민대회' 가 개최되었다. 이 대회에는 전국에서 2천여 명의 농민들이 참여하였다.

85년 9월 26일 농민들은 〈소값 피해보상 및 농축산물 수입반대 농민투쟁진상보고대회 성명서〉를 통해 "민중생활의 극심한 파괴와 민족경제의 철저한 파탄은, 바로 민중학살로 출발한 현군사독재정권의 5년여에

---

55) 박세길, 『다시 쓰는 한국현대사 3』(돌베개, 1992), 157쪽에서 재인용.
56) 이현섭, 〈수입개방 저지투쟁의 대중적 실천을 위하여〉, 『녹두서평 1』(1986), 359~375쪽; 김명섭, 〈한 · 미 관계에 있어서의 1980년대〉, 이해영 편, 『1980년대 혁명의 시대』(새로운세상, 1999), 304쪽에서 재인용.

걸친 폭력통치의 결과"라며 "우리는 이 땅에 살고 있는 모든 농민의 생존권이 보장되고 농민이 주체적으로 참여하는 민주주의 실현을 바탕으로 한 민족의 자주, 자립의 실현을 향하여 우리 모두 보다 결연한 의지와 강건한 결속으로 함께 나아갈 것이다"고 밝혔다.[57] 이날 이들이 주장한 요구사항은 다음과 같았다.

"현정권은 농민을 죽이고 나라를 망치는 외국농축산물 수입을 즉각 중단하라! 현정권은 농민의 소값 피해를 전액 보상하라! 레이건정권은 한국의 농민과 민족경제를 말살하는 농축산물 수입개방요구를 즉각 철회하라! 현정권은 농정실패로 인한 농가부채를 전액 탕감하라!"[58]

'농촌 파멸적인 상황 보도하지 말 것'

농민들의 광범위하고 거센 저항에 놀란 정부는 1986년 3월 5일 뒤늦게야 '농어촌 종합대책'을 내놓는 등 해결책을 내놓았지만 실질적으로는 농민들에게 별 도움이 되지 못했다. 또한 시위 농민을 경찰력으로 탄압함으로써 농민들의 반정부정서를 증폭시켰다.[59]

5공정권이 할 수 있는 최상의 대책은 언론에 대한 '보도지침'으로 농촌의 실상을 은폐하는 것이었다. 85년 10월에 나온 한 '보도지침'은 "농촌 파멸적인 상황 보도하지 말 것"이라고 지시했다.[60]

소값 피해보상운동(소몰이 싸움)에서 개발된 전술과 대중동원력에 자신을 갖게 된 농민들은 86년 이후 대대적인 수입개방 반대운동을 벌이

57) 〈「소값피해보상요구」 공동성명: 소값 피해보상 및 농축산물 수입반대 농민투쟁 진상보고 대회 성명서〉, 동아일보사 편, 『선언으로 본 80년대 민족·민주 운동』(동아일보, 1990), 98~99쪽.
58) 위의 글, 99쪽.
59) 박세길, 『다시 쓰는 한국현대사 3』(돌베개, 1992), 158~159쪽.
60) 한국사회언론연구회, 〈1980년대 한국 언론정책의 성격〉, 학술단체협의회, 『1980년대 한국사회와 지배구조』(풀빛, 1989), 178쪽.

게 되었으며, '소몰이 싸움'은 89년 2월까지 전국 30여개 군에서 동시 다발적인 연대투쟁으로 내내 지속되었다. 이는 농민운동의 전국적인 대 중운동으로서의 가능성을 실천으로 보여준 사건이었다.[61]

---

61) 윤수종 · 김종채, 〈80년대 한국 농촌사회 구조와 농민운동〉, 한국사회학회 편, 『한국사회의 비판적 인식: 80년대 한국사회의 분석』(나남, 1990), 358쪽.

서울 미문화원 점거농성사건

"광주학살 책임지고 미국은 공개사과하라"

1985년 5월부터 광주문제는 민주화세력의 본격적인 이슈로 떠올랐다. 3월 29일에 발족된, 민주화세력의 결집체였던 민주통일민중운동연합(민통련)이 광주민주화운동 관련 성명서를 내고 농성에 돌입했으며, 5월 17일엔 전국 80개 대학 3만8천여 명의 학생들이 광주민주화운동의 진상을 요구하며 격렬한 시위를 전개하기 시작했다.

이어 5월 23일 12시 서울대 학생 함운경을 포함한 73명의 학생은 미문화원 2층 도서관을 72시간 동안 점거해 농성을 벌였다. 이는 82년 3월 18일 문부식을 비롯한 부산 고신대생들에 의해 이뤄진 부산 미문화원방화사건에 뒤이은 것으로 광주학살을 외면하고 신군부를 지지한 미국에 대한 항거이자 응징이었다.[62]

---

62) 85년 4월 23일의 기독교농민회원들의 미대사관농성, 85년 11월 13일의 아메리카은행 부산지점 점거농성,

미문화원을 점거한 73명은 4월 17일에 결성된 전학련(전국학생총연합)과 삼민투(민족통일·민주쟁취·민중해방투쟁위원회) 산하 고려대, 서강대, 서울대, 성균관대, 연세대 학생들이었다. 이들은 "광주학살 책임지고 미국은 공개사과하라", "미국은 전두환 군사독재정권에 대한 지원을 즉각 중단하라", "신민당은 국정조사권을 발동하라" 등의 구호를 외쳤다. 이 사건은 민정당과 신민당 사이에 '삼민투논쟁' 또는 '민중논쟁'을 불러일으키기도 했다. 삼민투에 대한 민정당 중앙집행위원회가 낸 성명의 일부는 다음과 같다.

"이른바 삼민투위의 민중혁명은 부르주아 민주주의혁명이 아님을 명백히 하면서 스스로 반제 반매판 반독점자본혁명이라고 주장하고 있고 그들이 말하는 민중은 국민을 모두 포함하는 게 아니라 무산자계급이며 민중혁명이 계급투쟁임을 분명히 하고 있다. 목표달성에 개량주의적 타협을 배제하고 민중봉기로 사회혁명을 주장하고 있다."[63]

이에 반해 신민당의 성명은 "민중이란 반민주적 독재체제 아래 고통받는 사람 일반을 가리키는 것이며 민중해방이란 독재타파를 뜻하는 것이다"고 말했다.[64]

"우리는 왜 미문화원에 들어가야만 했나"

학생들은 〈우리는 왜 미문화원에 들어가야만 했나〉라는 제목의 성명서를 통해 다음과 같이 주장하였다.

"광주민중항쟁 5주년을 맞이하여 전국에서 학살의 책임자를 단죄하라는 소리가 드높아지고, 학살의 원흉인 군사독재정권은 물러나라는 요

85년 12월 2일의 광주 미문화원 점거농성 등도 모두 '부미방' 사건의 연장선상에 있는 것이었다.
63) 이경재, 〈민중의 승리: 5·17에서 6·29까지〉, 『신동아』, 1987년 8월, 190쪽에서 재인용.
64) 이경재, 위의 글, 190쪽에서 재인용.

광주학살에 대한 미국의 책임을 묻기 위해, 85년 5월 23일, 대학생들이 감행한 미문화원 점거농성은 큰 반향을 불러일으켰다. 전두환정권은 이들을 격리시키기 위해 언론을 통해 이 사건을 크게 띄웠는데, 오히려 사람들은 언론보도를 통해 광주학살과 미국의 관련 가능성을 깨닫게 되었던 것이다.

구가 곳곳에서 터져나오고 있는 지금, 우리는 미국의 광주항쟁지원의 책임을 묻고자 한다. …… 이제 한국국민은 광주학살에 대한 미국의 지원에 깊은 의혹을 갖고 있으며, 광주학살에 대한 책임을 미국도 져야 한다는 것을 인식하기에 이르렀다."[65]

65) 〈"민주화운동청년연합 창립선언: 민주, 민중, 민족통일을 우리 모두에게(1983년 9월 30일)"〉, 동아일보사 편, 「선언으로 본 80년대 민족·민주운동」(동아일보사, 1990), 125쪽.

이어 학생들은 다음과 같이 요구하였다.

1. 광주학살지원 책임지고, 미행정부는 공개사과하라!
2. 미국은 전두환 군사독재정권에 대한 지원을 즉각 중단하라!
3. 미국 국민은 한미관계의 올바른 정립을 위해 진지하게 노력하라![66]

미대사와의 면담 및 내외신 기자회견이라는 학생들의 요구는 거절당하고, 미국측의 '선 농성해제, 후 대화' 입장과 학생측의 '공식문서화와 학살동조 책임 인정 및 공개사과' 입장이 팽팽하게 맞섰다. 그러나 학생들의 참사관과의 면담을 통해 미국이 광주학살을 묵인·지지하였음이 만천하에 드러났다.[67]

3일 후인 5월 26일 새벽, 학생들은 "미국이 우리에게 진정한 우방과 자유세계의 수호자로서 인식되기에는 상당한 거리가 있음을 확인했다. 보다 강고한 투쟁을 위해 농성을 풀기로 했으며, 이는 농성 해제가 아닌, 보다 효과적인 싸움의 재출발임"을 천명하며 자진 해산했다.[68]

국민들의 은밀한 호응

이 점거사건은 당사자들의 예상을 뛰어넘는 큰 반향을 불러일으켰다. 전두환정권은 이 기회에 여론으로부터 학생운동을 격리시키기 위한 방편으로 이 사건을 언론을 통하여 크게 부각시켰지만, 오히려 이러한 언론의 대서특필은 국민들로 하여금 광주학살과 미국의 관련 가능성을 깨닫게 하는 역반응으로 나타났던 것이다.

이는 단순히 학생들에게만 반향을 일으킨 것이 아니라 일반 국민들에게까지 '미국문제'를 생각해 보게 하는 계기가 되었다. 또한 이 점거사

---

66) 강신철 외, 『80년대 학생운동사』(형설신서, 1988), 366쪽 재인용.
67) 김민호, 〈80년대 학생운동의 전개과정〉, 『역사비평』, 창간호(1988년 여름), 106쪽.
68) 박세길, 〈다시 일어서는 민중〉, 『다시 쓰는 한국현대사 3』(돌베개, 1992), 165쪽.

건을 주도했던 서울대 삼민투 공동위원장 함운경, 서울대 총학생회장이자 전국학생총연합 의장 김민석,[69] 삼민투 위원장 허인회 등이 소위 '학생운동 스타'로 떠오르게 되었는데, 이 또한 국민들의 은밀한 호응을 말해주는 것에 다름 아니었다.[70]

이 사건에 자극받아, 5월 30일 야당인 신민당 소속 국회의원 103명은 '광주사태 진상조사를 위한 국정조사 결의안'을 국회에 제출하는 한편, 정부의 답변을 요구했다. 야당의 공세에 6월 7일 국방부장관은 사망자는 191명, 중상자는 122명, 경상자는 730명이라고 밝혔고, 총피해액수는 260억 원이라고 발표했다. 물론 이는 사실과는 크게 다른 것이었다.

---

69) 농성 직후 김민석은 사건 배후조정 혐의로 수배를 받게 되었고, 그해 6월 7일 검거되었다. 그는 사건과 관련한 재판과정에서도 다음과 같은 언변으로 학생들의 입장을 대변하여, 많은 사람들에게 강한 인상을 심어주었다. "우리가 원하는 사법부는 정부와 권력 편에 서서 그들의 논리를 일방적으로 따르는 사법부가 아닙니다. 이런 사법부 아래서 우리는 도저히 재판을 받을 수 없습니다. 원칙적으로 이 재판을 우리 주장을 펴는 장으로 보고 재판에 임하겠습니다." 재판부가 "광주사태 현장에 없었으면서 피고는 어떻게 그 얘기를 아는가?"라고 질문하자, 그는 "3·1운동은 꼭 참가한 사람만 이야기할 수 있습니까?" 하고 응수했다. 그는 미문화원 점거농성사건으로 3년 6개월의 징역형을 선고받았다. 박윤석, 〈15개월은 시작의 시작, 33년 후를 준비한다〉, 『신동아』, 1997년 8월, 351쪽; 한우리학술정책기획, 〈모래시계 세대의 돌풍 주자 김민석〉, 『차세대! 신세대! 한국정치에 도전한다』(아세아문화사, 1996년), 277쪽.

70) 박세길, 〈다시 일어서는 민중〉, 『다시 쓰는 한국현대사 3』(돌베개, 1992), 165쪽. 서울 미문화원 점거농성 사건 이후 '점거농성'은 2학기 들어 학생들의 주요 투쟁방법의 하나가 되었다. 11월 4일 새마을중앙본부, 주한 미상공회의소, 11월 15일 노동부장관 비서실, 11월 18일 민정당 중앙 정치연수원, 12월 2일 광주 미문화원, 12월 4일 섬유노련 사무실 점거농성 등을 들 수 있다. KBS노동조합, 『5공하 KBS 방송기록: 80~87년 KBS 특집에 나타난 권언유착의 실상』(KBS노동조합, 1989), 99쪽.

유시민의 항소이유서

서울대 프락치사건

1983년 말 5공정권의 학원자율화조치 이후, 각 대학은 총학생회 부활을 위해 노력했는데, 이 때 부활된 총학생회는 '어용'적 성격을 가졌던 '학도호국단'과는 질적으로 그 성격을 달리 했다. 학원자율화조치가 내려졌다고는 하지만 대학에는 여전히 학생들의 동향을 감시하는 정보요원들이 상주해 있는 등 대학은 여전히 자유롭지 못했다. 민주적으로 선출된 총학생회를 반길리 만무했던 5공정권은 이전보다 더욱 강한 학원사찰을 감행했다.

1984년 9월에 일어난 이른바 '서울대 프락치사건'[71]은 바로 그런 상

---

71) '서울대 프락치사건'은 이미 역사적으로 굳어진 사건명이라 생각돼 이 표현을 사용한다. 다만 이 사건의 당사자인 전기동은 '서울대 프락치사건'은 잘못된 표현이며, 이를 '서울대 민간인 감금폭행 고문조작' 사건으로 명명해야 한다고 주장하고 있다는 걸 밝혀둔다. 전기동은 수차례 언론중재위원회에 중재 요청을 하였으며, 일부 언론에서는 정정보도문 및 반론이 나갔다고 한다. 〈알립니다〉, 월간 『인물과 사상』, 2003년 4월, 217쪽.

황의 산물이었다. 이 사건은 여러 건의 작은 사건들로 구성돼 있었는데, 그 가운데 하나인 '임신현 사건(9.17~18)'의 내용을 보자면 이렇다.

"복학생협의회 창립총회 참석 후 술자리에서 '78학번 공법학과 출신으로 군에 강집되어 복학한 임신현'이라고 소개. 학생들이 수상히 여겨 조사한 결과 가짜임이 밝혀지자 '나는 가짜 학생이다. 복협이 무엇을 하려고 하는지 알아보러 왔다'고 말함. 9월 18일 오후 8시에 폭행한 사실에 정중히 사과하고 특별한 상처 입지 않은 채 가족에게 인계. 서울시 경찰은 '학생들이 임군을 감금, 기관원 자백케 하고 철야심문하며 구타했다'고 발표."[72]

이 사건으로 구속된 유시민(경제 4학년, 복학생협의회 회장), 백태웅(총학생회장, 공법 4학년), 윤호중(철학 4학년)은 징역 1년 6월, 오재영(인류학과 4학년)은 징역 2년을 선고받았으며, 심윤남(인문계 1학년, 복학생)은 유치장에서 정신이상으로 국립정신병원으로 이감되었다.

84년 10월 5일 연·고대 총학생회는 정부의 학원사찰 중지, 총학생회 인정 등을 요구하는 〈총학생회 탄압을 중지하라〉는 성명서를 발표했으며, 10월 28일 서울대생 350여 명이 민한당에서 이 사건에 대한 진상규명을 요구하는 농성을 벌였고, 10월 10일엔 서울대 복학생 24명이 관악경찰서에서 항의농성을 벌이다 구타당하고 전원 연행되는 사건들이 벌어지기도 했다.[73]

강제징집자로 겪은 고통

이 사건에 연루돼 1심에서 징역 1년 6월을 선고받은 '서울대 복학생

---

72) 한국기독교교회협의회 인권위원회, 『1980년대 민주화운동 (II)』(한국기독교교회협의회, 1987), 989쪽.
73) 한국기독교교회협의회 인권위원회, 위의 책, 990~993쪽.

협의회' 회장 유시민이 85년 5월 27일 서울형사지방법원 항소 제5부 재판장에게 제출한 '항소이유서'는 큰 반향을 불러일으켰다.

유시민의 항소이유서 일부를 게재한 『말』지 제2호(1985년 8월 15일)는 항소이유서가 "많은 사람들의 심금을 울리고 있다"며 "그 까닭은 류군의 글이 부모와 선생님의 말씀에 순종하던 평범한 학생이 민주화운동의 최일선에 서게 되기까지의 과정을 진솔한 어조로 그리고 있기 때문"이라고 밝혔다.[74]

유시민의 가족사는 80년대에 최소한의 도덕성을 갖고 살기가 얼마나 어려웠지를 잘 웅변해준다. 비극은 80년부터 시작되었다. 유시민은 80년 3월 서울대 '총학생회 대의원회 의장'이라는 직책을 맡게 되었다. 이후 벌어진 일에 대해 '항소이유서'는 다음과 같이 말한다.

"잊을 수 없는 그 봄의 투쟁이 좌절된 5월 17일, 본 피고인은 갑작스러이 구속학생이 되었고, '교수와 신부를 때려준' 일을 자랑삼는 대통령 경호실 소속 헌병들과, 후일 부산에서 '김근조씨 고문살해' 사건을 일으킨 장본인들인 치안본부 특수수사대의 수사관들로부터 두 달 동안의 모진 시달림을 받은 다음, 김대중씨가 각 대학 학생회장에게 자금을 제공했다는 어처구니없는 조작 때문에 결국은 그 중 기십만 원을 나눠 받았다는 허위진술을 해주지 않을 수 없었습니다."[75]

경주에 있던 아버지와 함께 동생인 유시민에게 면회를 갔던 유시춘은 다음과 같이 회고했다.

"그 해 5월 17일 새벽 서울대 교정에 들이닥친 군인들에 의해 학생회실에서 끌려간 동생을 두고 소문만 무성했을 뿐 나는 한 달여간 아무것

---

74) 유시민, 〈나는 왜 문제학생이 되었나: 서울대 프락치사건 유시민군의 항소이유서〉, 『말』, 1985년 8월 15일, 59쪽.
75) 유시민, 〈나는 왜 문제 학생이 되었나〉, 동녘 편집부 엮음, 『껍데기를 벗고서 2』(동녘 1991, 개정판 1993), 26쪽.

도 확인하지 못했다. 가난한 집안을 일으켜 세우겠다며 사회계열에 진학한 아들이 공부는 제쳐두고 되잖게시리 나라 정치에나 참견하다가 가까스로 목숨은 건져 바야흐로 징역살이를 눈앞에 두고 있었으니 한바탕 일장훈시를 해야 할 판이었는데 아버지는 그런 나의 예상을 비웃으며 되레 아들을 위로하는 것이었다. 그날, 경찰서 담밖을 나서면서 나는 아버지가 소매 끝으로 눈을 훔치는 걸 보았다"[76]

그후 유시민은 어떻게 되었던가? '항소이유서'는 다음과 같이 말한다.

"구속 석 달 만에 영문도 모른 채 군법회의 공소기각 결정으로 석방되었지만, 며칠 후에 신체검사를 받자마자 불과 40시간 만에 변칙 입대당함으로써 이번에는 '강집학생'이 되기에 이르렀습니다. 입영 전야에 낯선 고장의 이발소에서 머리를 깎이면서 본 피고인은 살아 있다는 것이 더이상 축복이 아니요 치욕임을 깨달았습니다. 그날 이후 제대하던 날까지 32개월 하루 동안 본 피고인은 '특변자(특수 학적 변동자)'라는 새로운 이름을 가지게 되었으며 늘 감시의 대상으로서 최전방 말단 소총 중대의 소총수를 제외한 일체의 보직으로부터 차단당하지 않으면 안되었습니다. 그리고 영하 20도의 혹한과 비정하게 산허리를 갈라지른 철책과 밤하늘의 별만을 벗삼는 생활이 채 익숙해지기도 전인 그해 저물녘, 당시 이등병이던 본 피고인은 대학시절 벗들이 관계한 유인물 사건에 연루되어 1개월 동안 서울 보안사 분실과 지역 보안부대를 전전하고 대학생활 전반에 대한 상세한 재조사를 받은 끝에 자신의 사상이 좌경되었다는, 마음에도 없는 반성문을 쓴 다음에야 부대로 복귀할 수 있었으며 동시에 다른 연대로 전출되었습니다. 하지만 본 피고인은 민족분단의 비극의 현장인 중동부 전선의 최전방에서, 그것도 최말단 소총 중대라는 우

<hr>

76) 유시춘, 〈우리 가족의 80년대〉, 『말』, 1997년 12월, 173쪽.

리 군대의 기간부대에서 3년을 보낼 수 있었음을 크나큰 행운으로 여기며 남에게 뒤지지 않는 훌륭한 병사였음을 자부합니다."[77]

유시춘은 81년 불의의 교통사고로 아버지를 잃는 슬픔을 겪었다. 경주에서 교편생활을 하고 있던 그의 아버지는 강제징집으로 군에 가 있던 아들 유시민에게 편지를 부치고 돌아오던 중 교통사고를 당해 사망한 것이다. 당시의 폭압적인 정권하에서 동생 유시민이 군대에 강제징집당한 것도 그랬지만, 연이어 발생한 아버지의 죽음은 유시춘에게는 더욱 충격적인 일이었을 것이다.

비인간적인 '관제 프락치공작'

그러나 비극은 거기에서 그친 것이 아니었다. 유시민에겐 어떤 일이 일어나고 있었던가? '항소이유서'는 다음과 같이 말한다.

그런데 제대 불과 두 달 앞둔 1983년 3월 또 하나의 시련이 기다리고 있었습니다. 지난해 세상을 놀라게 한 '녹화사업' 또는 '관제 프락치공작'이 바로 그것입니다. 인간으로 하여금 일신의 안전을 위해서는 벗을 팔지 않을 수 없도록 강요하는 가장 비인간적인 형태의 억압이 수백 특변자들에게 가해진 것입니다.

당시 현역 군인이던 본 피고인은 보안부대의 공포감을 이겨내지 못하여 형식적으로나마 그들의 요구에 응하는 타협책으로써 일신의 안전을 도모할 수는 있었지만 그로 인한 양심의 고통은 피할 수 없는 일이었습니다. 이처럼 군사독재정권의 폭력탄압에 대

---

77) 유시민, 〈나는 왜 문제 학생이 되었나〉, 동녘 편집부 엮음, 『껍데기를 벗고서 2』(동녘 1991, 개정판 1993), 26~27쪽.

한 공포감에 짓눌려 지내던 본 피고인에게 삶과 투쟁을 향한 새로운 의지를 되살려준 것은 본 피고인과 마찬가지로 강제징집당한 학우들 중 6명이 녹화사업과 관련하여 잇달아 의문의 죽음을 당하거나 스스로 목숨을 끊었다는 충격적인 사건이었습니다.

동지를 팔기보다는 차라리 죽음을 택한 순결한 양심의 선포 앞에서 본 피고인도 언제까지나 자신의 비겁을 부끄러워하고 있을 수는 없었습니다. 그것이야말로 순결한 넋에 대한 모욕인 탓입니다. 그래서 1983년 12월의 제적학생 복교조치를 계기로 본 피고인은 벗들과 함께 '제적학생 복교추진위원회'를 결성하여 이 야수적인 강제징집 및 녹화사업의 폐지를 위해 그리고 진정한 학원 민주화를 요구하며 복교하지 않은 채 투쟁하였습니다.

이때에도 정권은 녹화사업의 존재, 아니, 강제징집의 존재마저 부인하면서 우리에게 '복교를 도외시한 채 정부의 은전을 정치적 선동의 재료로 이용하는 극소수 좌경 과격 제적학생들'이라는 참으로 희귀한 용어를 사용해가면서, 어용언론을 동원한 대규모 선전공세를 펼친 바 있습니다.

그리고 지난해 9월 여러 가지 사정으로 복학하게 되었을 때 본 피고인은 '민주화를 위한 투쟁은 언제 어디서나 어떤 형태로든 계속되어야 한다'는 소신에 따라 '복학생협의회'를 조직하였습니다. 그러나 불과 복학한 지 보름 만에 이 사건으로 다시금 제적학생 겸 구속학생이 되었을 뿐만 아니라 본 피고인의 이름은 '폭력학생'의 대명사가 되어버리고 말았습니다.

본 피고인은 이렇게 하여 5·17 폭거 이후 두 번씩이나 제적당한 최초의 그리고 이른바 자율화조치 이후 최초로 구속 기소되어, 그것도 '폭행법' 위반으로 유죄선고를 받은 '폭력과격학생'이 된 것입니다. 그러나 본 피고인은 지금도 자신의 손이 결코 폭력에 사용된 적이 없으며 자신이 변함없이 온화한 성격의 소유자임을 의심치 않습니다. 그러므로 늙으신 어머니께서 아들의 고난을 슬퍼하며 을씨년스러운 법정 한 귀퉁이에서, 기다란 구치소의 담장 아래서 눈물짓고 계신다는 단 하나 가슴 아픈 일을 제외하면 몸은 0.7평의 독방에 갇혀 있지만 본 피고인의 마음은 늘 평화롭고 행복합니다.

빛나는 미래를 생각할 때마다 가슴 설레던 열아홉 살의 소년이 7년이 지난 지금 용서받을 수 없는 폭력배처럼 비난받게 된 것은 결코 온순한 소년이 포악한 청년으로 성장했기 때문이 아니라, 이 시대가 '가장 온순한 인간들 중에서 가장 열렬한 투사를 만들어내는' 부정한 시대이기 때문입니다. …… 모순투성이기 때문에 더욱 더 내 나라를 사랑하는 본 피고인은 불의가 횡행하는 시대라면 언제 어디서나 타당한 격언인 네크라소프의 시구로 이 보잘것없는 독백을 마치고자 합니다.

"슬픔도 노여움도 없이 살아가는 자는 조국을 사랑하고 있지 않다."[78]

유시춘 가족의 시련은 유시민으로만 끝난 건 아니었다. 동생 유시주가 86년 '서울노동운동연합' 사건으로 구속된 것이다. 당시 유시주는 서울대 국어교육과를 졸업한 뒤 발령받은 교사직을 그만두고 구로공단의 여공으로 위장취업한 상태였다. 유시춘은 동생 유시민과 함께 오류동에 자취하던 유시주의 짐을 거두던 당시에 대해 다음과 같이 회고했다.

"아버지가 살아 계셨더라면 그날의 우리 남매에게 뭐라고 말하셨을

---

78) 유시민, 〈나는 왜 문제 학생이 되었나〉, 동녘 편집부 엮음, 『껍데기를 벗고서 2』(동녘 1991, 개정판 1993), 27~29쪽.

지. 80년대 청년들의 그 혁명에의 열정을 두고 세속의 모든 아버지들처럼 마냥 나무라지만은 않으셨을지. 막내가 차마 필설로 담고 싶지 않은 모진 고생을 겪고 출옥하던 날, 그 애 입에 생두부를 밀어 넣으면서 나는 근처에 아버지가 와 계신 느낌을 떨칠 수 없었다. 사람이 이 세상 떠남으로 모든 게 끝나는 것이 아니라면 분명 그랬을 것 같다."[79]

---

79) 유시춘, 〈우리 가족의 80년대〉, 『말』, 1997년 12월, 173쪽.

이념서적 파동

사회비판 서적에 대한 탄압

신군부는 정권장악을 염두에 두었던 80년대 초부터 분서갱유(焚書坑儒)라 해도 좋을 정도로 '표현의 자유'에 억압적인 족쇄를 채웠다. 80년 7월 총 172종에 이르는 정기간행물 등록을 취소시켜버린 이후에도 5공 정권의 출판물 탄압은 계속되었다.

82년 6월 창작과비평사에서 나온 김지하의 시집 『타는 목마름으로』 5천 부를 제작처에서 강제적으로 압수, 절단기로 잘라버린 사건이나 84년 12월 일월서각에서 번역 발행한 『π=10·26회귀』라는 추리소설을 전량 압수한 사건은 그러한 탄압의 '빙산의 일각'에 지나지 않았다.[80]

85년 2월 12일 총선결과에 충격을 받은 5공은 5월 3일, 자신들의 자

---

80) 압수 이유는 이 추리소설이 10·26 사태를 소재로 했으며, 내용에 근거 없는 유언비어가 포함되었다는 것이었다. 이 사건으로 발행인과 번역자는 경범죄처벌법에 걸려 각각 구류 15일과 10일을 살아야 했다.

의적인 잣대를 무기로 삼아 '불온서적'과 '불법간행물' 등 이념서적 50여 종과 유인물 298종에 대한 무기한 단속방침을 발표했다. 그리고 곧바로 이념서적의 온상지로 주시하던 도서출판 일월서각과 풀빛, 그리고 민청련 등에 영장도 없이 압수수색을 실시했다. 5공정권이 이념서적으로 규정해 단속의 칼을 빼든 건 "이들 이념서적이 날로 격화되어가는 학생운동권의 학습자료 및 투쟁의 이론적 근거자료로 제공되기 때문"이라는 것이었다.[81]

5공정부의 압수수색과 단속에 대해 출판계는 발빠르게 대처했다. 압수수색이 실시된 첫날인 3일 오후부터 곧바로 대책회의를 가졌고, 다음날에는 출판인들의 단체인 대한출판문화협회의 긴급상무이사회가 열렸다. 이에 발맞추어 민주언론운동협의회, 자유문인실천협의회, 민중문화운동연합, 천주교 정의구현전국사제단, 가톨릭농민회 등도 정부의 이념서적 단속에 항의하는 성명서를 발표했다.

서울대, 연세대, 고려대 등을 비롯한 서울 소재 24개 대학의 학생들도 '도서출판물 탄압에 대한 우리의 입장'이라는 성명서를 발표해 "최근의 이념서적 압수사태는 대학의 본질적 기능인 사회비판과 문화창달을 마비시키는 반문화적 행위"라며 5공을 강하게 비판했다.[82]

이렇듯 항의가 계속되자 5월 4일부터는 압수수색 영장을 발부받아 이념서적 압수에 나섰는데, 무려 10일간 계속된 압수수색의 희생양이 된 서적은 모두 합해서 233종이었고, 유인물은 298종에 달했다. 압수수색 영장신청의 요지 중 일부는 "이들 출판사(서점·단체)들이 반국가 단체인 해외 공산주의 계열의 활동을 고무·찬양하며, 북괴 등 반국가단체를 이롭게 할 목적으로 자본주의를 비판하고, 노동투쟁 및 폭력혁명투쟁을 고무하는 내용의 서적(유인물)을 제작·반포한 혐의가 있다"는 것이었

---

81) 장종택, 〈금서 파동〉, 중앙일보사 편, 『80년대 한국사회 대논쟁집』(중앙일보, 1990), 326쪽에서 재인용.
82) 장종택, 위의 책, 327쪽에서 재인용.

다.[83]

정부의 압수수색과 단속의 직접적 피해자였던 풀빛, 일월서각 등의 출판사와 서점 33개 대표들은 5월 11일 서울형사지법과 서울남부지원에 사법경찰관의 압수처분에 대한 취소신청을 냈다. 이들은 취소신청이유서에서 "압수된 서적들은 사회비판적일 수는 있으나 용공성을 띠고 있지 않으며, 82년 정부당국의 이념서적 허용방침에 따라 출간했으며, 출판의 자유는 헌법에 보장된 기본권으로서 경범죄처벌법 위반 정도의 혐의를 걸어 그 자유를 제한하려는 것은 부당하다"고 말했다.[84]

'민중교육' 지 사건

이 시기의 단속은 "일제보다 더 악랄했다"는 소리를 들을 만큼 악명이 높았다. 5공정권이 말하는 이념도서란 단순 좌파 이데올로기를 담은 서적만을 지칭하는 것이 아니었고, 반정부적·반체제적 내용이면 모두 포함되는 광범위한 개념이었다.[85] 이를 잘 보여준 것이 이른바 『민중교육』지 사건'이었다.

『민중교육』지 사건은 85년 6월 25일경, 서울 여의도고교 교장이 교육 관련 부정기 간행물이었던 『민중교육』지가 불온한 내용을 담고 있다며 서울시교위 학무국장에게 책을 전달하고, 학무국장이 이 책을 시교위 담당 안기부 조정관에게 내용검토를 의뢰하면서 불거졌다. 당시 『민중교육』지는 문공부 납본필증까지 받아 시판된 지 한 달이나 지난 상태였다.

『민중교육』지에는 고등학교 교사 윤재철이 쓴 〈교육현장, 그 민주적 행방〉이라는 논문과 김진경의 〈해방 후 지배집단의 성격과 학교교육〉이

83) 장종택, 〈금서 파동〉, 중앙일보사 편, 『80년대 한국사회 대논쟁집』(중앙일보, 1990), 327쪽에서 재인용.
84) 장종택, 위의 책, 326쪽에서 재인용.
85) 장종택, 위의 책, 327쪽에서 재인용.

라는 논문이 실려 있었는데, 바로 이 논문들이 문제가 되었다.

『민중교육』지는 80년 광주항쟁 이후, 일선에서 교편을 잡고 있던 교사들이 학생들을 가르치는 과정에서 절감하고 있던 문제들에 대해 고민하고 실천하는 과정에서 만들어졌다. "외국의 이론이나 사례가 아닌 우리의 교육현실을 올바르게 진단하고 그 대안을 제시할 책임의 필요를 절실히 느꼈던" 이들은 『교육현장』과 함께 『민중교육』을 만들었는데, "전자가 학교현장을 사실적으로 기술했다면 후자는 주로 교육현실을 정치적, 이데올로기적 시각으로 분석하였다"는 점에서 차이가 있었다.[86] 이런 문제의식은 『민중교육』의 책머리에서 당당하게 천명되었다.

"우리는 크나큰 부끄러움으로 이 책을 엮는다. 짧지 않은 세월을 교단에 서 있으면서 이 모순덩어리 교육현실에 용케도 눈 감고 살아왔구나 하는 참담한 부끄러움이 머리를 들 수 없게 했다. …… 교육에 대한 우리의 관점이 근본적으로 바뀌어져야 한다. 교육자이기 때문에 시민으로서의, 인간으로서의 권리가 유보되어도 좋다는 논리를 우리는 단연코 거부한다. …… 인간다운 삶을 누릴 권리를 당당히 확보해내는 건강한 인간, 건강한 시민이 착실한 교사, 착실한 학생에 앞선다."[87]

7월 18일 시교위는 관련교사들을 소환했고 KBS와 MBC는 문교부의 보도의뢰를 받아 『민중교육』지가 삼민투의 주장과 유사한 내용을 담고 있다고 보도했다. 이에 발맞춰 장학사와 형사들이 관련교사들에게 집필 동기를 조사하기 시작했다.

그리고 7월 31일 문교부는 관련교사들에게 파면 등의 중징계 조치를 취하는 한편, 교사들이 재직하고 있던 학교는 관련교사들에게 사직서를 요구했다. 이에 관련교사들은 기자회견과 함께 성명서를 발표해 자신들

---

86) 심성보, 〈참교육 논쟁〉, 중앙일보사 편, 『80년대 한국사회 대논쟁집』(중앙일보, 1990), 133쪽.
87) 심성보, 위의 책, 133쪽에서 재인용.

의 입장을 전달했다.

'민중교육, 당신의 자녀를 노린다'

그러나 8월초 문교부는 『민중교육』지 사건과 관련한 왜곡된 보도자료를 언론사에 배포했다. 문교부가 언론사에 배포한 보도자료는 ① 용공계급투쟁 시각에 의한 교육분석과 서술, ② 반공교육에 관한 공격과 왜곡, 북괴와의 대적상황 비방, ③ 반미감정 선동, ④ 올림픽 개최 비방 및 의의 왜곡, ⑤ 계급의식 고취와 자본주의체제 부정 등의 내용을 담고 있었다.[88]

문교부가 지적한 '용공시각'은 치졸의 극치를 보여주었다. "학교제도는 으레 상급학교에 못 들어가는 아이들을 구분해서 노동시장으로 내보내는 역할을 하는데, 이것은 선천적인 노예를 만들어서 사회에 배출하는 것과 같다", '반공왜곡' 부분은 "아동기에 '때려잡자' 등의 잔인성을 유발시키고……", '계급의식 고취 및 자본주의 부정'으로는 "우리나라 학생 대다수를 차지하는 것은 농민·노동자의 자식임에도 …… 이들 대학을 가지 못하는 4분의 3은 학교교육에서 들러리를 서고 있다", '올림픽 비방'으로는 "반토막 올림픽은 우리의 통일을 더욱 어렵게 만들고 있다. 우리는 외국에서 논의된 적이 있는 올림픽의 서울·평양 분산 개최설을 고려해보아야 한다", '반미선동' 부분으로는 "미국은 한국인의 의견을 수렴하여 정책을 수행한 것이 아니라 김성수·김활란·이승만 등 토착지주계층을 정책수행의 반려자로 선택했다" 등의 내용이었다.[89]

이러한 보도자료를 받은 KBS와 MBC는 『민중교육』, 당신의 자녀를

---

88) 윤재철, 〈『민중교육』지 사건: 교육민주화의 횃불〉, 한승헌선생회갑기념문집간행위원회 편, 『한승헌 변호사 변론사건 실록: 분단시대의 피고들』(범우사, 1995), 397쪽.

노린다'는 제목의 특집을 통해 '조작'의 극치를 보여주었다.[90] 문교부의 배후조종을 받은 KBS와 MBC의 맹활약에 힘입어 『민중교육』지를 발간한 실천문학사 주간 송기원, 그리고 교사 윤재철과 김진경이 국가보안법 위반혐의로 구속되었다.

법정에서 이들은 검찰의 "반국가단체인 북괴의 선전·선동에 동조하여 이를 이롭게" 하였다는 주장에 맞서 "분단극복을 위한 교육의 민주화"를 위한 행위였다고 주장했지만,[91] 결국 유죄를 선고받았다. 이 사건 관련자는 모두 20명이었는데, 이들은 단지 '시'나 '소설'을 『민중교육』지에 실었다는 이유만으로 교단을 떠나야 했다.

『민중교육』지 사건으로 『실천문학』은 등록을 취소당했다.[92] 『실천문학』 폐간은 국회에서도 큰 파문을 일으켰다. 『실천문학』의 폐간을 둘러싸고 야당과 여당 의원들이 국회에서 정면으로 충돌한 것이다. 더불어 문인들과 변호인단이 법적으로 『실천문학』 폐간의 부당성을 지적했지만, 끝내 『실천문학』 폐간을 막을 수는 없었다.

『민중교육』지 사건으로 이른바 '의식화 교사'라는 말이 만들어졌다. 이 사건을 계기로 문교부는 교사 초임발령시 보안심사를 강화했으며, 현직교사와 학생들에 대한 이념교육을 실시하기도 했다. 정부의 이런 탄압에도 불구하고, 『민중교육』지 사건은 이듬해 5월 반합법 재야교육운동단

---

89) 심성보, 〈참교육 논쟁〉, 중앙일보사 편, 『80년대 한국사회 대논쟁집』(중앙일보, 1990), 134쪽.

90) 윤재철, 〈『민중교육』지 사건: 교육민주화의 횃불〉, 한승헌선생화갑기념문집간행위원회 편, 『한승헌 변호사 변론사건 실록: 분단시대의 피고들』(범우사, 1994), 398~399쪽; 김진균·홍승희, 〈한국사회의 교육과 지배이데올로기〉, 한국산업사회연구회 편, 『한국사회의 지배이데올로기: 지식사회학적 이해』(녹두, 1991), 250쪽.

91) 윤재철, 위의 책, 405쪽.

92) 『실천문학』은 80년 4월 비상계엄하에서 '자유문인협의회'의 회원이던 소설가 박태순과 『동아일보』의 해직기자 출신인 김진홍의 주도로 "문학의 현실참여라는 당시로서는 위험하고도 불온한 주장을 들고" 창간되었다. 『실천문학』은 책 발간을 통해 얻어지는 수입으로 반체제 운동을 하다가 구속된 문인들을 돕는 한편 민주화운동에 필요한 경비를 마련하기 위해 탄생했는데, 80년 7월 『창작과 비평』과 『문학과 지성』이 신군부에 의해 강제폐간된 후, 가장 활발한 활동을 벌인 부정기 간행물로 평가받았다. 장석주, 『20세기 한국문학의 탐험 4』(시공사, 2000), 392~397쪽.

체인 '민주교육실천협의회'가 탄생하는 데 밑거름이 되었다. 이 사건으로 해직된 교사들은 전문적 교육운동가의 길을 걷기 시작했다.

'민중' 대신 '올림픽'을 부르짖었더라면

5공정권은 '민중'이라는 단어에조차 파르르 떠는 이상한 정신상태를 갖고 있었는데, 그 증세는 문공부장관 이원홍에게 심하게 나타났다. 출판인 김언호의 85년 8월 20일자 「출판일기」는 다음과 같이 기록하고 있다.

"교보문고에 문공부장관이 매체국장을 대동하고 들러 '민중'이란 이름이 붙은 책 한 권을 사고, 왜 이런 책을 팔고 있느냐고 질책했다 한다. 교보측에서는 '민중'이란 이름이 붙은 모든 책을 잔열서가에서 빼버렸다고 한다. 하나도 우습지 않은 코미디다. 한 나라의 문화행정을 담당하는 장관이 이렇게 하고 있는 경우가 그 어디에 있을까."[93]

10월 14일자 「출판일기」도 '하나도 우습지 않은 코미디'에 관한 것이다.

"낮에 도서전시장에 나갔더니, 문공부 직원들이 야단이다. 장관이 김대중씨 책, 일월서각의 『민주정치』(국회속기록 정리한 것), 기타 '민중' 운운하는 책이 왜 전시장에 나와 있느냐고 고함을 쳤다고 한다. 『민주정치』의 경우 출판사측에서 '법원에서 팔아도 좋다고 판결한 책'이라고 설명해도 매체국장은 그것이 무슨 문제냐고 소리 질렀다고 한다. 참으로 어이없는 코미디이다. 도서전시회를 출협과 공동주최한 MBC의 직원들까지 설치고 다니면서 뭐라고 하니. 이건 분명 돌아버린 시대상황이라고나 할까."[94]

---

93) 김언호, 『책의 탄생 (1): 격동기 한 출판인의 출판일기 1985~1987』(한길사, 1997), 189쪽.

코미디는 계속된다. 10월 30일자 「출판일기」다.

"저녁에 텔레비전은 문공부장관이 '문화대회의'라는 것을 소집하여 그곳에서 문화운동을 펼치겠다고 크게 외치는 것을 보도하고 있다. 또 대통령이 문화계의 '원로 중진'들을 모아놓고 '사이비 문화'를 비판하는 연설을 텔레비전은 크게 보도하고 있다. 민중문화에 대한 관방문화의 대공세가 벌어질 모양이다."[95]

문인, 교수, 교사들이 그 어떤 이념서적을 내건 '민중' 대신 '올림픽'을 부르짖었더라면 괜찮을지도 모를 일이었다. 그 해 10월 경찰이 전국의 항구도시 및 기지촌 등에 소련을 비방하는 내용의 영어문구와 그림이 그려진 티셔츠, 모자류 등이 유행하자 단속에 들어갔기 때문이다.

단속 대상은 소련을 맹렬히 비난하는 'FUCK OFF & DIE' 등의 문구와 함께 소련을 상징하는 북극곰이나 소련의 국기를 조준한 타깃이 그려진 그림 등이 장식되어 있는 것과 KAL기를 공격하여 폭발시키는 장면 등을 새긴 티셔츠 등이었다. 경찰은 "이 같은 물건은 영세업자들이 만든 것으로 소련 및 동구권의 88올림픽 참가를 유도하려는 정책에 나쁜 영향을 준다"고 단속 이유를 밝혔는데, 이 단속은 서울올림픽조직위원회의 의뢰에 따른 것이었다.[96]

---

94) 김언호, 『책의 탄생 (I): 격동기 한 출판인의 출판일기 1985~1987』(한길사, 1997), 235쪽.
95) 김언호, 위의 책, 251~252쪽.
96) 〈소 비방 문구·그림 티셔츠 단속〉, 『중앙일보』, 1985년 10월 29일.

황석영의 『죽음을 넘어 시대의 어둠을 넘어』

1985년 5월 황석영의 『죽음을 넘어 시대의 어둠을 넘어: 광주 5월 민중항쟁의 기록』이라는 르포집이 풀빛에서 출간됐다. 1974년 7월 11일부터 1984년 7월 5일까지 『한국일보』에 대하소설 「장길산」을 연재함으로써 '한국신문사상 최장기 연재소설의 기록'을 세운 작가 황석영이 '문인으로서의 언론 기능'을 수행한 것이 바로 이 르포집이었다.[a]

황석영은 광주항쟁을 겪었다. 당시 황석영이 창설한 현대문화연구소의 주요 인물들은 광주항쟁의 문화선전요원으로 활동했고 황석영도 문화패였던 윤만식, 전용호, 박선정 등과 『투사회보』를 제작, 배포하는 데 많은 노력을 기울였다.

『투사회보』를 제작했던 사람들, 그밖에 광주항쟁 당시 광주지역 학생운동에 참여했던 이들 가운데 투옥되지 않았거나 곧 출감한 활동가들의 조직인 '전남사회운동협의회'(대표 전계량)가 편집자로, 황석영이 기록자로 되어 있는 독특한 체제로 만들어진 게 이 책의 특성이었다. 전남사회운동협의회는 광주항쟁 당시의 국내외 보도자료와 유인물을 수집하는 작업을 항쟁 다음 해인 81년부터 4년 동안 추진해왔는데, 그 결과를 황석영의 필력을 통해 책으로 낸 것이었다.[b]

황석영은 개인적으로 광주를 소설로 쓰고자 하는 욕심도 있었지만 광주의 진실을 일반 사람들에게 정확하고 빠르게 알리기 위해 소설을 포기하고 단순한 기록으로 책을 출간했다. '죽음을 넘어 시대의 어둠을 넘

---

a) 조상호, 『한국언론과 출판저널리즘』(나남, 1999), 322쪽.
b) 조상호, 위의 책, 320쪽.

어' 라는 제목은 문병란의 시 〈부활의 노래〉에서 가져온 것인데, 이 책이 넘어야 할 고비도 만만치 않았다. 이 책이 겪은 시련에 대해 조상호는 다음과 같이 말한다.

정권의 정당성과 직결된 문제를 다루는 이 책이 불러일으킬 파장은 불을 보듯 명확했고, 그에 따라 인쇄업체들이 인쇄를 꺼리는 바람에 일부 분량은 출판사 자체로 오프셋 인쇄가 아닌 마스터 인쇄를 할 수밖에 없었다. 이 책은 1985년 5월 15일(애초 발행예정일은 20일) 인쇄 · 제본 과정에서 사전에 정보를 입수한 당국에 의해 초판 2만부 전량과 지형이 불법적으로 압수당했다.

경찰과 공안당국은 처음에는 이 책에 나오는 '해방광주', '시민군' 등의 표현이 이적성을 띤다는 이유로 국가보안법을 적용하려 했다. 특히 시민군이라는 표현이 문제시된 이유는 국군 이외의 다른 군사조직을 운운한다는 것 자체가 북한의 적화통일에 대한 동조를 의미한다는 것이었다. 대부분의 시국사건에 대한 법해석과 마찬가지로 무리하게 법 적용을 하려 했던 이 사건은 풀빛 출판사의 나병식에게 유언비어 유포죄로 구류 10일에, 책에 대해서는 몰수처분이 내려졌다. ……

지형 자체가 압수됐고 제작된 책 전량이 몰수처분을 받았기 때문에 출판사에서는 공개적인 유통구조로는 책을 공급하지 못했는데도 대학가에서는 학생들이 자체적으로 복사인쇄를 해서 만든 『죽음을 넘어 시대의 어둠을 넘어』가 빠른 속도로 유포되었다.

이 책은 시위나 각종 시국사건 관련으로 검거된 학생들에 대한
당국의 수색과정에서 빈번히 발견되었다. 이는 이 책이 대학생들
이 광주항쟁을 정확히 인식하기 위한 창(窓)으로써 빠른 시간 안
에 광범위하게 확산되었음을 보여주는 것이었다. [c]

---

c) 조상호, 『한국언론과 출판저널리즘』(나남, 1999), 324~326쪽.

구로동맹파업

대우어패럴의 노조파괴 공작

1984년부터 활성화되기 시작한 노동운동은 1985년 4월 10일 '노동운동탄압 저지투쟁위원회' (노투)가 결성돼 지역단위 투쟁조직의 선도적인 정치투쟁을 통해서 지역적 연대와 정치투쟁으로의 발전을 모색하는 단계까지 이르렀다. 6월 1일에는 '구로지역 노조민주화추진연합' (구민연)이 결성되었다.

그러한 노동운동의 성과를 근거로 85년 6월 24일부터 1주일에 걸쳐 이른바 '구로동맹파업'이 일어났다. 구로동맹파업은 1950년대 이후 처음으로 시도된 본격적인 동맹파업이었다. 이 동맹파업은 개별기업 단위의 노동조합주의, 조직보존주의를 뛰어넘는 연대투쟁이었다는 점에서, 초보적이기는 하나 정치투쟁의 성격을 띠고 있었다는 점에서, 그리고 노동대중 스스로의 조직적 투쟁이었다는 점에서, 새로운 차원의 노동운동이 탄생했음을 보여주는 사건이었다.[97]

구로동맹파업의 진원지는 재벌그룹 대우의 계열기업이었던 대우어패럴이었다. 대우어패럴의 사측은 노조결성 시기부터 노조에 탄압을 가했다. 84년 노조가 결성되자, 회사측은 노조원들에게 조합탈퇴 강요와 강제사직, 해고, 강등 등을 감행했고 노조원들에 대한 폭행은 물론 납치와 감금, 회유, 매수, 기숙사 추방 등의 온갖 부당노동행위를 자행했다. 회사측은 당근과 채찍을 함께 사용했는데, 특히 거금으로 노조원들을 회유하기도 했다. 당시 조합원이었던 김인순은 인천 뉴송도호텔 306호에 무려 10시간이나 감금된 채 "1000만 원 주겠다. 시집 보내고 장래를 보장해주겠다. 3일 동안 집에 보내주지 않겠다"는 등의 협박과 회유로 공포에 떨어야 했고, 부위원장이었던 양경옥도 비슷한 일을 당했다고 증언했다. 이런 사실을 뒤늦게 안 한 여성노동자는 "노조 깨는 돈은 있어도 임금인상을 할 돈은 없단 말인가" 하고 탄식했다.[98]

회사측의 노조파괴 공작은 집요했다. 회사측은 축구부를 확장한다는 명목으로 은밀히 2백여 명을 신규채용했는데, 이들은 노조를 파괴하기 위한 사람들이었다. 노조는 이런 회사의 탄압에 맞서 부당노동행위 구제신청을 하는 한편 한국노총과 정부종합민원실, 민한당 등에 진정서를 제출하기도 했는데, 한국노총은 대우어패럴을 부당노동행위가 가장 극심하게 진행되는 대표적인 기업으로 지목하고 이틀간이나 조사단을 파견하기도 했다.

회사 사장은 노조와 공개적으로 노조탄압 중지, 기숙사 추방조치 철회 등 4개항에 대해 합의각서를 작성했음에도 불구하고, 이를 두 번이나 어겼다. 그러다가 한국노총 사무총장과 차장이 입회한 가운데, 단체협약 즉시체결, 해고자 4명의 복직과 기숙사 퇴소자 즉각입소, 노조탄압에 대

97) 조희연, 〈노동과 노동운동〉, 『한국의 민주주의와 사회운동』(당대, 1998), 268~269쪽.
98) 이상수, 『나는 충무경찰서 유치장 초대가수였습니다』(청동거울, 2002), 215쪽에서 재인용.

한 사과문의 게시판 공개, 일당 임금 100원 인상, 노조에 대한 보복금지 등을 약속했다. 그러나 회사측은 합의 서명이 끝난 후, 회사로 돌아간 후 술 취한 회사관리자들과 축구부를 동원하여 주먹과 각목으로 조합원들을 폭행하는 만행을 저질렀다. 이로 인해 조합원 가운데 2명이 의식을 잃었고, 11명의 조합원들이 병원에 입원해야만 했다.[99]

임금인상투쟁에 대한 탄압

84년 단체교섭과 단체행동을 통해 일당 단돈 100원의 임금을 인상시켰던 대우어패럴 노동자들은 85년 임금투쟁의 목표를 월 10만 원 미만의 저임금을 일소하는 것으로 설정했다. 당시 이들은 정부에서 주장해온 월 10만 원의 최저임금에도 훨씬 못 미치는 임금을 받는 것에 만족해야 했는데, 구체적으로 여자 양성공 초임은 2310원이었고 여자 본공 초임은 2510원, 남자 초임은 3710원에 불과했다.

노동시간이 적은 것도 아니었다. 하루 10시간의 고정노동시간 이외에도 매일 2시간에서 8시간의 잔업과 철야를 해야 했다. 만약 개인적인 사정이 생겨 잔업과 철야를 할 수 없는 경우에는 관리자들로부터 "잔업하기 싫으면 사표를 써라. 말 안 듣는 사람은 필요없다"는 말을 들어야 했다.[100]

대우어패럴의 노조위원장 김준용은 "내가 어렸을 때 꿈은 대통령이었고, 중학교 다닐 때는 판사였다. 그러나 노동자가 된 후 나의 꿈은 제시간에 출근하고 퇴근하는 동화시장 제품집에 취직하는 것이었다"고 말했다.[101] 또 그는 후일 법정진술에서 "작업장은 산업전선이요. 의무실은 야

---

99) 이상수, 「나는 충무경찰서 유치장 초대가수였습니다」(청동거울, 2002), 217쪽.
100) 이상수, 위의 책, 203쪽에서 재인용.

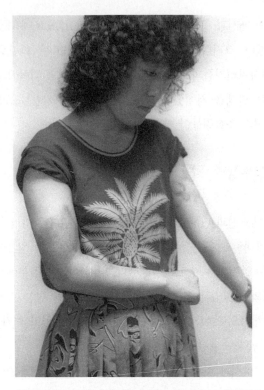

'살인적인 저임금'과 '노동지옥'에 저항해 노동자들이 목소리를 내자
대우어패럴은 구사대를 동원해 폭력으로 응답했다. 온몸에 시퍼렇게
멍이 든 대우어패럴 노동자.

전병원, 기숙사는 내무반, 우리의 삶은 전쟁 그 자체였다"고 말했다.[102]

　작업환경은 어떠했던가? 나중에 구속된 노조간부들의 변호인 중 한 명이었던 이상수는 이렇게 기록하고 있다.

　"작업장은 환풍기 한 대 없는 먼지 구덩이 속이었고, 여름철에는 30~40도의 더위였음에도 냉방시설은 고사하고 20여 명의 노동자들에게 1대

---

101) 이상수, 『나는 충무경찰서 유치장 초대가수였습니다』(청동거울, 2002), 204쪽에서 재인용.
102) 이상수, 위의 책, 209~210쪽에서 재인용.

85년 6월에, 1주일에 걸쳐 일어난 '구로동맹파업'은 1950년대 이후 처음으로 시도된 본격적인 동맹파업이었다. 구로동맹파업이 일어난 지 두 달 후엔 서울노동운동연합(서노련)이 창립되었으며, 노동운동은 학생운동과 긴밀하게 결합하기 시작했다. YH노조 이영순 위원장이 구로동맹파업 실태를 보고하고 있다.

정도의 선풍기밖에 설치되어 있지 않아 선풍기는 곧 열풍기로 변했다고 한다. 따라서 찜통처럼 무더운 작업장에서 노동자들은 땀으로 목욕을 하며 일해야 했고, 겨울철에는 미싱 시다 손에 쩍쩍 달라붙는 정도의 추위 속에서도, 오돌오돌 떨면서 목표량 달성을 위해 일해야 했다고 한다. 구속노동자들은 법정에서 한결같이 '살인적인 저임금' '노동지옥'이라는 용어를 서슴없이 사용했다."[103]

---

103) 이상수, 『나는 충무경찰서 유치장 초대가수였습니다』(청동거울, 2002), 204~205쪽.

85년 임금인상투쟁 당시 13번이나 진행된 협상에서 회사측은 협상기간 내내 무성의한 자세로 일관했는데, 제4차 임금교섭 당시 노사간에 오고간 대화 한 토막은 다음과 같았다.

"**노초즉 주장** : 전대통령께서도 저임금 10만 원을 없애라고 하지 않았는가. 물가는 치솟는데 왜 임금은 안 올리는가. **회사측 주장** : 대통령한테 올려달라고 그러지. 청와대 가서 그래. 가난한 근로자들이 국 끓일 때 왜 비싼 멸치를 넣어 먹느냐. 미원이나 조금 넣어서 먹으면 돈이 덜 들 텐데. 왜 비싼 것을 먹느냐. 처음부터 3만 원을 요구했으면 1000원은 올렸을 것 아니냐."[104]

회사측의 이런 후안무치에 대해 대우어패럴 노동자들은 치밀하게 임금인상투쟁을 준비했다. 이들은 임금인상투쟁을 벌이기 전에 시장 4곳과 백화점 3곳에 노동자들을 직접 보내 설문조사와 시장조사를 실시했는데, 이를 통해 노동자들은 빈부격차에 대해 뼈저리게 체험하게 되었다. 이런 식으로 해서 회사측의 탄압에도 불구하고 노동자 7백여 명으로부터 설문지를 받아냈고, 교섭과정 중에는 조합원의 사기를 앙양하기 위해 임금인상 등반대회를 열기도 했다. 또한 자신들의 요구사항을 써서 옷에 붙이고 일을 해 임금인상을 이루어냈던 것이다.[105] 이들은 85년 임금인상 투쟁에서 무려 13차례에 걸친 협상을 통해 일당 824원을 인상시키는 데 성공했다.

그런데, 4월말에 벌어졌던 임금인상투쟁이 불법이었다는 이유를 내세워 약 2개월 후인 6월 22일 대우어패럴 노조위원장 김준용을 비롯해 노조간부 3명을 구속하는 사태가 발생했고, 이에 24일부터 대우어패럴 노동자들의 항의파업이 시작되었다.

---

104) 이상수, 『나는 충무경찰서 유치장 초대가수였습니다』(청동거울, 2002), 219~220쪽에서 재인용.
105) 이상수, 위의 책, 211~212쪽.

'뭉치면 살고 흩어지면 죽는다'

대우어패럴 노조위원장을 비롯한 조합간부들의 구속은 같은 구로공단 내에 있던 사업장의 노동자들에게도 큰 충격이었다. 이미 두 달 전에 있었던 임금인상투쟁이 불법이었다는 이유를 내세워 임금교섭이 평화적으로 마무리되었음에도 불구하고 노조간부들을 구속하자, 자신들의 노동조합도 비슷한 일을 겪지 않을까 걱정했다. 특히 사전영장이 발부되었다는 사실 앞에서 대우어패럴의 사태는 남의 일이 아니었다.[106]

곧 가리봉전자, 효성물산, 선일섬유, 부흥사 등 같은 구로공단 내에 있던 사업장의 노동자들도 동맹파업에 들어갔고 민통련을 비롯한 26개 재야단체들과 학생들도 대우어패럴의 탄압에 맞서 항의농성과 지원시위를 전개했다. 구로공단 노동자들은 동맹파업에 들어가면서 〈노동조합탄압저지 결사투쟁선언문〉을 발표했다.

"아, 아, 민주노조의 동지들이여! 대우노조의 탄압을 남의 일로 받아들일 건가? …… 올해 구로공단 내의 모든 민주노조들은 농성과 시위파업을 통하여 임금인상에 큰 성과를 올리지 않았던가? 그런데 우리가 임금인상에 대한 우리의 주장을 편 것이 집시법 위반이라니! 오, 우리가 만든 소식지를 동료들에게 알리는 것이 언론기본법 위반이라니! 그리고 우리가 단결한 것이 노동쟁의법 위반이라면, 우리는 임금인상도 못한단 말인가? …… 민주노조 선진노동자들이여! 우리는 지금 굴복하여 구차한 목숨을 이어나가느냐 아니면 싸워서 승리하느냐의 중대한 갈림길에 서 있다. 뭉치면 살고 흩어지면 죽는다. 함께 일어나 싸우자. 천만 노동자의 동지애로써 최후의 일인까지! 최후의 일각까지!"[107]

---

106) 이상수, 『나는 충무경찰서 유치장 초대가수였습니다』(청동거울, 2002), 220~221쪽.
107) 〈노동조합탄압저지 결사투쟁선언〉, 동아일보사 편, 『선언으로 본 80년대 민족·민주 운동』(동아일보, 1990), 70~71쪽.

동맹파업이 일어나자, 회사측은 파업을 종식시키기 위해 모든 방법을 동원했다. 회사측은 음식 반입은 물론이고 단전과 단수를 통해 농성을 해산시키려 하더니, 다른 한편으로는 노동자들의 가족들을 동원해 "엄마 왔다. 빨리 나와라. 얼굴만 보자" 등의 방식으로 노동자들의 마음을 움직이려 했다.[108]

이 사건으로 노동자 34명과 대학생 9명이 구속되었고 3천여 명의 노동자가 집단해고당했다. 구속된 노동자 가운데는 대학교를 나온 노동자들이 8명이나 되었다. 검사가 이를 문제삼아 대우어패럴 노동자들이 대학출신 운동권들에게 이용당했다고 말하자, 대우어패럴의 노조위원장은 최후 진술에서 검사의 발언을 이렇게 풍자했다.

"내가 노동자고, 내가 선동받은 일이 없는데 왜 자꾸 제3자가 나서서 선동받았다고 하느냐(검사님 미안합니다). 내가 똥 누는 데 검사님이 힘주는 꼴입니다."(폭소)[109]

구로동맹파업 이후

구로공단 동맹파업 이후, 1985년 8월 25일에는 서울노동운동연합(서노련)이 창립되었으며, 노동운동은 학생운동과 긴밀하게 결합하기 시작했다. 서울노동운동연합의 투쟁과 1985년의 5 · 3인천투쟁에서의 인천지역 노동자 연맹 · 반제반파쇼노동자투쟁위원회 · 인천기독노동자연맹 등의 반독재투쟁, 그리고 87년 상반기에 있었던 '민주주의와 민족자주 쟁취를 위한 노동자 투쟁위원회'의 반정부 투쟁, 87년 6월의 인민노련과 국민운동본부 내 민주헌법쟁취노동자공동위원회의 개헌투쟁 등이 구

---

108) 이상수, 『나는 충무경찰서 유치장 초대가수였습니다』(청동거울, 2002), 220쪽.
109) 이상수, 위의 책, 225쪽에서 재인용.

로공단 동맹파업의 성과 위에서 꽃 핀 것이었다.[110]

---

110) 김영수, 〈계급주체 형성과정으로서의 1980년대 노동운동〉, 이해영 편, 『1980년대 혁명의 시대』(새로운세상, 1999), 254쪽.

학원안정법 논란

삼청교육대식 발상

85년 7월 25일 『경향신문』은 정부 여당이 학원안정법을 추진하고 있다는 사실을 특종보도했다. 학원안정법은 운동권학생들을 영장 없이 체포, 구금하고 선도할 수 있다는 것을 핵심으로 하는 특별법으로서 삼청교육대의 연장선상에서 나온 발상이었다. 안기부는 1판 신문의 배달을 저지하고 『경향신문』 사회부장 강신구와 기자 김지영을 남산 안기부 조사실로 끌고가 무지막지한 폭력을 가했다.[111]

5공은 왜 그런 무지막지한 음모를 꾸몄던 걸까? 2·12 총선의 충격, 5월 서울 미문화원 점거농성사건, 그리고 그 직전의 삼민투사건 등으로 5공정권이 궁지에 몰리자 파시즘세력의 공통된 특성이라 할 '발본색원'(拔本塞源) 전략으로 대처하겠다는 것이었다.

---

111) 경향신문사, 『경향신문50년사』(경향신문사, 1996), 427~429쪽.

『조선일보』는 5공정권의 그런 음모를 돕겠다는 듯, 8월 6일자에 〈민중교육 왜 문제인가〉라는 분석기사를 게재하였다. 『조선일보 70년사』는 다음과 같이 적고 있다.

"이 기사는 학원에서의 갈등을 표면에 드러내는 역할을 한다. 정부는 이런 사실을 놓고 '학원법'의 제정을 추진한다. 조선일보가 8월 8일자에 전문(全文)을 특종보도한 학원법안으로 …… 새로운 물의가 들끓게 된다."[112]

그러나 『조선일보』는 『경향신문』과는 달리, 그 어떤 기자도 남산 안기부 조사실로 끌려가 무지막지한 폭력을 당하진 않았다. 오히려 '짝자꿍' 시합을 하듯, 8월 8일 문교부는 이른바 '문제학생 순화방법'을 주 내용으로 하는 '학원안정법 시안'을 발표했다.

이 시안에 따르면, 이른바 '좌경의식화' 된 학생에 대해서는 형사처벌 대신 선도교육을 실시할 수 있도록 하고 선도교육의 기간·대상자 선정을 위해 문교부에 '학생선도교육위원회'를 설치토록 한다는 것이었다. 이 선도교육위원회는 일종의 준사법적 기관의 성격을 띠는 것이었다. 이 법은 또 학원소요에 대한 벌칙을 대폭 강화하였다.[113]

134명 총학장들의 지지결의문

민정당 원내총무 이세기는 "학원안정법이 '괴물' 처럼 잘못 인식되고 있다"며 "이 법은 순진한 양떼를 지키는 '목동'으로 봐달라"는 말도 했지만,[114] 광주 학살을 저지른 주범들을 '목동'으로 보다니 큰일날 소리였다.

학원안정법에 대해 재야와 야당, 학생들은 격렬하게 반대운동을 전개

112) 조선일보사, 『조선일보 칠십년사 제3권』(조선일보사, 1990), 1735쪽.
113) 최부일, 〈학원안정법 논쟁〉, 중앙일보사 편, 『80년대 한국사회 대논쟁집』(중앙일보, 1990), 382쪽.
114) 최부일, 위의 책, 383쪽에서 재인용.

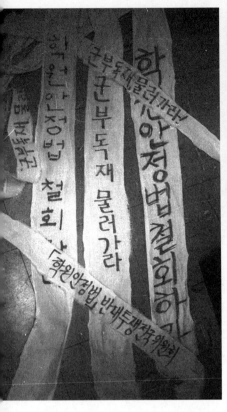

학원안정법은 운동권 학생들을 영장 없이 체포, 구금하고 선도할 수 있다는 것을 핵심으로 하는 특별법으로서 삼청교육대의 연장선상에서 나온 발상이었다. 재야와 야당, 학생들이 격렬하게 반대운동을 전개해 학원안정법은 결국 무산됐지만, 전국 대학의 134명의 총학장들은 이 법에 지지결의문을 채택했다.

하였다. 이 법은 국민들의 강력한 반대에 부딪혀 8월 17일에 열린 긴급 당정회의에서 '일단 보류' 로 결정되었고, 결국 무산됐다.

그러나 바로 그 전날 전국대학총학장회의에 참석한 134명의 총학장들은 학원안정법에 대한 지지결의문을 채택해 총학장의 수준이 이 법을 반대했던 5공내 온건파의 수준만도 못하다는 걸 적나라하게 증명해 보였다.

총학장들의 지지결의를 '비교육자적 망동(妄動)' 으로 규정한 김준엽은 그러한 '망동' 이 이미 1개월여 전에 드러난 총장들의 정신문화연구원 입소와 무관치 않다며 다음과 같이 말한다.

"대학총장을 소대장 정도로 알고 있는 정부당국은 전국 45개 대학총장들을 7월 4일부터 2박 3일간 한국정신문화연구원에서 이른바 '지도자 간담회'라는 명목의 정신훈련을 받게 하였다. 나이 많은 총장들이 큰 홀에 모여 앉아 눈을 감고 단정한 자세로 합장하고 있는 모습(일제시의 '대화숙'(大和塾)*을 방불케 한다)이 신문에 보도되었는데(한국일보, 1985년 7월 7일), 이런 모습을 보는 학생들이 총장들을 어떻게 생각하였을까? 전정권은 총장이나 교수들이 아무것도 아니라는 것을 천하에 알리고 싶었을 것이다. 독재정권의 힘의 남용으로 대학의 권위는 완전히 땅에 떨어진 것이다."[115]

학원안정법 파동은 광주학살과 삼청교육대 만행 이후 세월이 벌써 5년이나 지났다는 걸 깨닫지 못한 5공정권의 시대착오적인 해프닝이었다. 일명 '허문도법'으로 알려질 만큼 허문도의 과잉 충성욕이 빚어낸 넌센스였다.[116]

그러나 그 해프닝과 넌센스의 희생은 매우 컸다. 8월 15일 25세 청년 홍기일은 광주항쟁의 상징적 거리인 전남도청 앞 금남로에서 "광주시민이여 잠에서 깨어나라" "학원안정법 반대투쟁에 결사적으로 나서자" 등의 구호를 외치며 분신자살을 기도해 7일만인 8월 22일에 사망하는 사건이 발생했다.[117] 또 9월 17일엔 경원대 학생 송광영(27. 법학과 2년)이 "광주학살 책임지고 현정권은 물러가라" "학원안정법 철회하라" 등의 구호를 외치며 분신자살을 시도했다.[118]

---

*) 일제가 1941년 1월 사상범의 보호관찰과 집단적 수용, 나아가 조선인의 황민화를 실현하기 위해 만든 파쇼적 사상교화단체다.

115) 김준엽, 『장정(長征) 4: 나의 무직 시절』(나남, 1990, 2쇄 1991), 66~68쪽.

116) 박보균, 『청와대 비서실 3』(중앙일보사, 1994), 340~348쪽.

117) 〈고 홍기일씨, 광주서 시민장 거행〉, 『말』, 1985년 10월 15일, 26쪽.

118) 〈경원대 송광영군도 분신〉, 『말』, 1985년 10월 15일, 27쪽. 그 뒤로 87년 3월 6일까지 이재호, 강상철, 표정두 등이 분신자살하였는데, 이들은 모두 광주출신이었다. 〈분신으로 되살아나는 '광주'〉, 『말』, 1987년 5월 20일, 17쪽.

고대 앞 박찬종 · 조순형 사건

당시 5공이 대학가의 민주화 열기에 얼마나 전전긍긍했는가 하는 건 85년 9월 6일에 벌어진 이른바 '고대 앞 사건'을 통해서도 여실히 드러났다.

하루 전인 9월 5일 고려대에서는 '전학련 2학기 민주주의 수호대회'라는 연합시위가 열렸는데, 이는 삼민투위사건과 관련해 수배를 받고 있던 고려대 총학생회장 허인회가 주동한 것이었다. 다음날 오후 3시 비가 내리는 가운데 박찬종과 조순형은 고려대 대강당에서 열리기로 예정되어 있던 '국민대토론회'에 참석하기 위해 고대로 갔다.

그러나 이들은 고려대 주변에 포진된 전경들에 의해 출입이 금지당했고, 결국 집회 참가가 어려워지자 '학원탄압 중지하라'는 구호를 외치는 등 노상시위를 벌이기 시작했다. 이에 민정당은 이와 관련해 다음날 대책회의를 갖고 박찬종과 조순형의 행동을 "좌경과격학생들을 선동한 불법행위"라고 못박은 뒤, 정부에 법적조치를 요구했다.[119]

그러자 정부는 마치 기다렸다는 듯이 바로 그날 박찬종과 조순형을 제외하고 민추협 인사 21명의 법적조치를 결정했고, 박찬종과 조순형에게는 구두 경고했다. 그리고 14일 박찬종과 조순형에게 검찰출두를 요청했고 이를 거부하자, 17일에는 구인장을 발부받아 강제수사에 착수했다. 19일 두 의원에 대한 불구속 기소가 이루어졌다.[120]

이 사건은 6차례의 구인장 발부, 10차례의 재판부 기피 신청, 26회의 공판 끝에 1987년 4월에 징역 1년 집행유예 2년의 유죄로 1심이 결말났다. 박찬종은 이 사건으로 변호사 업무정지라는 시련도 겪었지만 대중에

---

119) 이경재, 〈민중의 승리: 5·17에서 6·29까지〉, 『신동아』, 1987년 8월, 193쪽에서 재인용.
120) 이경재, 위의 글, 193쪽.

게 신선한 인상을 남겨 제법 인기를 얻게 되었다.[121]

121) 오승훈, 〈인권변호사로 대중에 접근〉, 「문화일보」, 1996년 6월 23일, 5면. 박찬종은 유신시절 공화당 정
치인으로 활동하다가 5공 때 야당인사로 변신한 인물이었다. 1980년 7월에 당시 중앙정보부기획실장이
었던 이종찬으로부터 러브콜을 받았으나 "이제 정치를 그만두겠다"며 거절했고, 1982년 초에 이돈명, 홍
성우, 조영래, 황인철 등 인권변호사 그룹을 찾아가 인권변론을 자청했다. 이후 민추협 인권특위위원장,
신민당인권옹호위원장을 맡음. 민정당사농성사건(84년), 미문화원점거농성사건(85년), 부천서 성고문사
건(86년), 박종철군 고문치사사건(87년) 등의 사건에 진상조사위원과 변호인으로 참여하였다.

구미유학생 간첩단사건

1985년 9월 9일 안기부는 미국에서 공부하다 북한을 방문한 양동화 등 20여 명이 국내 대학에 잠입해 조직을 만들고 간첩활동을 벌였다고 발표했다. 외국여행 경력이 있는 양동화, 김성만, 황대권 등은 간첩행위를 했고, 강용주는 고등학교 선배인 양동화에게 포섭되어 무력 봉기를 모의하고 학원가의 시위를 주도했다는 것이었다.

다음 날 MBC는 『보도특집─학원에 뻗친 붉은 손길 학원침투유학생간첩단』을 방영했다. 이 프로그램은 학생운동 뒤에 간첩의 사주가 있다는 전두환정권의 주장을 반복했는데, 이 프로그램은 안기부가 사건을 발표하기 이전인 9월 1일에 제작한 것이었다.[a]

이 프로그램의 사전제작이 말해주듯이, 이것은 정국 전환용으로 완벽하게 조작된 사건이었다. 그러나 정권의 시녀로 전락한 지 오래인 사법부에겐 그러한 조작을 판별할 능력도 의지도 없었다. 86년 9월 대법원의 확정판결 결과 양동화, 김성만은 사형, 황대권과 강용주는 무기징역, 다른 10여 명은 장, 단기간의 실형을 선고받았다. 사형선고를 받은 이들은 죽음의 공포와 싸워야 했다. 인혁당사건 관련자들이 사형선고받은 다음 날 사형당했다는 사실을 누구보다 더 잘 알고 있었기 때문이다. 강용주는 이렇게 말한다.

"처음 안기부에서 수사를 받을 때 나는 징역 7년 정도를 선고받을 줄 알았다. 한 일이 없었으므로, 즉 조작극이었으므로 징역 7년을 생각했었

---

a) 김소민, 〈정권의 나팔수 나선 오욕의 언론에 메스〉, 『한겨레』, 2001년 6월 7일, 33면. 이런 사실은 MBC 『이제는 말할 수 있다』가 2001년 6월 8일 방영한 '구미유학생 간첩단사건' 편에서 드러났다.

다. 그런데 진술의 기회도 주지 않은 채 재판을 끝내고 판사가 결심을 하겠다는 것이었다. 내가 말할 기회도 주지 않고 재판을 끝내는 법이 어디 있느냐고 항의하자 그때서야 진술할 기회를 주어 개인적인, 사건에 관한 이야기를 할 수 있었다. 그게 진술의 전부였다. 변호사도 사지 못했다. …… 재판을 할 때에도 수사를 했던 안기부 수사관이 항상 법정 맨 앞자리에 앉아 있었다. 삼위일체라는 것이 있다. 안기부에서 검찰로 넘어갈 때 의견서라는 것을 작성하는데 이 의견서와 검찰 공소장이 글자 하나가 안 틀린다. 그리고 판결문과도 글자 하나가 틀리지 않는다. 심지어는 오자까지도 똑같은데 이것은 판사들의 권력에 대한 소극적인 항의의 표시라고 한다. 구형을 내리기 전에 검사가 보충심문 내용을 모두 인정하면 구형을 낮게 부르겠다고 회유했다. 그것이 이 사회에서 간첩이라고 낙인찍힌 사람이 취할 수 있는 가장 현실적인 방법이라는 것이었다. 그러나 나는 부당한 일에 대해서는 더욱 반발하는 성격이어서 보충심문 내용을 더 강하게 부인했다. 그래서 결국 사형을 구형받고 무기를 선고받았으나 판사의 판결문 낭독이 현실같지가 않았다. 재판과정이 너무나 일방적으로 진행되어서 마치 한 편의 코미디를 보는 듯 실재감이 느껴지지 않던 까닭이었다. 재판이 이럴 수는 없다는 생각밖에 없었다."[b]

정말 그럴 수는 없는 일이었다. 당시 전남대 의예과에 재학중이던 강용주는 유학생도 아니었고, 북한에 다녀오지도 않았지만, 고등학교 선배인 양동화에게 『인권소식』(한국기독교교회협의회 발행)과 『광주백서』 등

---

b) 강용주와의 대담, 〈강용주, 15년만의 자유〉, 『그날에서 책읽기』, 1999년 3월, 87쪽.

을 건네 줘 국가기밀누설죄를 저질렀다는 이유로 무기징역을 받았던 것이다. 강용주는 안기부에서 갖은 고문을 당했다. 수사관들은 "너 같은 놈은 씨를 말려야 한다"며 그의 성기를 책상 위에 올려놓고 몽둥이로 내리치는 성고문을 가하기도 했다.[c] 이런 어이없는 일이 벌어졌던 당시의 대한민국을 과연 제정신 가진 나라라고 할 수 있는 것이었을까?[d]

---

c) 정범구, 〈정범구가 만난 사람–최연소 출소 장기수 강용주: '야수들'에게 무릎 꿇을 수 없었다〉, 『말』, 1999년 4월, 115쪽.

d) 검찰이 주범이라고 구속시켰던 사람들이 풀려났을 때에도, 강용주는 끝내 반성문을 쓰지 않았다는 이유만으로 장기수가 되었다. 그는 김대중 정권이 출범한 후인 98년 전향제도를 폐지한다며 도입된 '준법서약서'를 끝내 거부하기도 했다. 강용주는 세계 최연소 장기수로 14년간 복역한 끝에 99년 2월 특별사면으로 출옥했다. 현재 전남대 의대 본과에 재학중이다.

남북교류와 남북정상회담 무산

전두환의 남북정상회담 시도

1981년 주미 한국대사관 공사였던 손장래는 잠시 귀국했다가 전두환을 만났는데, 이 자리에서 남북정상회담 이야기가 나왔다. 손장래가 전하는 전두환의 말이다.

"나는 금년 초 김일성 주석을 서울에 초청하고 또한 북이 초청하면 전제조건 없이 평양에 가겠다고 제안했지만 반응이 없다. 비방만 하고 있다. 남북한 사이엔 6·25가 있었고, 지금도 일촉즉발의 대치상태에 있다. 김일성 주석을 만나 해결방도를 찾고 싶다. 손공사가 북측과 접촉하여 내 뜻을 정확하게 전달하고 김주석과의 회동을 성사시켜라. …… 김일성 주석은 빨치산으로 일제와 싸우고 독립운동을 했다. 그 점, 나는 존경한다. 서울에 오시면 성대하게 환영할 것이다."[122]

---

122) 손장래, 〈5공 안기부장 손장래의 2002년 통일론: "84년 전두환-김일성 정상회담 했으면 95년 통일됐다"〉, 『말』, 1999년 1월, 140쪽에서 재인용.

이후, 미국으로 건너간 손장래는 장면정부하에서 유엔대사를 지낸 임창영에게 대북밀사 임무를 맡아달라고 요청했고, 허락을 얻어냈다. 당시 임창영은 이렇게 말했다.

"나는 박정희정권과 싸웠고, 또 전두환정권과도 싸울 생각이었다. 그러나 전씨가 민족통일을 위해 진심으로 나오겠다고 하니 내가 할 수 있는 데까지 도와줄 거요. 그러나 민족을 위한 처음의 순수한 마음이 바뀌는 일이 있어서는 안됩니다. 남북간의 문제라는 게 아주 힘들고 쉽지 않은 건데 최선을 다해봅시다."[123]

임창영은 이후 대북밀사로 4년간 활동했는데, 북한과의 접촉 장소는 주로 뉴욕의 유엔대표부였다. 이곳에서 임창영은 유엔대표부 북한 대사를 만나 의도를 전달하고 외교행낭을 이용해 전두환의 뜻을 서신으로 김일성에게 보냈다. 이렇게 해서 보낸 편지에 대한 답신은 보통 한 달 반에서 두 달 가량 걸렸다고 한다. 이뿐 아니라 임창영은 허담과 김영남 등 북한의 고위관료들과도 뉴욕에서 만나 의견을 교환했다.[124]

남한의 접근에 처음 북한이 보인 반응은 불신이었다. 특히 북한측은 "광주문제를 거론하며 미국의 대리인인 반민주 군사독재정권을 상대하지 않겠다"는 의견을 표명했는데, 이에 대해 손장래는 이렇게 화답했다.

"반민주 독재체제는 절대적이 아니라 상대적 개념이다. 남에 대한 북의 시각이 있다면 북에 대한 남의 시각도 있다. 피장파장이다. 백보 양보해서 북의 시각이 맞다 하자. 박정권이 18년, 전정권이 7년, 합하면 25년이다. 다음에 누가 되든 남에서는 반공정권이지 북이 바라는 그런 정권이 아니다. 결국 북은 백년하청, 있지도 않을 것을 기다리다 무위로 끝난다. 후손들은 우리 세대 지도자들이 한번 만나서 얘기도 안하고 밤낮 싸

---

123) 손장래, 〈5공 안기부장 손장래의 2002년 통일론: "84년 전두환-김일성 정상회담 했으면 95년 통일됐다"〉,
『말』, 1999년 1월, 143쪽에서 재인용.
124) 손장래, 위의 글, 143쪽.

움질만 하고 지냈다 할 것이다."[125]

이런 과정을 거쳐 북한으로부터 긍정적인 반응을 얻어냈고, 서울올림픽 공동개최와 정상회담 의제도 검토되기 시작했다. 이러는 사이, 아웅산테러사건이 발생했는데, 손장래는 이렇게 기록하고 있다.

"그런데, 83년 10월 9일, 미얀마 아웅산사건이 발생했다. 도저히 정상회담을 추진할 상황이 아니었다. 그러나 남북간에 긴장과 위기가 고조돼 있을 때일수록 대화와 이해가 절실하다고 생각했다. 임박사와 필자는 진상은 조사규명돼야겠지만 어떻든 이런 일이 생겨서는 절대 안된다는 데 공감했다. 그럴수록 두 정상이 만나야 한다는 긴박감을 느끼며 교섭에 박차를 가했다. 자칫 무력충돌, 전쟁으로 확대돼서는 민족공멸인 상황이었다. 북도 인식을 같이했다. 이 국면을 돌파하기 위해 상호검토하여 북이 제안한 것이 84년 3월 남북체육회담이었다. 남이 이를 수용하여 4월 9일부터 5월 25일까지 3차례 회담을 가졌다."[126]

북한의 수해 구호물품 제공

1984년 9월, 수재로 인해 190명이 사망하고 20만 명의 수재민이 발생했다. 그러자 북한은 수재로 피해를 입은 남한 동포들에게 구호물자를 제공하겠다는 의사를 타진해왔다. 9월 8일 북한 적십자사가 방송을 통해 쌀 5만섬, 옷감 50만미터, 시멘트 10만톤과 의약품을 제공하겠다고 제의한 것이다. 전두환은 이런 북한정부의 제의를 받아들였을 뿐만 아니라, 구체적으로 구호품목까지 제시했다. 이렇게 해서 쌀과 시멘트, 의류, 의약품 등이 한국전쟁 이후, 처음으로 남한으로 들어왔다.

---

125) 손장래, 〈5공 안기부장 손장래의 2002년 통일론: "84년 전두환-김일성 정상회담 했으면 95년 통일됐다"〉, 『말』, 1999년 1월, 143쪽에서 재인용.
126) 손장래, 위의 글, 144쪽.

『노동신문』은 구호활동을 '분단 40년 역사 이래 최고의 위업'이라며 대서특필했는데, 9월 29일 남한에 도착한 구호물품의 질(質)은 떨어지는 것이었다. 이를테면 북한정부가 제공한 쌀 가운데 일부는 벌레 먹은 것이었고 시멘트는 거의 사용하기 힘든 수준의 것이었다. 전두환은 후일 (87년 5월 26일) 평통간부 2백여 명을 청와대에 초청한 자리에서 다음과 같이 말했다.

"84년 수해가 났을 때 실제로 큰 수해가 난 것은 그 쪽인데 이북이 우리한테 수해물자를 보내겠다고 했어요. 쌀과 의약품을 보내겠다고 양을 명시했는데 큰 마음을 먹고 양을 많이 한 것입니다. 이런 게 나오면 우리는 으레 거절하는 것이 공식이었습니다. 우리가 안 받는다면 이북이 공식대로 욕을 해댈 참이었지요. 비전문가가 전문가보다도 나을 때가 있습니다. 내가 가져오라고 해보자고 하니 전문가들이 안됩니다라고 해요. 그러면 한 달쯤 시간을 주자, 9월 1일부터 30일까지 주면 받는다, 그 이후는 안 받는다고 했습니다. 이북 천지가 이 물자를 채우느라고 난리가 났습니다. 나중에 들어보니 그것을 제의한 사람들이 다 모가지가 날라갔다고 해요."[127]

귀순자들의 말에 따르면, 심지어 대남공작 총책 김중린을 엄히 책벌해, 김중린은 6개월 동안 화장실 청소를 하면서 자아비판을 했다는 주장도 있다.[128]

어찌됐건, 북한의 구호물품 제공은 남북대화를 매끄럽게 하는 데에 기여했고, 이후 약 1년 동안 경제회담과 적십자회담을 비롯해 총 13차례에 걸쳐 공개회담이 열렸다.

127) 김성익, 『전두환 육성증언』(조선일보사, 1992), 369~370쪽.
128) 김학준, 『북한 50년사: 우리가 떠안아야 할 반쪽의 우리 역사』(동아출판사, 1995), 369쪽.

5공의 남북정상회담 거부

그 이면에선 계속 남북정상회담이 거론되었는데, 84년 10월 6일 임창영을 통해 북한측으로부터 "남북정상회담을 구체적으로 추진하기 위하여 손공사를 평양에 초청한다. 손공사는 조국평화통일위원장 허담과 상의할 것이며 필요하면 그 이상 직위의 인사를 만날 것이다"는 내용의 메시지가 왔다.[129]

그러나 북한측의 이 제의는 거절당했다. 당시 상황을 손장래는 이렇게 말한다.

"나는 크나큰 성취감 속에서 이 전언을 갖고 서울에 들어갔다. 그동안 비밀리에 추진돼왔던 정상회담 개최문제는 당연히 국가정책을 결정하는 소정절차에 붙여졌다. 84년 10월, 그 때만 해도 반공·멸공·타도의 대상이던 북한의 수령 김주석과의 정상회담을 국가정책으로 결정하는 것이 가능하지 않았다는 사실만을 밝혀둘 뿐이다. 워싱턴에 돌아와 임창영 박사께 정상회담 예비접촉에 대한 거절의사를 전달했다. 참담하고 비통한 마음이었다. 판문점에서 적십자회담, 체육회담이 진행되고 있다는 것이 거부 명분이었다."[130]

임창영은 북한의 초청으로 84년 12월 17일 부부동반으로 평양을 방문해 성탄절날 김일성과 만나 4시간 넘게 이야기를 나누었는데, 당시 김일성은 이렇게 말했다고 한다.

"우리는 그동안 남쪽의 박정희 대통령이나 전두환 대통령을 상대할수가 없었다. 그러나 우리가 과거에 너무 집착하면 발전할 수 없다. 우리는 그동안 손공사를 통해 제의받은 전대통령의 남북정상회담 제의와, 민

---

129) 손장래, 〈5공 안기부장 손장래의 2002년 통일론: "84년 전두환-김일성 정상회담 했으면 95년 통일됐다"〉,
　　『말』, 1999년 1월, 145쪽에서 재인용.
130) 손장래, 위의 글, 145쪽.

족의 기본적이며 중요한 문제를 허심탄회하게 토의하여 남북의 긴장완화, 신뢰구축과 통일을 도모하자는 정신에 찬동한다. 그래서 손공사를 평양에 오라 하고 내가 만나 전대통령의 뜻을 정확히 전달받고, 내 생각을 또 손공사가 전대통령에게 전달하여 문제를 풀어나가려고 했는데 오지 못한다니 유감스럽다. 오지 못하는 이유로 판문점에서 현재 적십자회담, 경제회담이 진행되고 있으므로 혼선을 가져올 필요가 없다고 한다는데, 나는 그렇게 생각하지 않는다. 공개석상에서는 서로 선전을 유념하게 되며 거기는 정상회담이 논의될 곳이 아니다. 지난번 남쪽 수해시 우리의 성의와 지원을 전대통령이 흔쾌히 받아들인 것은 그분의 아량을 보이는 것으로 고맙게 생각했다. 서로 이런 좋은 분위기가 형성됐을 때 만나야 성과가 좋은 것이다. 나나 임선생이 얼마나 더 살겠느냐. 남북의 화해와 통일을 위하여 같이 열심히 일해주길 부탁한다. 그리고, 손공사를 이리 보내서 정상회담 추진에 도움되도록 다시 말해달라. 그와 마주보며 전대통령의 뜻을 전달받고 몇번 그렇게 하다 보면 우리 사이의 문제의 본질을 서로 파악하고 이해와 해결의 방법이 생긴다. 국제정세가 급변하고 언제 또 무슨 일이 생길지 모르는 일이니 이런 좋은 기회를 놓치는 일이 없도록 해야겠다."[131]

이산가족 상봉과 남북체육회담

85년 5월 서울에서 열린 남북적십자 본 회담에서 양측은 광복절 40주

---

131) 손장래, 〈"84년 전두환-김일성 정상회담 했으면 95년 통일됐다"〉, 『말』, 1999년 1월, 145쪽에서 재인용. 돈 오버도퍼의 이야기는 좀 다르다. 오버도퍼는 임창영의 이 방문에 대해 다음과 같이 말한다. "김일성은 임창영의 남북정상회담 제의에 동의를 표했다. 이어서 그는 그 다음주에 있었던 북한 주민에 대한 신년사에서 이례적으로 남북대화를 지지한다는 내용을 포함시켰다. 김일성은 당시 진행중인 실무자급 공개회담이 성공을 거두면 고위급회담으로 점차 승격될 것이고 '종국에는 남북한 고위급 지도자 사이의 정치협상으로 발전하게 될 것'이라고 선언했다. 김일성과 임창영의 만남은 언론에 공개되지 않은 채 남북한의 일부 고위관리들만 알고 있었다. 그러나 임창영이 김일성을 내방한 이튿날 북한지도부 내의 알력을 증명이

년을 기념해 이산가족 고향방문단과 예술공연단의 교환방문을 추진할 것을 합의했다. 이에 따라 9월 남한의 고향방문단 35명과 북한의 고향방문단 30명이 비무장지대를 통과해 한국전쟁 당시 헤어진 가족들과 상봉하는 기쁨을 누렸다.

이어 올림픽 문제를 다루는 남북체육회담이 개최되었다. 남북체육회담은 1985년 2월 1일 IOC위원장의 주재하에 IOC측 대표와 남북한 올림픽위원회 대표들이 참가하는 회담을 로잔느 IOC본부에서 개최할 것을 제의하는 IOC집행위원회 결정사항을 남북한 올림픽위원회에 각각 통보함으로써 시작되었다. 사마란치 IOC위원장은 회담의 의제로 애초에는 남북한 체육교류문제, 제10회 서울 아시안게임, 그리고 제24회 서울올림픽 등을 제안했다가, 다시 서울올림픽 문제에만 국한하기로 수정했다.

사마란치의 이런 제안에 대해 85년 3월 31일, 김종하 대한올림픽위원회 위원장은 남북한 올림픽위원회간의 회담에 대표단을 파견하겠다고 발표했고, 북한도 7월 6일 북한올림픽위원회 위원장 김유순 명의로 남한과의 회담에 동의한다고 통보했다. 특히 북한은 7월 30일 정무원 부총리 정준기의 담화를 통해 회담의 주요 안건은 올림픽 공동개최가 되어야 한다고 말했다. 이런 북한의 입장에 대해 당시 체육부장관이었던 이영호는 북한의 88올림픽 공동개최안은 "IOC헌장 제34조를 위반하는 것이며 신성한 올림픽을 정치적으로 악용하려는 저의"라고 비난하며 회담을 거부한다고 밝혔다.[132]

라도 하듯 조선노동당 기관지인 『노동신문』에는 남한과의 화해 분위기를 간접적으로 공격하는 기사가 실렸다. 당시로서는 이해하기 힘든 반응이었다. 『노동신문』은 '희생'과 '투쟁'은 혁명을 승리로 이끄는 가장 중요한 요소이며 '희생당할 것이 두려워' 혁명으로 향하는 길목에서 물러서는 자는 '항복'하는 것과 마찬가지며 결국 '변절자'가 될 것이라고 주장했다." 돈 오버도퍼, 이종길 역, 『두 개의 한국』(길산, 2002), 236~237쪽.

132) 『말』(제 10호, 1987), 43쪽; 고광헌, 『스포츠와 정치』(푸른나무, 1998), 48쪽에서 재인용.

북한대표단의 남한방문

　그런 공식적인 회담과는 별도로 남북정상회담을 위한 비밀접촉은 여전히 계속되었다. 85년 9월 4일부터 6일까지 허담을 비롯해 북한대표단 5명이 남북정상회담 추진을 위해 남한을 방문했다. 이들은 청와대가 아니라 기업가의 개인 저택에서 전두환을 만났는데, 그 이유가 재미있다. 당시 전두환은 김일성이 소유하고 있는 별장이 모두 7개에 달한다는 소식을 듣고 자신도 호화롭게 치장된 개인 주택에서 북한대표단을 맞을 능력이 된다는 사실을 보여주기 위해 한 사업가의 개인 저택을 빌렸다는 것이다.[133]

　북한대표단은 이 자리에서 전두환에게 김일성의 친서를 전달했는데, 『워싱턴포스트』 기자 돈 오버도퍼는 이렇게 기록하고 있다.

　"북한측 특사들은 김일성 주석의 친서를 전대통령에게 전달했다. 따뜻한 안부로 시작하는 친서에서 김일성은 '평양에서 만날 수 있기를 진심으로 고대하겠습니다'라고 썼다. 김일성은 전두환이 북한의 폭탄테러를 간신히 모면한 지 채 2년이 지나지 않은 시점에 '건강을 기원합니다'라는 말로 인사말을 맺었다. 또한 비밀회담 도중 허담은 양곤의 폭탄테러는 '우리와는 전혀 상관없는 일'이라고 주장하는 동시에 만약 북한정부에 사과를 요구한다면 그것으로 회담은 끝이라는 경고성 발언을 하기도 했다."[134]

　비밀접촉의 부진한 성과는 그대로 체육회담에서도 나타났다. 85년 10월 8일~9일 사이에 처음 열린 남북체육회담을 포함하여 모두 4차례에 걸쳐 남북간의 체육회담은 열렸지만,[135] 아무런 실질적인 소득을 얻지

---

133) 돈 오버도퍼, 이종길 역, 『두 개의 한국』(길산, 2002), 238쪽.
134) 돈 오버도퍼, 이종길 역, 위의 책, 238쪽.
135) 남북체육회담은 이후 86년 1월 8일~9일, 6월 10일~11일, 87년 7월 14일~15일에 열렸다.

못한 채 끝나고 말았다. 당시 올림픽조직위원장이었던 박세직과 IOC위원장 사마란치는 애초부터 북한과의 공동개최가 성사될 것이라고 기대하지 않았다. 다만 체육회담을 진행하는 동안에는 북한이 공산권 국가들의 올림픽 참가를 저지하기 위해 노력을 기울일 수 없다는 점에 착안해 북한의 돌출행동을 통제하고자 체육회담을 진행했을 뿐이었다.[136] 체육회담이 완전하게 실패로 돌아간 후, 박세직은 일련의 과정을 설명하면서 이렇게 말했다.

"북한은 완전히 궁지에 몰렸다. …… 우리나라와 IOC는 3년에 걸친 인내심과 상호협조, 신중한 계획으로 북한을 고립시키는 데 성공했다. 우리가 북한을 설득하기 위해 최선을 다했다는 사실을 국제사회에 보여주었으므로 소련과 동유럽 국가들은 서울올림픽 참가여부를 자유롭게 결정할 명분을 얻었다."[137]

남한대표단의 북한방문

그러나 또다시 비밀접촉이 가동되었다. 북한측 특사에 대한 답방 형식으로 당시 안기부장이었던 장세동은 안기부장 특보 박철언, 안기부 연구실장 강재섭 등 4명과 함께 85년 10월 16일부터 18일까지 2박 3일 일정으로 평양을 방문했다. 애초에는 9월 22일 평양으로 들어갈 예정이었지만, 어떻게 알았는지 일본의 일간지 『마이니치』가 9월 17일자 1면에 허담의 남한방문을 보도했고, 이 때문에 답방을 미루었던 것이다.[138]

답방이 뒤로 밀리면서 북한과의 협상내용도 변화했다. 처음에는 정상회담 성사에 방점을 찍었지만, 정상회담 추진과 관련해 신중론이 대두된

---

136) 돈 오버도퍼, 이종길 역, 『두 개의 한국』(길산, 2002), 283쪽.
137) 돈 오버도퍼, 이종길 역, 위의 책, 283쪽에서 재인용.
138) 이동현, 〈서울밀사 평양밀사 4: 85년 장세동 평양행〉, 『중앙일보』, 2000년 5월 18일, 5면.

것이다. 밀사파견을 며칠 앞두고 궁정동 안가에서 국무총리 노신영을 비롯해, 안기부장 장세동, 통일원장관 박동진, 대통령 비서실장 박영수 등이 참석한 가운데 회의가 열렸다. 노신영은 이렇게 증언한다.

"북측이 현체제를 고수하는 한 정상회담을 연다 해도 별다른 변화를 기대하기가 어렵다는 의견이 우세했다. 그래서 섣불리 정상회담을 추진하기보다 북측이 정상회담에 관심을 보이는 속내를 정확히 파악해야 한다고 장부장에게 주문했지요."139)

어쨌든, 장세동은 이런 변화된 협상내용을 가지고 김일성을 만나 이렇게 말했다.

"전대통령께서 먼저 평양을 다녀가시면 이른 시일 내에 주석님을 서울로 초청해 남쪽의 실상을 직접 보실 수 있도록 어디든지 안내를 하시겠다고 합니다."140)

이에 김일성은 "정치적 대결 지양이 우선 중요하다. 연방제가 될 때 강대국의 대변인 노릇을 안하게 된다"며 "전두환 대통령 각하 말씀 중 감명 깊게 들은 것은 내가 더 늙어 죽기 전에 통일하자는 것인데, 나는 아직 건강하므로 통일국가 건설을 위해 일할 수 있다고 전해주십시오"라고 말했다. 또 김일성은 "우리끼리 평화적 방법으로 민족대단결 원칙하에서 통일하자"며 7 · 4 남북공동성명의 3대 통일원칙인 자주 · 평화 · 민족대단결을 강조했다. 덧붙여 그는 남북한 모두 "군대를 각각 10만 명으로 줄이자"고 말했다.141) 이 만남에서 김일성은 회담 마지막 날 상호불가침협정안을 제시하는 한편, 한미합동군사훈련 팀스피리트 86의 취소를 요청했지만, 이 두 가지는 거절당했다.142)

---

139) 이동현, 〈서울밀사 평양밀사 4: 85년 장세동 평양행〉, 『중앙일보』, 2000년 5월 18일, 5면.
140) 이동현, 위의 글.
141) 이동현, 위의 글.
142) 돈 오버도퍼, 이종길 역, 『두 개의 한국』(길산, 2002), 239쪽.

미국과 국내 보수주의자의 반대

평양회담으로 인해 남북정상회담은 성사되는 듯했다. 그런데, 장세동이 평양을 방문하고 돌아오니 남한에서는 정상회담 무용론이 득세하고 있었다. 미국의 압력으로 인해 남한의 분위기가 달라진 것이었다. 『주간한국』 2002년 8월 15일자에 실린 박철언과의 인터뷰 내용을 옮긴다.

– 밀사 방북 당시 남북간에 정상회담에 대한 논의가 있었습니까.

"물론입니다. 당시 정상회담의 분위기가 상당히 익어가고 있었습니다. 1985년 가을 전두환 전 대통령 때도 고위급 비밀창구에서 정상회담에 대한 원칙적인 합의를 하고서도 우리측의 입장이 바뀌어 안한 것입니다."

– 남북정상회담을 우리측이 거부했다는 뜻입니까.

"그런 측면이 있습니다. 전두환 전 대통령 시절에는 '만나는데 의미가 있다'고 판단해 비밀접촉을 시작했습니다. 1985년 9월 장세동 안기부장과 같이 평양에 가서 김일성 주석과 정상회담에 대해 거의 합의를 봤습니다. 그런데 돌아와보니 우리측의 분위기가 엄청나게 변화돼 있었습니다. 그때 노신영 총리를 비롯한 남측의 분위기, 그리고 미국의 입장이 문제가 됐습니다. 당시 '이 시기에 남북정상회담을 평양까지 가서 할 필요가 없다', '다음 회담 일시에 대한 확답을 받아야 한다'는 등의 이유로 수석대표인 저에게 '우리가 너무 (정상회담을) 몰아가지 말고 미루는 방향으로 가라'는 비밀지침이 내려왔습니다. 그래서 그 해 말부터는 우리가 회담을 미루었습니다."

– 김일성 주석이 정상회담을 수락했습니까.

"우리측이 (정상회담을) 먼저 제의를 했고 김일성 주석이 좋다고 했습니다. 김주석이 북한으로 오라고 했습니다. 우리는 평양이든 서울이든 제3국이든 좋다고 했습니다. 만나는 것이 중요하니까 대강 원론적인 합의만 하고 나머지는 실무회담에 맡기자는 것이 당초 우리측 입장이었습니다. 그런데 미국측에서 '문제가 있다'며 반대를 했습니다. 남북이 직접 비밀접촉 창구를 통해 여러 가지를 쑥덕쑥덕 하니까 (미국이) 의문을 품은 것입니다. 여기에 국내 보수주의자들도 제동을 걸었습니다."[143]

박철언은 "남북한 비밀접촉에 대해 미국측에 정보를 주지 않아 여러 가지 오해와 견제를 받았다"는 말도 했다.[144] 반면 『워싱턴포스트』지의 돈 오버도퍼는 "협상결렬의 결정타는 팀스피리트 훈련이었다"고 주장하지만,[145] 아무래도 박철언의 발언에 더 무게를 두는 게 타당할 듯싶다.

---

143) 송영웅, 〈박철언 전 체육부장관: "85년 남북정상회담, 미 반대로 무산"〉, 『주간한국』, 2002년 8월 15일, 23면.
144) 이동현, 〈서울밀사 평양밀사 4: 85년 장세동 평양행〉, 『중앙일보』, 2000년 5월 18일, 5면.
145) 돈 오버도퍼, 이종길 역, 『두 개의 한국』(길산, 2002), 239~240쪽.

'깃발사건'과 김근태 고문사건

고문으로 조작한 깃발사건

1985년 10월 29일 5공정권은 학내외의 각종 시위와 위장취업 등 노사분규의 배후에 좌경용공학생들의 지하단체인 서울대 '민주화추진위원회'(민추위)라는 조직이 있음을 밝혀냈으며, 이 단체의 위원장 문용식(26, 서울대 국사학과 졸)과 문용식의 배후 조종자로 김근태(38, 전 민주화운동청년연합 의장) 등 관련자 26명을 국가보안법 등 위반혐의로 구속하고 17명을 수배했다고 발표했다.

각 신문은 이 사건을 1면 머릿기사로 보도했다. 신문들은 '학내외 시위와 노사분규를 배후 조정'한 '자생적 사회주의 집단'이라는 이름으로 이 사건을 보도하며 이 사건 배후로 발표된 김근태의 '정체'가 '적색분자'라고 강조했다.[146]

---

146) 특별취재반, 〈심층해부 언론권력: 5 · 6공 왜곡보도-"서울 물바다…" "급진세력 성 도구화…" 안보상업주의 '굽은 펜'〉, 『한겨레』, 2001년 4월 7일, 5면.

이 사건은 흔히 '깃발사건'(혹은 민추위 사건)으로 불려져 왔는데, 이는 민추위가 내세운 '노학연대'로 인해 학생운동이 노동운동으로 비화될 것을 우려한 5공정권이 급조해낸 것이었다. 체포된 학생들은 고문을 당했으며, 이후에도 민청련이 배후 조종세력으로 몰려 김근태 등이 혹독한 고문을 당했고 서울대생 박종철은 이 사건의 마지막 수배자인 박종운을 하숙집에 재워줬다는 이유로 연행돼 물고문을 받다가 숨지는 비극을 겪게 된다.[147]

앞서 언급했던 이른바 CNP논쟁은 이 사건으로 인해 유명세(?)를 타게 되었는데, 이에 대해 문용식은 다음과 같이 말한다.

"김근태 전 민청련 의장이 나를 만나 CDR, NDR, PDR 등 여러 혁명론을 설명하고 그 중 NDR이 우리 운동의 지도이념이 되어야 한다고 교양(?)했다는 것이 사건의 핵심적 내용이었다. 검찰은 자신의 발표를 입증하기 위해 '혁명론대비표'까지 만들어 제시했는데, 이것은 운동권 내부에서는 탐구와 논란의 대상이 되었고, 혁명 · 파쇼 · 폭력 · 사회주의 등의 용어에 본능적인 거부감을 느끼게 마련인 국민일반에게는 놀라움과 호기심의 대상이 되었다."[148]

5공치하에서 벌어진 대부분의 시국사건이 그랬듯이, 이 사건 역시 고문에 의한 조작이었다. 85년 12월 19일, 김근태는 법정에서 자신이 받은 고문 사실을 낱낱이 진술하였다. 이 진술은 5공의 야만성에 대한 생생한 증언인 바, 길게 인용하겠다.

전기고문과 물고문

본인은 9월 한 달 동안, 9월 4일부터 9월 20일까지 전기고문

147) 이태규, 〈깃발사건이란〉, 『한국일보』, 2003년 3월 15일, A6면.
148) 문용식, 〈CNP논쟁〉, 중앙일보사 편, 『80년대 한국사회 대논쟁집』(중앙일보, 1990), 284~285쪽.

학생운동이 노동운동으로 비화할 것을 우려한 전두환정권은 고문을 통해 '깃발사건'을 조작해냈다. 이 사건의 배후 조종자로 지목된 김근태는 인간이기를 포기한 이근안의 고문을 받았다. 당시 수사단장은 현재 정형근 한나라당 의원이었다.

과 물고문을 각 5시간 정도 당했습니다. 전기고문을 주로 하고 물고문은 전기고문으로 발생하는 쇼크를 완화하기 위해 가했습니다. 고문을 하는 동안 비명이 바깥으로 새어나가지 않게 하기 위해 라디오를 크게 틀었습니다. 그리고 비명 때문에 목이 부어서

말을 못하게 되면 즉각 약을 투여하여 목을 트이게 하였습니다(어지러운 듯 말을 중단하고 난간을 붙들면서 잠깐 쉬었다).

이러한 과정에서 9월 4일 각 5시간씩 두 차례 물고문을 당했고, 9월 5일, 9월 6일 각 한차례씩의 전기고문과 물고문을 골고루 당했습니다. 8일에는 두 차례 전기고문과 물고문을 당했고, 10일 한차례, 13일 …… 13일 금요일입니다. 9월 13일 고문자들은 본인에게 "최후의 만찬이다" "예수가 죽었던 최후의 만찬이다" "너 장례날이다" 이러한 협박을 가하면서 두 차례의 전기고문을 가했습니다. …… 그 다음에 20일날 전기고문과 물고문을 한차례 받았습니다. 그리고 25일날 집단적인 폭행을 당했으며 그후 여러 차례 구타를 당했습니다. 물론 잠을 못 잔 것은 말할 필요도 없고 밥을 굶긴 것도 대략 절반쯤 됩니다. 고문 때문에 13일 이후에는 밥을 먹지 못했고 그 후유증으로 지금까지 밥을 먹지 못합니다.

방청석의 통곡

가방을 갖고 다니면서 그 가방에 고문도구를 들고 다니는 건장한 사내는 본인에게 "장의사 사업이 이제야 제철을 만났다. 이재문(남민전 사건의 주범, 옥사했음)이가 어떻게 죽었는지 아느냐. 속으로 부서져서 병사를 했다. 너도 각오해라. 지금은 네가 당하고 민주화가 되면 내가 그 고문대 위에 서줄 테니까 그때 너가 복수를 해라" 이러한 참혹한 이야기를 하며 본인에 대한 동물적인 능욕을 가해왔습니다.

뿐만 아니라 고문을 받는 과정에서 본인은 알몸이 되고 알몸 상태로 고문대 위에 묶여졌습니다. 추위와 신체적으로 위축돼 있는 상태에서 본인에 대해 성적인 모욕까지 가했습니다. 말씀드리면 제 생식기를 가리키면서 "이것도 좆이라고 달고 다녀? 민주화 운동을 하는 놈들은 다 이 따위야!" 이렇게, 말하자면 깔아뭉개고 용납할 수 없는 만행을 저질렀습니다. 고문을 할 때는 온몸을 발가벗기고 눈을 가렸습니다. 그 다음에 고문대에 눕히면서 몸을 다섯 군데를 묶었습니다. 발목과 무르팍과 허벅지와 배와 가슴을 완전히 동여매고 그 밑에 담요를 깝니다. 머리와 가슴, 사타구니에는 전기고문이 잘되게 하기 위해서 물을 뿌리고 발에는 전원을 연결시켰습니다.

처음엔 약하고 짧게 점차 강하고 길게, 강약을 번갈아하면서 전기고문이 진행되는 동안 죽음의 그림자가 코앞에 다가와 (이때 방청석에서 울음이 터지기 시작, 본인도 울먹이며 진술함) 이때 마음속으로 '무릎을 꿇고 사느니보다 서서 죽기를 원한다'(방청석은 울음바다가 되고 심지어 교도관들조차 숙연해짐)는 노래를 뇌까리면서 과연 이것을 지켜내기 위한 인간적인 결단이 얼마나 어려운 것인가를 절감했습니다. 죽음의 그림자가 드리울 때마다 아우슈비츠 수용소를 연상했으며 이러한 비인간적인 상황에 대한 인간적인 절망에 몸서리쳤습니다(방청석 통곡).

고문 기술자들도 가족은 사랑하는가?

그들은 고문을 하면서 "시집간 딸이 잘 사는지 모르겠다", "아들놈이 체력장을 잘 치뤘는지 모르겠다"는 등 자신의 가족들에 대한 애정어린 말들을 주고받았으며 본인에게도 이야기를 했습니다. 어떻게 이처럼 고문과 폭력적 행위를 자행하는 자들이 개인의 가족들에게는 인간적인 사랑을 줄 수 있단 말입니까? 이렇게 양면성이 공존할 수도 있단 말입니까? 그러나 그 가운데서도 인간에 대한 희망이 다 사라지지는 않았습니다. 고문을 전담하던 자중의 한 사람은 —이름은 밝히진 않겠지만— 나중에 혼자서 제 손을 잡고 이야기하기를 "고문을 하는 것을 보고 구역질이 났다. 여기서 빨리 나가라. 허위로라도 다 인정해라. 여기 있으면 당신은 죽는다"고 울면서 이야기하였습니다.

결국 9월 20일이 되어서는 도저히 버텨내지 못하게 만신창이가 되었고, 9월 25일에는 마침내 항복을 하게 되었습니다. 하루만 더 버티면 여기서 나갈 수 있는 마지막 날이 된다는 것을 알았지만 더 버틸 수 없었습니다. 그날 그들은 집단폭행을 가한 후 본인에게 알몸으로 바닥을 기며 살려달라고 애원하며 빌라고 하였습니다. 저는 그들이 요구하는 대로 할 수밖에 없었고 그들이 쓰라는 조서내용을 보고 쓸 수밖에 없었습니다.[149]

이처럼 5공은 '야수(野獸)의 정권'이었다.[150]

---

149) 한국기독교교회협의회 인권위원회, 『1970년대 민주화운동: 기독교 인권운동을 중심으로 Ⅲ』(한국기독교교회협의회, 1987), 2249~2251쪽에서 재인용.

150) 김근태에게 고문을 가한 '고문 기술자'인 이근안은 99년 10월 10일, 10개월간의 도피생활을 끝내고 자수하였다. 김근태 고문사건과 관련해 『세계일보』 99년 12월 17일자는 다음과 같이 보도했다. ◇정형근(鄭亨根)의원 개입 여부=검찰은 85년 9월 5일 안기부 대공수사단장이던 한나라당 정의원이 김근태씨를 조사하던 치안본부 남영동 분실로 찾아가 "혼을 내서라도 철저히 밝혀내라"고 박처원 단장에게 말한 뒤 이근안씨가 이날 오후 즉시 김씨 고문수사에 투입됐다고 밝혔다. 박단장의 진술이라는 전제를 두었지만 검찰은 이씨의 투입이 정의원의 지시에 따른 것이라고 발표했다. 정의원은 그러나 "당시 박단장에게 수사를 지시할 위치에 있지 않았다"며 "검찰이 오락가락하는 박단장의 진술만으로 혐의내용을 발표하는 것은 명예훼손"이라고 주장했다. 한용걸, 〈검찰, 박처원씨 기소로 이근안 수사 마무리〉, 『세계일보』, 1999년 12월 17일, 4면.